OPEN WATER SWIMMING

公開水域游泳訓練全書

從入門到精通的
必備知識、技術和策略

史蒂文·穆納托斯 —————— 著

徐逸君、黃庭敏 —————— 譯

感謝我的妻子、父母和孩子莎賓娜、斯凱勒、席德妮和蘇菲亞，
永遠感謝你們的支持。

目 次
CONTENTS

各界推薦

這本書的內容非常重要、關鍵且完整，像教科書一般帶領運動員找到自己想要的挑戰方向，不需要花自己的時間去摸索陌生的問題，完全可參照此書中的指引去規畫設計，安排模擬狀況。對於公開水域游泳的愛好者、想要挑戰公開水域游泳比賽之人，或者是鐵人三項運動選手的精英們來說，這本書值得一讀再讀，可說是必備的參考資料。

劉菊美
1988 年英吉利海峽泳渡挑戰者、海雁早泳會前會長

公開水域游泳在全球快速發展，這項美妙的運動融入了自然環境，並從體能、心理和意志上挑戰人類的勇氣。

無論是業餘愛好者，或是精英選手，史蒂文·穆納托斯這本《公開水域游泳訓練全書》提供了公開水域游泳的寶貴資訊，是所有公開水域游泳同好的必讀之作。

史蒂文是知名且備受推崇的公開水域游泳專家，他具備多種身分和知識，在游泳、教練、游泳歷史研究、評論以及規則創新等方面都有卓越表現！他的書和他對這項運動從精英到休閒層面的評論使我個人受益良多。

因此，我的好兄弟也是好朋友徐逸君和他台大泳隊隊友黃庭敏負責將這本實用好書翻譯成中文，真是太棒了。這肯定有益於亞洲日益增長的公開水域游泳社群和正在嘗試公開水域的游泳愛好者。

逸君和庭敏是熱情推廣公開水域的游泳運動員，並全心全意地投入本書的翻

譯工作。他們的付出值得讚揚，這將使更多、更廣大的公開水域游泳社群更能掌握正確的知識、技巧和工具，從而讓成績進步、精進技巧並安全地從事這項運動。

如果你是公開水域泳者或計畫要去探索公開水域游泳的世界，請看這本《公開水域游泳訓練全書》，這是所有公開水域游泳愛好者不可缺少的著作。

希望大家享受閱讀的過程，歡迎來到公開水域游泳的奇妙世界，體驗改變人生的經驗，踏上健康、健身、快樂和終生友誼之旅！

逸君和庭敏，你們做得很棒！

蘇有祥（Soh Yew Siang）

熱情的公開水域游泳愛好者、游泳運動員、活動主辦人、國際組織官員、老師、泳界大家的好朋友、2018-2022年國際游泳總會（FINA）游泳技術委員會成員、亞洲業餘游泳總會（AASF）及東南亞游泳協會（SEASF）公開水域游泳技術委員會成員

早期人類接觸水域是為了生存，必須下水捕魚或逃避猛獸，因此，游泳成為生活基本技能之一。但隨著現代社會需求，生活領域的開拓，當然公開水域游泳活動，將成為受歡迎的項目。

在本書中，著名的馬拉松游泳運動員、教練和專家學者分享了公開水域賽事的準備、訓練和競技的見解及專業知識。

公開水域牽涉的距離較遠，無預警變化也較多，想要游得更快更遠、更有安全效率。無論是專業的公開水域游泳選手，還是鐵人三項選手們，都必須擁有本書。套句公開水域游泳常說的話，「定位」做得好，不繞冤枉路，就能少游贏得比賽。推薦本書是幫大家定位的參考書，提升競爭表現和縮短準備時間的葵花寶典！

蘇裕欽

2022第10屆亞洲公開水域游泳錦標賽女子10公里金牌教練

無論你計畫在海洋、湖泊、河流、運河、海灣、水壩還是水庫中比賽，本書都是你成功的最佳指南。

布倫特‧魯特米勒（Brent Rutemiller）
《游泳世界》（*Swimming World*）雜誌發行人

史蒂文‧穆納托斯提供了一本包羅萬象的書，我好希望在自己職業生涯開始時就能有這本書。簡而言之，無論是初學者，還是世界級游泳選手，本書是任何人冒險挑戰公開水域的最佳資料來源。

約翰‧法納根（John Flanagan）
1998年世界錦標賽金牌得主、1999年泛太平洋錦標賽金牌得主

史蒂文‧穆納托斯將帶你踏上公開水域訓練世界之旅。對於所有冒險游出海岸線進行休閒、鐵人三項或超級馬拉松游泳的人來說，這都是一趟迷人的旅程。

亞倫‧皮索爾（Aaron Piersol）
七面奧運會獎牌得主、七次世界冠軍

本書由公開水域游泳的大師解釋了這個領域的豐富知識，這是一本必讀之作。

馬騰‧范德維登（Maarten van der Weijden）
2008年奧運10公里公開水域金牌得主、2008年世界錦標賽25公里公開水域金牌得主

"Expect the unexpected."

沒有任何一個運動項目不需要靠辛勤的苦練就會有卓越的成績，如果以為買了這本書就可以不用吃苦練習而突飛猛進，那麼請你把書放回到書架上。

本書可以說是公開水域游泳的全方位著作——如果你是喜愛大自然的休閒娛樂游泳愛好者，作者專業地介紹了各式各樣的公開水域游泳運動賽事，我翻譯完之後，人生清單又增加了很多項目。抑或你是一位菁英選手，本書從游泳姿勢、訓練內容到賽事準備及競賽規則都有詳細的介紹，一定對你能有所幫助。

書中有一句話：" Expect the unexpected." ——「預期無法預期的事情」，翻譯到這一段的時候，我很有感觸，人生不是也是如此嗎？公開水域的泳者，在準備公開水域游泳之前會做萬全的準備，而當無法預期的事情發生時，也該能夠有效地應變，處之泰然。所謂「機會是留給準備好的人」，人生也是如此，一天到晚都在發生無法預期的事情，我們只需做好萬全的準備，穩穩當當地面對。

最後，我要感謝我的啟蒙教練潘芝晨老師及蔡祖修老師，帶我進入了游泳這個領域。大學教練許安東老師及黃英哲老師，教導了我除了游泳之外做人做事的道理。當然，我也謝謝所有曾經被我教過的學員及朋友們，不嫌棄我這位三腳貓的黑牌教練。

最重要的，這本書我要獻給從小到大在游泳上面支持我、鼓勵我的母親在天之靈——林武陵女士。媽，我出書了！兒子愛妳！

譯者序二／黃庭敏

從泳渡日月潭
到七大海峽挑戰

我對游泳最早的記憶，是上幼稚園時媽媽帶我去游泳池玩水，當時我連池底都踩不到，看到旁邊的大人在水中暢快地游來游去，滿心羨慕，所以我也有樣學樣，結果當然是狼狽嗆水，只能套上泳圈，在一旁像小鴨般地划水。

後來我就去YMCA學游泳，從此和游泳結下不解之緣，讀高中及大學時我也都參加了學校的游泳隊。現在我的職業是譯者，但我還有另一個引以為豪的身分——游泳選手，這次很難得也很高興可以有機會結合自己的這兩個專長，與我的隊友徐逸君一起介紹本書給中文的讀者。

不知從何時開始台灣流傳一種說法，說台灣人一生要做三件事：登玉山、單車環島、泳渡日月潭，而原作者在書中就把日月潭泳渡列為全球前25項頂尖公開水域游泳活動的第一名，與台灣流傳的說法不謀而合，這真的令人非常雀躍和值得驕傲。本書適合完全沒游過公開水域的新手，教你賽前的準備和訓練、比賽過程中的策略，以及賽後的檢討改進。如果你已是公開水域游泳的老手，恭喜你，這本書列出世界各地的精采賽事，等你來一一解鎖。如果你有雄心壯志，想要挑戰人類極限，還可以泳渡七大海峽，榮耀地成為公開水域名人堂的一員。

最後，我要謝謝父母讓我在小時候學會了游泳。謝謝高中的黃士哲教練、大學的許安東教練、黃英哲教練精進我的泳技。還要謝謝泳隊好友們每次都鼓勵我，並陪我一起挑戰難度更高的游泳項目。

推薦序

約翰・法納根（John Flanagan）
鐵人三項職業運動員、世界頂尖公開水域泳者

　　如果你正在閱讀本書，你或許已聽見公開水域游泳的呼喚。對我來說，這個呼喚始於幼年時期，我當時在夏威夷長大，放學後在海邊游泳，並跟朋友一起衝浪和人體衝浪。當我從衝浪小子進化成游泳隊的一員，不斷變化的公開水域為一成不變的泳池生活帶來令人難以抗拒的喘息。在公開水域游泳意味著自由——讓自己和大自然較量的自由、與大自然共同合作的自由。水流既可以是救贖，也可以是不幸，提供了泳池運動無法複製的冒險及原始挑戰。由於沒有池邊的時鐘能夠作為表現的依據，公開水域需要更高度的意識感。努力和強烈的適應能力是最重要的——當然，還要有一點策略、技巧，以及運氣。因此，公開水域游泳呼應著我內在那個熱愛冒險的運動員。

　　沒有人比史蒂文・穆納托斯（Steven Munatones）更了解公開水域游泳的獨特魅力。在參加公開水域競賽的經歷中，我多次和史蒂文有所交集——從孩提時代參加威基基游泳賽（Waikiki Roughwater Swim），到在世界錦標賽中競賽。史蒂文展現出對這項運動無人能比的熱情，他身為泳者、教練、競賽主辦單位、奧運評論員和作家，其無與倫比的經驗和對公開水域的知識深度，無疑使他成為公開水域的萬事通，他是公開水域游泳的最佳大使。

　　從完成鐵人三項的游泳項目到獨自泳渡海峽，本書涵蓋公開水域游泳的所有面向，書中包含訓練與競賽的訣竅，對游泳初學者和世界級的公開水域泳者都有所助益。本書蘊藏的豐富知識對任何挑戰公開水域的人都是最佳的資源，但願我在職業生涯的初期就有機會接觸本書。

　　這些資訊來自一個生活和生命的一切都和游泳有關的人。史蒂文總是

無私地和他人分享自身的熱情和知識，但他也一直想要繼續學習。史蒂文希望推廣這項運動與協助他人了解公開水域的迷人之處，這本書無疑是他朝此向前邁進的一步。

　　正如他常說的：「期待意想不到的事情」，享受在沒有水道繩的環境下游泳吧。

在公開水域游泳，
你需要更多的技巧

徐國峰

KFCS 書系主編

跑步、自行車和游泳是世界上最普遍的三種「競速型」耐力運動，若拿這三種運動來比較的話，游泳是「技術」成份最高的一項。兩位游泳選手若有相同的體能和力量，技術比較高的那一位，不只速度會快非常多，游起來也會很省力，在距離拉長的情況下，表現的差距就會更明顯。在公開水域游泳需要更多的技巧與知識，更多當然不代表更好，但在公開水域的競賽中如果缺乏某些關鍵的知識和技巧，可能連完賽都很難。

有些人可能會想：「技術」與「技巧」的區別在哪裡？若我們能先理解這兩者間的差別，就會更清楚《公開水域游泳訓練全書》這本書的價值所在。

我們從它們對應的英文詞彙談起比較容易分辨。「技術」所對應的英文是「technique」，這個詞用在運動訓練上是指一套「技巧訓練」的流程，或者是一套（訓練）系統；「技巧」對應的是「skill」，是指較小的、較基礎的動作元素，所以我們會說小技巧，不會說小技術。簡言之，「技術」所包含的範圍較大，「技巧」是技術的一部分，範圍較小。

公開水域的「變數」增加，「技巧」需求也跟著變多

當我們只在泳池訓練或比賽時，外在的「變數」較少，水溫被控制在固定的範圍內，在水道繩的保護下波浪很小、水流也幾乎不存在，比賽時有單獨的水道所以不受到其他選手干擾，也無法透過跟游來節省體力，出發的跳

臺也有統一的規格。

　　所以在泳池的競賽與訓練中，技巧的優劣會有很大的差異沒錯，但技巧的項目不多，以自由式來說，主要內容就是划手技巧、打水技巧、換氣技巧、轉身技巧、跳水(出發)技巧。技術上的訓練主要是針對泳者本身的游泳技巧，不太需要考慮到如何去適應與靈活應變不同的外在環境。

　　然而，當競賽的場域從泳池轉移到公開水域時，技術訓練的內容除了上述技巧外，泳者還要學習如何面對不同水溫、不同環境的出發、轉彎與折返技巧、跟游、裝備選用、補給以及面對波浪與水流的技巧。

　　因為公開水域的「變數」增加了，所需的「技巧」也跟著變多。如果沒有與外在環境合作的技巧，那不論個人的「泳技」有多厲害，在公開水域的競爭力也將大打折扣。《公開水域游泳訓練全書》這本書就是在協助你把泳池訓練以外的技巧補齊，讓你瞭解到除了平常在泳池練習的內容之外，還有哪些需要額外學習與訓練的技巧。

　　本書作者史蒂文・穆納托斯(Steven Munatones)曾是位職業的長泳選手，也擔任過公開水域游泳世界錦標賽的美國隊教練，他依據過往的經驗所提出的「公開水域成功金字塔」(圖6.1)列出一位公開水域泳者所需的各種訓練，包括本來在泳池就會訓練的打水、划手、換氣與出發技巧，在泳池比賽項目的訓練目標主要在提高各項技巧的水準，以追求更快的速度。但到了公開水域的比賽，「穩定」成了主要目標，意思是：如何減少水溫、波浪、水流與其他選手對自己泳速的影響，如何在多變的公開水域中盡量減少跟泳池表現之間的落差？經驗豐富的史蒂文教練，透過這本書從各個角度來回答這個問題。

公開水域所需的游泳「技術」
- 定位技巧
- 破浪技巧
- 跟游技巧
- 補給技巧
- 出發技巧
- 折返技巧
- 水溫適應
- 工具選用

泳池競賽
- 划手技巧
- 打水技巧
- 換氣技巧

公開水域的小百科全書

　　第一章先介紹公開水域的比賽類別、發展歷史、目前世界各地的管理機構，以及該項運動參與者的特色是什麼。讀起來非常有趣，它可能會打破你對這項運動的認識。

　　第二章主要在幫助你認識公開水域中的各種可能碰到的元素（也是你在泳池競賽中永遠碰不到的），例如意想不到的大浪、水流、海中生物或漂流物。史蒂文教練也特別提醒在波濤洶湧的水域中有哪些技巧可應用，以及在不同水溫下，人體的生理會有哪些變化，又該如何應對。其中最令我印象深刻的是：「如果你把身體暴露在寒冷的環境中，無論是在水裡，還是在陸上，都會產生棕色脂肪。你可以透過用冷水淋浴和泡澡，或者在冬天和春天穿輕薄的衣服來增加你對寒冷的承受度。」棕色脂肪有粒線體，代謝活躍時可直接產生熱量，維持體溫／皮下的白色脂肪可以幫助隔絕外在冰冷的環境，減少體熱流失。我一直以為只有「耐熱訓練」，沒想到「耐寒」也可以訓練。

　　第三章是教你如何選擇適合自己的活動或比賽。史蒂文教練依短距離、中距離和馬拉松距離分別列出了世界各地的代表性比賽（表3.1~3.3），並說明其特色。最後也介紹了類似登山界中「七大峰挑戰」的「七大海峽挑戰」，若你對這類超長距離的游泳挑戰有興趣，可以參考第八章，裡頭有詳細的介紹。

　　第四章主要是在介紹各種游泳訓練所需的裝備和工具，作者在表4.1中列出了52項，並把這些工具分成四類：第一類是先討論本來在泳池訓練時就會用到的裝備，像是泳帽、泳鏡和蛙鞋，作者會說明這些裝備的效用，以及在公開水域使用時的注意事項；第二類接著說明在公開水域訓練時才會需要用到的裝備，像是哨子、耳塞和溫度計；最後兩類是平常訓練比較少用，在公開水域比賽時才會用到的，像是水杯、餵食桿和一些教練和戒護人員所需的設備。

該練什麼？

　　第五章所討論的主題是「提升自由式速度的技巧」，像是表5.1中依不同

的身體部位列出常見的游泳技巧上的偏差、原因、解決姿勢練習的方法，很值得大家參考。本章中還有各種提高泳速所需要知道的知識，包括世界級馬拉松游泳選手的主要推進力來自於划手，踢水所產生的力量不到5%；打水的目的主要用在平衡，要有好的平衡，也要有良好的核心，所以書中也特別強調核心在自由式中所扮演的角色何在，特別是在公開水域中，核心肌群的角色尤為重要。

公開水域游泳選手有90%以上的推進力都由划手動作提供，所以史蒂文教練也用比較多的篇幅談論划手動作的細節與節奏，像是書中提到世界級的男子游泳選手在公開水域的划頻通常是每分鐘 72~84下，女子選手則是78~88下之間。除此之外，還有特別說明波浪下的換氣與定位的技巧，以及頂尖選手抬頭定位頻率，都是很重要的實用資訊。

第六章的主題雖然是針對5公里以內的短距離項目，但裡頭的內容也很適合所有打算參加公開水域活動的人參考，包括鐵人三項選手。本章中還有許多課表建議與範例，包括世界級選手的私房課表，以及強調「速度的課表範例」（表6.2），也有助於想提高表現的人參考。

「身體接觸」是公開水域賽事的特色之一，若只參加過泳池比賽的選手，一定會很不習慣開賽初期的混亂場面，以及轉彎或折返時劇烈的搶位與碰撞。在這一章中史蒂文教練詳細介紹了如何在泳池進行公開水域的訓練，讓你能先模擬比賽狀況，包括「小組訓練課表範例」（表6.5），尤其適合游泳隊或社團在泳池操作。

公開水域的比賽除了比速度，也要比「跟游」與「定位」的能力。這兩種能力也需要特別練習才能盡量節省體力，書中的「跟游和定位的課表範例」（表6.7），很值得剛入門者參考。

比賽的規則、策略與分工

史蒂文教練在二○○五年創立「世界公開水域游泳協會」（World Open Water Swimming Association），他最初創建這個協會的目的是為了把 10 公里游

泳項目加入二○○八年的北京奧運，最後他也真的成功了。本書第七章專門談論5~25公里之間的比賽，正是奧運與世界公開水域游泳錦標賽的比賽項目所在的距離段，所以這也是世界各國頂尖好手的重點訓練項目。

當距離超過5公里，選手就需要在賽道中補給才能順利完賽，本章中也分享了詳細的補給步驟，這些步驟將有助於選手提早進行水中補給的練習。

人數眾多且競爭激烈的比賽，選手之間既互相競爭又互相合作。身處集團中，跟游技巧也將決定你的表現，作者從SwiMetrics的游泳指標所得到的結論是：最佳跟游位置是盡量使你的頭部靠近帶頭者的臀部與膝蓋之間。至於何時要躲在集團中、何時要衝出集團以創造奪勝機會，比賽的策略將決定最終勝負。本章中介紹了荷蘭風格、俄羅斯風格、英國風格和德國風格這四種風格，將有助你選擇適合自己的比賽策略。

在這種世界級的較量中都有明確的「競賽規則」，違反規定者（累積兩次黃牌）就會被立即取消比賽資格，因此有志於這類比賽的人，要特別注意表7.2中整理出的違規信號。

然而，如果你對短中距離的競速比賽沒興趣，而是想要挑戰像是七大海峽這種超過 25 公里以上的距離，那第八章就是你必讀的一章。在這種超長距離的比賽中，是一定需要教練、領航員、觀察員與支援人員協助才能完成（也才能保障安全），在表8.4中詳細列出選手、教練與後勤人員之間的工作分配，這是一位經驗豐富的選手和教練才整理得出來的表格。如果你已到了比賽前夕，建議可以先讀第九章的比賽策略說明，應該有助你更充分的準備比賽。裡頭也有一些特別的比賽技巧，像是人體衝浪和轉彎的技巧。

公開水域的競賽項目中有一類很特別，除了游泳，上岸後接著還要騎車和跑步，也就是已經列入亞奧運項目的鐵人三項運動；在準備這類比賽時，會跟純游泳的比賽有所差別，第十章裡有特別的說明。

跳入不同的世界

每次來到泳池，換上泳裝，跳入水中後，都有一種跳入另一個世界的

感覺。泳池裡的世界讓人有一種安心感，公開水域則充滿未知，就算是同一水域，在不同季節的水溫、水流、波浪或水中生物的種類都不同，陌生水域就更不用說了，每次跳進去比賽，都像是一場冒險，交雜著自由、恐懼與快感。

未知的恐懼的確會吞噬一個人。之前看過一個鐵人朋友，在泳池練都好好的，在腳不碰地的情況下也可以游一千五百公尺以上，但第一次跳入開放式水域時竟驚嚇到無法呼吸，就像一位不會游泳的人開始呼救。

恐懼來自於未知。

當我們對公開水域世界的認識愈多，愈不容易有害怕的感覺，碰到突發狀況也知道該怎麼處理，如此也愈能減少在泳池與公開水域這兩個世界中表現的落差。《公開水域游泳訓練全書》將豐富你對公開水域的認識與技巧，使你在跳入陌生水域時，變得更具信心。

前言

　　歡迎閱讀《公開水域游泳訓練全書》，這本全面的書籍將協助你探索公開水域游泳的世界。本書提供的豐富資訊和建議，來自對受訓與競賽中菁英運動員的第一手觀察、可靠的科學研究，以及過去四十年曾在五大洲的數十個國家游泳過的世界冠軍的個人經驗。

　　公開水域游泳分為三種：5公里以下的短距離游泳、25公里內的中距離游泳、25公里以上的馬拉松游泳，每種距離都需要在泳池中以及公開水域進行獨特的準備以精進表現。本書將仔細解釋泳池訓練課表、自由式技巧與這三種項目的公開水域專門訓練，你將能夠了解在各種條件下達到最佳表現的必須事項。

　　儘管公開水域游泳本身有其挑戰和風險，這項運動正在吸引愈來愈多來自不同背景、年齡、實力的運動員。自從2000年雪梨奧運增加鐵人三項以及2008年北京奧運納入10公里馬拉松游泳之後，參與這項運動的運動員人數和舉辦的相關賽事數量都持續增長，馬拉松泳者的社群和5公里以下比賽的數量一樣快速成長。儘管這項運動最大的族群目前是介於30至49歲的男性，但是40歲以上的女性是成長最快速的族群。

　　公開水域的地點包含海洋、湖泊、河流、運河、海灣、水壩、水庫、划船比賽的場地，水溫範圍從華氏35度至85度（攝氏1.7度至29.4度），運動員必定會遭遇難以預測之事。環境可能從明朗清淨、平靜無風到波濤洶湧、颳著強風，對新手和職業選手都構成挑戰。本書將提供訣竅、策略與技巧，以克服公開水域泳者將面臨的自然力量。

本書也會介紹不同距離游泳成功所需的訓練工具和裝備，裝備的範圍之廣可能使新手感到訝異：短距離鐵人三項運動員使用防寒衣；中程泳者在比賽中食用能量果膠和飲料；馬拉松泳者在獨泳時使用餵食桿和羊毛脂。本書提供便利的檢查清單，協助你為獨泳和競賽做準備。

本書根據對奧運金牌得主與世界冠軍在泳池和公開水域進行的精細水下分析測試，說明理想的自由式泳姿與技巧，將協助你在各種距離游泳更加快速、更有效率。

本書也說明如何在一天前、一個月前、一年前，在後勤、生理、心理方面為公開水域游泳做好適當準備。隨著你的身體因集中的訓練方法而適應某些狀況，你將獲得完全發揮潛力的能力與信心。

本書解釋公開水域競賽從基本到最複雜的策略，無論對象是新手或是職業選手。你將閱讀到公開水域職業選手的最佳做法，從如何辨認隊伍的形狀，到如何、在何處快速吞下能量果膠。無論你的速度、經驗、實力程度如何，你將學習到在各種賽事中如何採取策略行動。

你可以從頭到尾讀完此書，或是有空時大概瀏覽一下。

請遵循公開水域游泳三大項目的訓練計畫範例，或是以此作為參考，根據自己的目標設計量身打造的訓練計畫。

無論你是公開水域的獨泳者、參與競賽爭冠的鐵人三項運動員，或是剛開始探索全世界水路的新手，當你了解到這項運動獨特的雙重特質：從A點游到B點的簡單特質，以及以非常快速、安全、有效率游泳的複雜特質，你將更加欣賞這項運動。

本書的最終目標是協助你更快速、更有效率地游泳，好好享受挑戰吧。

CHAPTER 1

公開水域泳者

　　歷史上，人類一直害怕在自然水域中游泳，所以公開水域一直被認為是無法保證安全的神秘地方。海洋充滿未知事物，海岸線形成天然界線。數千年來，人類相信最好待在船舶的甲板上觀察海洋深處，而非將其當作可享受的資源。

　　安全與舒適是踏實地待在穩固陸上的兩大重要原因，要選陸地，還是海洋──這點完全不用多想，古老的智慧不會受到質疑。

　　然而，對公開水域的恐懼已在上個世紀大幅轉變，許多人現在欣然接受公開水域是探索和測試自己的生理與心理極限的地點。

　　公開水域曾經只是水手和漁夫的活動範圍，現在卻對所有年齡、能力和背景的泳者具有強大的吸引力，對未知事物的挑戰取代了對未知的恐懼。人

類曾經只會用船隻橫渡海峽與湖泊，現在則經常有泳者無所畏懼地泳渡。河流與海灣以前主要用於商務運輸，現在則是體能和競賽的常見場地。從前，人類遠離公開水域，現在，接受挑戰的游泳人士毫無保留地迎向公開水域。

冒險、成就感和競爭的快感是數百萬人前往公開水域的其中幾項原因，現代運動員渴望接受公開水域的挑戰，這點已不再遭受質疑，而是受到鼓舞、支持和讚揚。

公開水域游泳的世界幅員廣大且迅速成長，但究竟什麼是公開水域游泳？哪些人喜歡這項運動？

公開水域游泳的定義是為了娛樂、健身或競賽而游泳，地點為自然或人工水域，包括大洋、湖泊、海濱、河流、水庫、划船水池、海洋、池塘、小海灣、潟湖、運河、水壩、河口、峽灣和海灣。全世界有70%的面積被水覆蓋，風景秀麗、安全又適合公開水域游泳的地點，只會因為泳者的創意和游出海岸的意願而有所侷限。

公開水域游泳可以是在海水或淡水、平靜或狂暴的天氣、溫暖或寒冷的溫度、靜止或有水流，情況取決於一天之中的時間、季節與地點。如今，超過3,600個水上活動在至少84個國家舉行——這個數字並不包括鐵人三項、獨泳、救生員競賽、趣味的北極熊慈善公開水域活動，以及其他與公開水域有關的多項運動賽事。

公開水域游泳的種類

洶湧水域游泳	在海洋或有水面碎浪的水域游泳
長距離游泳	游泳距離可達10公里 (6.2英里)
馬拉松游泳	至少10公里的不間斷游泳
超級馬拉松游泳	不間斷游泳超過25公里 (15.5英里)
自由游泳	在自然水域、任何距離的非競技游泳
荒僻地區游泳	在自然水域、任何距離的非競技游泳
夜間游泳	在日落後與日出前的游泳

探險游泳	在導覽活動中與搭檔一起進行的非競技游泳
游泳加健行	使用裝備與夥伴一起進行的非競技游泳
公開水域定向運動	在自然水域隨機放置的浮標間,需要定位能力的游泳活動
冷水游泳	在冷水中完成任何距離的游泳
冬泳	在冬天進行任何距離的游泳,通常是在冷水中
冰水游泳	在接近冰點的水中完成任何距離的游泳

公開水域游泳領域的管理機構

鑒於這項運動的歷史和本質,沒有一個全球性組織來管理整個公開水域游泳領域。然而,這項運動是由諸多國內和國際單位、組織、管理機構及個人進行管理和推廣,包括國際游泳總會(FINA)[1]與其202個會員國。

國際管理機構與組織

國際游泳總會(FINA)	國際奧林匹克委員會認可的水上運動管理機構,擁有202個會員協會
UANA/ASUA	美洲游泳總會(Unión Americana de Natación governing body for the Americas)
AASF	亞洲業餘游泳總會(Asian Amateur Swimming Federation for the Asian continent)
ASC	非洲游泳總會(African Swimming Confederation for the African continent)
OSA	大洋洲游泳總會(Oceania Swimming Association for the Oceania region)

---

1 譯注:國際游泳總會(FINA,全名 Fédération Internationale de Natation),已於2023年正式更名為世界水上運動總會(World Aquatics),簡稱世界泳聯。

LEN	歐洲游泳聯盟 (Ligue Européenne de Natation for the European continent)
CS&PF	英吉利海峽游泳與導航聯盟 (Channel Swimming & Piloting Federation for the English Channel)
CSA	英吉利海峽游泳協會 (Channel Swimming Association for the English Channel)
BLDSA	英國長距離游泳協會 (British Long Distance Swimming Association for Great Britain)
ILDSA	愛爾蘭長距離游泳協會 (Irish Long Distance Swimming Association for Ireland)
GSSA	直布羅陀海峽游泳協會 (Gibraltar Strait Swimming Association for the Strait of Gibraltar)
CLDSA	南非開普敦長距離游泳協會 (Cape Long Distance Swimming Association for Cape Town, South Africa)
SSO	加拿大安大略獨泳協會 (Solo Swims of Ontario in Canada)
JIOWSA	日本國際公開水域游泳協會 (Japan International Open Water Swimming Association for Japan)
RLSA	英國河川湖泊游泳協會 (River and Lake Swimming Association in Great Britain)
OSS	英國戶外游泳協會 (Outdoor Swimming Society in Great Britain)
IMSHOF	國際馬拉松游泳名人堂 (International Marathon Swimming Hall of Fame)
VOWSA	加拿大溫哥華公開水域游泳協會 (Vancouver Open Water Swim Association in Canada)
IOWSA	國際公開水域游泳協會 (International Open Water Swimming Association)
SOWSA	公開水域分段游泳協會 (Stage Open Water Swimming Association)
WOWSA	世界公開水域游泳協會 (World Open Water Swimming Association)
TCSA	津輕海峽游泳協會 (Tsugaru Channel Swimming Association)
IISA	國際冰泳協會 (International Ice Swimming Association)
IWSA	國際冬泳協會 (International Winter Swimming Association)

美國管理機構與組織

美國游泳協會 (USA Swimming)	有59個地方游泳委員會
美國游泳成人泳協 (U.S. Masters Swimming)	有52個地方成人游泳委員會
CCSF	卡特琳娜海峽游泳聯盟 (Catalina Channel Swimming Federation)
紐約市游泳協會 (NYC Swim)	環繞紐約市曼哈頓島游泳
SBCSA	加州聖塔芭芭拉海峽游泳協會 (Santa Barbara Channel Swimming Association in California)
ASA	德州奧斯丁美國游泳協會 (American Swimming Association in Austin, Texas)
NEMSA	波士頓新英格蘭馬拉松游泳協會 (New England Marathon Swimming Association in Boston)
NEKOWSA	東北王國公開水域游泳協會 (Northeast Kingdom Open Water Swimming Association)
FISA	法拉隆群島游泳協會 (Farallon Islands Swimming Association)
LTSA	太浩湖游泳協會 (Lake Tahoe Swimming Association)
GLOWS	五大湖公開水域游泳系列賽 (Great Lakes Open Water Swim Series)

　　除了美國國內的管理機構外，還有鐵人三項認可機構、救生協會、獨立賽事組織和對自己辦理的賽事擁有完全自主權的市政當局。由於這麼多組織都在公開水域界擁有監督權，這項運動的規則與規範會因不同國家、地點、賽事而有所不同，這點可能造成困擾。

　　另一方面，這些公開水域游泳組織主辦的賽事有四大優點：

一. 在風景優美的自然環境舉辦運動競賽

二. 從出發到終點在開放的自然水域享受游泳、迎接挑戰

三. 在公開水域和許多泳者享受團體游泳，而非獨自站在泳池的跳台上

四．在結合共同合作和競爭的運動中，和志趣相投的運動員共享友誼

公開水域游泳的規則

公開水域游泳歷史中的關鍵事件發生在 1875 年，馬修・韋伯（Matthew Webb）船長當時成為游過 21 英里（33.8公里）英吉利海峽的第一人，他的成就與泳渡海峽的方式奠定了公開水域游泳廣泛接受的規則。

1896 年的雅典奧運、1900 年的巴黎奧運、1904 年的聖路易奧運皆追隨著他的事蹟，在這幾屆奧運中，游泳賽事都在公開水域進行。在游泳競賽中，不允許使用漂浮裝置或人工輔助裝置，也不得觸碰他人或物品以作為協助。在泳渡海峽時，泳者必須靠自己的力量「離開水中」。

海峽游泳協會（CSA）於 1927 年成立，根據韋伯船長的前例，來組織、規範和鑑定在英吉利海峽的游泳活動，該協會網站上刊登的《2010 海峽游泳協會手冊》記載以下條文：

> 任何嘗試泳渡海峽的人都不得使用任何種類的人工輔助裝置，或受之協助，但得以在游泳前在身上抹油、戴泳鏡、穿戴一頂泳帽與一件服裝。「游泳的標準服裝」（男女適用）材質不得具有保溫或浮力功能，且應為無袖與無褲管。「無袖」代表服裝不得延伸超過肩膀末端至上臂；「無褲管」代表服裝不得低於胯下部位而延伸至大腿。

隨著鐵人三項運動的出現和防寒衣在公開水域的普及，數百萬名的愛好者加入這項運動。儘管傳統人士嚴格遵守海峽游泳協會原本的規則，泳衣科技的進化導致公開水域界的分裂。最新的泳衣提供浮力、減少水阻、將防水性最大化（即不吸水）且包含壓縮設計。壓縮設計減少胸肌、大腿肌和臀肌的振動，且減少血液中的乳酸堆積。減少肌肉振動能增加可利用的體力，以驅使泳者在水中前進，而乳酸程度降低能帶來更快速的表現。防寒衣和新的泳

衣科技導致規則的詮釋不斷進化，且持續受到討論。泳衣使用的差異導致不同組別的設立，以及為使用防寒衣和不使用防寒衣的運動員設立個別的獎項。

　　然而，海峽游泳協會長期的主席傑拉德・福斯伯格（Gerald Forsberg）中校於1957年觀察道：「儘管隨著時間的演進，基本的要點依然完全不變。無論在哪個年代，海峽游泳是，也永遠會是，孤獨渺小的泳者對抗有時狂暴、茫茫大海的戰鬥。」〔取自《長距離游泳》（Long Distance Swimming，暫譯）〕

公開水域游泳的種類

　　為了方便解釋，這項運動一般可分為三個種類：短距離（5公里以內，或3.1英里）、中距離（25公里內，或15.5英里）、馬拉松距離（25公里以上）的賽事。在專業化的年代，每種距離可以再細分，每項分組都有自己的愛好者、裝備、訓練方法與競賽策略。

　　獨泳、分段游泳、環繞游泳、慈善游泳、接力、認可賽、競技游泳系列賽、冷水泳賽、群眾參與游泳、環保游泳、探險游泳、帕運、特殊奧運比賽，這些代表著公開水域界五花八門的類型。

　　獨泳者擁有戒護團隊的支持，團隊包括划小艇、獨木舟的運動員與馬達發動的船。這類游泳通常是馬拉松的距離，且遵守泳渡英吉利海峽的規定（例如：游泳時不得穿防寒衣或觸碰別人）。有時根據現場情況、主辦者的創意與泳者的目標，會出現例外的情形。這類游泳會使用現代科技，包括全球定位系統（GPS）裝置與小型天氣預測設備。此外，泳者的進展、成績以及照片和影片，常常透過電子郵件、簡訊、推文、部落格、分享照片及影片的網站，在線上社群網絡上即時報導與分享。

　　分段游泳在連續的特定天數內進行，泳者從前一天結束的地點開始游泳。環繞游泳是在海岸之間、遍布海岸線的島嶼周圍游泳，範圍從阿拉斯加佩諾克島挑戰賽（Pennock Island Challenge，13.2公里）與加州惡魔島游泳（Alcatraz Island Swim，5公里），到佛羅里達州西礁島環游賽（Swim Around Key West，19.3

圖 1.1
斯洛維尼亞的馬丁·斯特雷（Martin Strel）於 2007 年在 66 天內沿著亞馬遜河往下游 3,273 英里（5,267 公里）。

Strelswimming.com

公里）與紐約州曼哈頓島馬拉松游泳賽（Manhattan Island Marathon Swim，46公里）。

　　慈善游泳可以是任何距離的競賽、接力賽、獨泳或分段游泳。活動進行募款，並接受全世界的民眾捐款，有時透過專門的線上慈善捐款整合平台。

　　公開水域接力包含任意人數的泳者，不過規定通常是兩人到六人。接力賽遵守由海峽游泳協會於1964年首先創立的泳渡英吉利海峽規則，規定要求每位泳者游一個小時，從頭到尾順序一樣，不得代替別人。其他的接力競賽，例如：夏威夷的茂宜島海峽游泳賽（Maui Channel Swim）有不同的時距，可能隨著比賽的進行而縮短時間（例如：第一個賽段30分鐘，後續賽段10分鐘）。自由方式接力在很大程度上給予泳者完全的彈性，可以自行決定如何輪流、代替模式和每個賽段的游泳時間長度。以環保為目的的接力稱為環保接力（carbon-neutral relays），則要求泳者不使用馬達發動的戒護船。在這些賽事中，泳者須輪流游泳，以及乘坐支架大洋舟或其他沒有使用馬達發動的船上，用槳划行前進。

　　環保游泳有不同的目標與特點：

- 焦點為保護、維護或引起對環境或生態的注意
- 焦點為改善或保護海洋生物或地方區域的福祉
- 以生態永續或友善環境的方式進行
- 在受到環境保護的地區舉行
- 為保育、海洋生物、環境保護、研究或教育進行募款或直接提供經濟利益
- 為水路的使用、保護或清理，遊說政府或地方官員

許多公開水域活動也有短程的趣味親子接力，好讓兒童在輕鬆的氛圍中接觸這項運動。賽事也引進5公里（3.1英里）團體追逐賽，同性或男女混合隊伍的運動員出發、游泳和結束都一起待在集團中，與其他的隊伍錯開出發時間。隊伍的最後一名泳者游過終點線時，就結算該隊的完成時間。

團體泳者也愈來愈常一起探究他們在組隊的情況下可以游多遠。2010年，文圖拉六人幫（Ventura Deep Six）創下依照傳統英吉利海峽規則在公開水域接力游泳的最長距離紀錄，他們在太平洋中沿著南加州海岸線游了202英里（325公里）。穿著防寒衣的公開水域連續最長接力游泳總共有220名泳者，他們在北愛爾蘭的卡姆勞湖（Camlough Lake）每人游一段，總共在十天內不停歇地游了426.5英里（686.4公里）。

認可賽由公認的管理機構正式、合法監督，每個機構都有關於安全、獎項、時間要求與賽道測量的特定標準，其中最引人注目的認可賽為奧運的10公里馬拉松游泳。

競技游泳系列賽會為系列賽的總冠軍提供獎品，這些賽事包含相同距離的業餘賽（例如：紐西蘭海泳賽），以及14.5到87公里的職業馬拉松游泳賽，例如：世界泳聯公開水域游泳大獎賽（Open Water Swimming Grand Prix）。全世界最快速的公開水域選手參加競爭激烈的世界泳聯10公里馬拉松游泳世界盃（10K Marathon Swimming World Cup），這是有資格參加奧運10公里馬拉松游泳的運動員的試驗場。

冷水泳賽常常被宣傳為「北極熊游泳」，在冬季的月份和假期時舉辦；

泳者跳入常常低於華氏50度（攝氏10度）的
水中，偶爾地面會積雪。最熱衷的冷水泳
者會參加冰泳競賽，水溫低於華氏41度（攝
氏5度），有時從結冰的河流或湖泊中挖洞，
這是國際冬泳協會與國際冰泳協會的部分
活動。

　　有許多身障及智能障礙者會從事游泳
及公開水域活動，而帕運（Paralympic）及特
奧（Special Olympics）也有專屬的賽事項目。

相關資訊

2008年奧運會10公里馬
拉松游泳比賽在北京郊外划
船比賽的場地舉行；2012
年的公開水域比賽在倫敦市
中心海德公園中的人工湖舉
行；2016年的比賽在巴西
里約熱內盧的科巴卡巴納
（Copacabana）海灘舉行。

　　群眾參與游泳是公開水域的招牌活動，吸引著數千名泳者來到全世界
景色秀麗的地點。在美國，夏天會舉辦數百場活動：加州的拉荷亞泳渡（La
Jolla Rough Water Swim）始於1916年，每年最多吸引2,300人參與；馬里蘭州
的切薩皮克灣游泳（Great Chesapeake Bay Swim），線上註冊在一小時內就達到
上限名額600人。在亞洲，最大型的公開水域游泳活動是泳渡日月潭嘉年

圖1.2
北方大湖游泳賽（Great
North Swim）在英國
的溫德米爾湖（Lake
Windermere）出發。
Great North Swim, Dave Tyrell

華，有 25,000 人參與活動，游泳 3.3 公里（2 英里）橫渡台灣的最大湖泊。非洲最大型的公開水域游泳活動是南非的米德馬水庫游泳賽（Midmar Mile），吸引多達 19,000 名泳者。在歐洲，北方大湖游泳賽吸引 20,000 名泳者至英格蘭的溫德米爾湖；而瑞典的范斯布羅游泳比賽（Vansbrosimningen）會有將近 10,000 人參加。在中東，6,000 名泳者在加利利海參加 4 公里（2.5 英里）的年度游泳活動；在土耳其的博斯普魯斯跨洲泳賽（Bosphorus Cross Continental Swim），將近 5,000 人游 7.1 公里（4.4 英里）橫渡伊斯坦堡海峽。在澳洲，在陽光普照的澳洲海岸沿岸，數千人參與全長 19.7 公里（12.2 英里）的羅特尼斯海峽游泳賽（Rottnest Channel Swim）、洛恩碼頭至酒吧游泳比賽（Lorne Pier to Pub）、柯爾經典賽（Cole Classic）以及許多其他的活動。

公開水域游泳的工具、訓練時間與泳式

公開水域游泳的領域相當廣大，因此工具、訓練時間與泳式會根據運動員的特定目標而有所不同。

工具

公開水域泳者的裝備一直以來都保持一致（即：泳鏡、泳帽和泳衣），但是訓練工具與導航裝備則持續愈來愈精密。公開水域泳者面對的最大問題是穿與不穿防寒衣的巨大分歧。防寒衣在浮力與保暖方面所帶來的優勢相當顯著，因此對正統主義者而言，防寒衣毫無疑問的是禁忌。對鐵人三項選手與若干新手而言，同樣的，防寒衣毫無疑問地相當重要。除了防寒衣，公開水域泳者還使用相當多樣的裝備，從耳塞與水中攝影分析工具，到全球定位系統與餵食桿。第四章將詳細解釋公開水域泳者使用的裝備種類。

訓練時間

根據你的工作或讀書時刻表以及個人偏好，你可以在任何時間進行訓

練。許多泳者偏好在大白天進行訓練，其他人則喜歡在日出或日落時游泳。極少數人喜歡在夜間游泳，特別是在無雲夜晚的月光下。

由於大多數的鐵人三項與公開水域泳賽在一大早開始進行，許多人偏好在早上游泳，好讓生理時鐘能夠適應在這個時間進行比賽。全世界的水道在早晨時刻也通常沒什麼船舶交通、滑水人士與風帆人士，這些人通常會在稍晚才出現。在有人衝浪的地點，晨間的訓練也較佳，因為衝浪客通常會現身，他們能夠協助緊急狀況以及就海象提供建議。然而，由於早晨的情況通常比下午或晚間更為平靜，有經驗的泳者偶爾也會在傍晚進行訓練，以適應較狂暴的海象。

大多數一開始對夜間游泳感到憂慮的泳者，會為了在夜間開始或結束的馬拉松賽做準備，而因此在夜間游泳。儘管你或許從來沒有理由或動力在夜間游泳，許多泳者卻對生物發光（海洋生物發光反射在水面的一種海洋現象）感到著迷，這種現象只在夜間的海水中可見，在淡水中不會有這種現象。

泳式

人類從史前時代就開始游泳，但是有兩個族群在公開水域中游得特別好，且他們同時穿著軍事裝備：日本武士與中古騎士。之後，美洲、西非與南太平洋的原住民利用現代自由式的早期姿勢游泳，而自由式在二十世紀初期成為獨占鰲頭的游泳姿勢。第五章將詳細解釋如何發展出更快速、更流線型、更有效率的自由式。

但即使在現在，有些人仍然偏好馬修・韋伯船長1875年泳渡英吉利海峽時使用的蛙式（表1.1列出泳渡英吉利和卡特琳娜海峽時主要泳式的紀錄時間）。蛙式的公開水域游泳活動在荷蘭、台灣、日本與全世界其他許多地點舉行，除了自由式和蛙式之外，幾乎很少有馬拉松泳者會偏好其他泳式。

表1.1：泳式的紀錄

泳式	英吉利海峽	卡特琳娜海峽
蝶式	茉莉·布拉德蕭 (Julie Bradshaw，英國)，14:18	薇琪·基斯 (Vicki Keith，加拿大)，14:53
仰式	蒂娜·尼爾 (Tina Neill，美國)，13:22	蒂娜·尼爾 (美國)，10:37
蛙式	菲德利克·賈克 (Frederick Jacques，法國)，13:31	傑森·拉森 (Jason Lassen，美國)，15:59
自由式	彼得·史托伊切夫 (Petar Stoychev，保加利亞)，6:57	潘妮·迪恩 (Penny Dean，美國)，7:15

資料來源：http://www. channelswimming.uk 和 http://www.swimcatalina.org

公開水域泳者的共同特色

公開水域的魅力吸引著來自各行各業與幾乎所有年齡層的運動員，愛好人士包括鐵人三項運動員、獨自泳渡海峽者、積極為慈善單位募款的人、救生員、競爭心強的青少年泳者、維護健康的成人泳者、職業馬拉松泳者，以及週末才發奮做運動的人。

公開水域泳者的運動背景並不那麼重要，更重要的是他們願不願意在沒有水道、水池標誌線、池壁，且不斷變化的環境中游泳。許多公開水域的泳者起初覺得緊張，但很快會在荒僻的水中世界適應順利。他們擁有強烈的冒險精神，但是他們明白，在公開水域的洶湧波濤和水流中，身處在見過或沒見過的海洋生物之間，會覺得失去方向與受到挑戰，這是相當正常的。

公開水域游泳界的人士通常適應力較強、具有活力和樂觀精神，這可能是因為這項運動需要個性靈活、優於平均水準的體能以及正向的觀點。

大多數的公開水域運動員積極地接受挑戰，且樂於在正常感官系統受影響的環境中體驗與人競爭或獨自挑戰的興奮感。在公開水域游泳時，許多人樂於評估環境的變數(例如：風、浪、水流)，試圖盡可能游得快速、有效率、

筆直，但也有些人單純喜歡讓思緒放空。

　　鑒於馬拉松游泳的長度和隨時變化的環境可能會出現的風險，馬拉松泳者通常在賽前會進行更高難度的準備計畫，而有的泳者則單純喜歡進入公開水域運動，並忘記在陸地上的煩惱和壓力。

冠軍、先驅、紀錄保持者與堅忍不拔的人

　　最優秀與最知名的公開水域泳者經常被認為是以下類型的人：冠軍、先驅、紀錄保持者以及堅忍不拔的人，每一種泳者都被記載在公開水域游泳歷史的紀錄中。

　　冠軍是在正面對決的競賽中，勝過同一時代其他優秀的公開水域泳者而游得最快的人。1950 年代埃及的阿卜杜拉提夫・阿布海夫（Abdel Latif Abou-Heif）、1970 年代印第安納州的約翰・金塞拉（John Kinsella）、1980 年代佛羅里達州的保羅・阿斯穆特（Paul Asmuth）、1990 年代澳洲的雪萊・泰勒—史密斯（Shelley Taylor-Smith），與 2008 年奧運 10 公里馬拉松游泳金牌得主俄羅斯的拉莉莎・伊琴科（Larisa Ilchenko）和荷蘭的馬騰・范德維登（Maarten van der Weijden），都是這些冠軍的例子。

　　先驅游出創下歷史紀錄、史無前例的事蹟，挑戰人類能力與期望的極限。琳恩・考克斯（Lynne Cox）在 39.2°F（4°C）的水中，從阿拉斯加到俄羅斯，橫渡 2.7 英里（4.3 公里）的白令海峽；路易斯・皮尤（Lewis Pugh）在 29°F（−1.7°C）的水中游 20 分鐘泳渡北極，以及在 32°F（0°C）的水中泳渡南極；喬恩・艾瑞克森（Jon Erikson）連續三趟泳渡英吉利海峽，以上都是這些先驅壯舉的例子。有些先驅也致力於傳達社會議題，並將特別的訊息與自身的游泳活動連結，議題的範圍從促進國家之間的和平，到喚起對氣候變遷的注意。

　　紀錄保持者包括打破距離紀錄或某些競賽中紀錄的泳者，加州的潘妮・迪恩博士、紐西蘭的菲利浦・拉許（Philip Rush）、保加利亞的彼特・史托伊切夫都是成就卓越的泳者，他們打破英吉利海峽的紀錄，奠定了高標。雖然

圖 1.3
路易斯·皮尤於 2005 年跳
入南極半島的海中。
Terjc Eggum

在理想的環境中游泳總是要靠一些運氣（合適的水流、最小的風、舒適的水溫、沒有水母），不過這些紀錄保持者毫無疑問地是在公開水域中游得最快的一群人。

堅忍不拔的人包含在絕對的距離或時間（或兩者皆有）方面，選擇游得最長與最遠的泳者，包括美國的黛安娜·奈德（Diana Nyad），她從巴哈馬游了 102 英里（164 公里）至佛羅里達州；西班牙的大衛·梅卡（David Meca）花費超過 24 小時，從西班牙海岸游了 50 英里（80 公里）到地中海的一座小島；美國的史奇普·史托奇（Skip Storch）以 32 小時 52 分鐘連續游泳繞曼哈頓島三圈。這些運動員在長時間且困難的游泳中克服心理和生理障礙，他們的魄力可謂傳奇。

冠軍、先驅、紀錄保持者和堅忍不拔的人都在公開水域游泳界獲得他人的無比崇敬，但是還有許多其他泳者也有充分的理由可自認是這些類型泳者的榜樣。

冠軍還包括在地方的競賽中，努力在自己的年齡組中獲勝的青少年與成人泳者。先驅也包括那些接力隊伍與個人，在地方區域游過前所未見的路線或距離，以傳達社會議題的訊息或支持慈善機構。紀錄保持者則也包含在湖泊、水壩、海峽與海洋賽道創下紀錄的泳者，無論是個人的紀錄或是在自己年齡組的紀錄。還有那些堅忍不拔的人直接下水，努力達到他們原本以為可能無法做到之事，無論距離、時間或環境如何。

挑戰與難以捉摸的因素

泳者在公開水域的能見度和定位能力可能受到波浪、水面碎浪、刺眼陽光、雨、霾或霧的干擾而嚴重削弱，由於無法看見轉折浮球、地標與終點區域使許多公開水域泳者跟隨前方的泳者，希望前面的人游往正確的方向。

這種對同夥運動員與生俱來的信任感，在各種年齡、能力與背景的泳者之間，形塑出無形的連結與情誼。在競賽或獨泳活動前，泳者通常安靜而內省，這和他們在賽後的觀點與個性形成強烈對比。在公開水域形成的共同連結讓許多人生動有趣地和競爭對手分享經驗，包括他們原本不認識或沒有在賽前聊過的人。

即使泳者在比賽中採用自己的定位路線，他們常常想要得知競爭對手在比賽中使用的方式，並為下次游泳在心中記下感受到的或實際的定位優勢。他們不斷追求進步，因為公開水域的動態本質經常使每次游泳的環境有所不同。

面臨障礙

公開水域泳者了解他們可能面臨的諸多障礙：冷水、長距離、波浪、迎面的水流、水面碎浪、霧、水母、水草、海刺水母、鯊魚、短吻鱷、礁石、漂浮殘骸、廢棄物與污染。儘管這項運動重視冠軍且表揚最快速的泳者，但是大多數的公開水域運動員不是為了獲勝而游泳，而是為了取得好成績或只是為了完賽，使他們獲得某種程度的自我滿足。

加州大學洛杉磯分校（UCLA）傳奇籃球教練約翰·伍登（John Wooden）在他的著名書籍《伍登教練的成功金字塔》（*Pyramid of Success*，網址：coachwooden.com/scrapbook）中，將成功定義為：「心靈的平靜來自於自我滿足，因為你知道你已盡力做到最好。」這個定義恰恰適合公開水域的泳者，許多泳者在游泳途中感到驚慌不安，所以對於僅僅能夠完賽就感到心滿意足。

距離多遠？水有多冷？

在為即將到來的公開水域游泳制定計畫時，大多數的運動員會問兩個問題：「游泳距離多遠？」以及「水溫如何？」。

由於水溫（10到31°C）與距離（1至54英里，或1.6至87公里）在公開水域競賽中變化範圍相當大，這兩個問題的答案會影響後續決定所需訓練的總量與類型。

在阿根廷從埃爾南達里亞斯到巴拉那（Hernandarias-to-Paraná）長54.6英里（88公里）的比賽是全世界最長的職業馬拉松游泳比賽。在印度西孟加拉邦（West Bengal）的帕吉勒提河（Bhagirathi River）舉辦的50英里（80.5公里）印度國家公開水域游泳競賽（Indian National Open Water Swimming Competition）是全世界最長的業餘比賽。每年舉辦的28.5英里（46公里）曼哈頓島馬拉松游泳賽是美國最長的比賽，不過1963年在密西根湖曾經舉辦過一場60英里（96.6公里）的職業比賽。

有些泳者在水溫低時會穿防寒衣，而對水溫的感受會根據泳者的經驗與居住地有所不同。在美國鐵人三項認可的比賽中，運動員可以在水溫78°F（25.6°C）以下穿防寒衣。對正統主義者而言，沒有任何穿著防寒衣的理由或藉口。最耐寒的運動員認為這是個挑戰，對於無論水有多冷都絕不穿防寒衣感到自豪，不過全世界的許多公開水域泳賽都允許選手穿防寒衣。

允許穿著防寒衣的彈性作法有助這項運動擴展至傳統族群以外。這項運動的規定原本要求不得使用有助漂浮或保持體溫的防寒衣，但許多比賽放寬這項限制，有些新手在開始這項運動時穿著防寒衣，然後再過渡至游泳時不穿防寒衣；也有些人則覺得一直穿著防寒衣比較自在。

如果公開水域泳賽的距離比你之前游過的還長，你必須恰當地規畫生理和心理的訓練計畫。第二、六、七、八章將提供資訊，教你如何調節身體，在極端水溫下忍受長距離。沒有簡單的捷徑，要游得遠，必須制定相應的計畫且努力訓練。要在非常寒冷或非常溫暖的水中游泳，必須使身體從不舒服的水溫到無法忍受的水溫，都要能夠適應。

選擇賽道

　　如果你經驗不足，應考慮公開水域賽道的配置。賽道類型各不相同，有沿著海岸的點到點賽道、湖泊往返的賽道、泳渡海峽，或是沿著河流順流而下，這些多樣的環境對不同的運動員有不同的吸引力。

　　例如，如果你不喜歡在海浪中游泳，那麼就避免參加需要沿著岸邊和越過海浪區域的點對點海上比賽。如果你喜歡在海灣或湖泊中繞過轉折浮球，而不喜歡在河裡遇上水流，那麼參加湖泳比參加河泳更合適。公開水域游泳之美在於，每種愛好都有適合的地點。

夥伴系統的重要性

　　夥伴系統非常適合所有的公開水域泳者，無論泳者是否有經驗。和朋友一起游泳時，會有一種平靜和舒適的感覺，也絕對比獨自游泳更加安全。夥伴系統是進步的絕佳方式，尤其是當你和更有經驗或更快速的泳者一起搭配時。有經驗的泳者幾乎毫無例外地喜歡把握機會，向較沒經驗的泳者分享游泳技巧的資訊與提供定位的建議。

　　或者，一位朋友或家人可以在小艇、腳踏船、獨木舟、立式槳板或小型充氣筏上陪伴著你。你一旦游過海浪或海岸線，陪伴者可以充當你在水中的雙眼。如果你找不到人在水中陪你，當你在與海岸平行游泳時，可以請人

相關資訊

根據英吉利海峽游泳與導航聯盟（http://www.channelswimming.uk）的規定，「在獨泳時，泳者只能由一個人在水中陪伴，且在前三個小時內不得有人陪伴。陪伴最長一小時，且在陪伴中止後的至少兩小時內不得再度陪伴。第二名泳者可以在獨泳者旁邊游泳，但不得在其前面，且不得妨礙獨泳者。」

沿著海岸線走。好好享受，並心存感激，因為有人留意著你，可以給你幫助與安全感。

在馬拉松獨泳的領域中，有時會允許配速泳者。配速泳者在某些條件下會在水中陪伴競賽者，他們的作用是藉由分享困難游泳的經驗，來強化泳者的心態。配速泳者可以是隊友、家人或朋友。

泳者的人口統計

在一項針對2009年六項短距離公開水域泳賽，分別是加州的RCP蒂伯龍海泳（RCP Tiburon Mile）、夏威夷的威基基游泳賽、開曼群島的佛勞斯海泳（Flowers Sea Swim）、愛爾蘭的桑迪科夫島挑戰賽（Sandycove Island Challenge）、奧克蘭的紐西蘭海泳系列賽（New Zealand Ocean Swim Series）、愛爾蘭的泳渡利河賽（Vibes & Scribes Lee Swim），對年齡從8歲到79歲的3,659名參加泳者進行的分析顯示，65%為男性，35%為女性，平均年齡為36.5歲。30至49歲的男性占總參賽者的32%，且一向是在所有公開水域泳賽中人數最多的單一群體。在可預見的未來，30至49歲的男性預期仍將是公開水域游泳最大的群體，但是成長最快速的群體是40歲以上的女性。30至39歲的女性在女性群體中占最大比例，而40歲以上的女性人數則一直多過30歲以下的女性。

馬拉松游泳的社群數據頗為有趣。811位成功泳渡英吉利海峽（截至2010年）的泳者年齡從12歲橫跨到70歲，中位數年齡為31歲，但是有65%的泳者是在20歲至39歲之間橫渡海峽。

絕大多數的泳者專注於3英里（5公里）以下的地方短程泳賽。在美國900個既定的公開水域活動中，88%為短程游泳，只有4%為中程游泳，8%為馬拉松距離的游泳，這點顯示至少有一部分的公開水域游泳族群喜好需要數年專注訓練的獨自挑戰。除了距離之外，不同類型的游泳活動之間最大的區別，或許是身體碰觸的程度。一般而言，比賽距離愈短，泳者可能體驗到或對競爭對手進行的身體碰觸就愈多。

公開水域活動的地理位置

除了少數例外，公開水域游泳吸引的參賽者有很高比例來自當地附近的區域，然而，馬里蘭州的切薩皮克灣游泳賽每年吸引來自36州的參賽者。公開水域游泳蓬勃發展，現在已有42州與84個國家會舉辦至少有200名參賽者參與的游泳活動。在美國，公開水域泳賽從東岸到西岸遍布各地，有56%的活動位於密西西比河以西；加州(134場)與夏威夷(55場)擁有最多的賽事，這兩州每年都會舉辦最多人參與的賽事。

公開水域游泳的成長

公開水域游泳因為諸多因素而持續成長。這項運動能促進健康，增強耐力和力量，這是一項能夠實現自我的活動，能夠輕易和別人建立情誼。就像其他耐力型運動與鐵人三項，此活動非常適合想要擁有使命感，並為獨特的體能挑戰進行訓練的成人。對喜歡有機會在泳池範圍之外游泳的競賽泳者，這項運動也相當理想。

這項運動也提供旅行的機會。許多公開水域泳者具有冒險精神或好奇心，這點驅使他們持續尋找游泳和迎接挑戰的新地點。許多運動員離開當地，旅行至海外，尋找著名的比賽或人跡罕至的地點去游泳。事實上，知名賽道的游泳成功次數，像是英吉利海峽與卡特琳娜海峽，在過去幾十年內以倍數方式增加(見表1.1)。

此外，這項運動因以下原因而成長：

一. 鐵人三項的成長持續不歇，這點促成了新的公開水域訓練班、營隊、比賽以及公開水域游泳的資訊。

二. 網路與行動通訊工具(例如：搜尋引擎、部落格、社群網路、影片分享網站、電子郵件)使更多人能夠研究公開水域游泳的資訊。大部分的比賽都有某種程度的網路宣傳，無論是透過網站、部落格或線上社團。

表1.1　1875年後成功泳渡海峽次數的成長

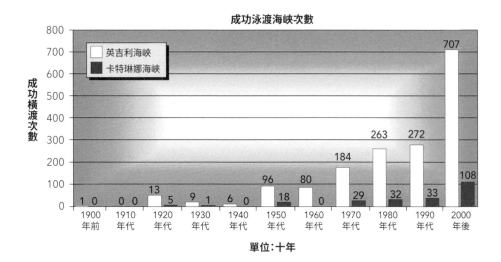

在以前，公開水域游泳的資訊不容易尋得。現在泳者利用搜尋引擎、使用者生成的內容分享網站與線上群組，就能輕易地分享與得知比賽、水中情況、游泳夥伴、隊伍的資訊，並把接力游泳的機會轉達給全世界志同道合的泳者。

三. 全球定位系統、Google Earth（Google地球）[2]、小型天氣預測系統等科技，加上領航員與護送團隊的專業程度與經驗的增加，都促成更多成功的馬拉松游泳，以及有能力安排各種距離的賽道。他人的成功也鼓舞更多人在公開水域界實現自己的夢想。

四. 公開水域游泳仍是相對較不昂貴的運動。泳衣、毛巾、泳鏡，加上可負擔的報名費，對參加活動並不構成重大的障礙。例外情形包含分段游泳、馬拉松獨泳與接力游泳，這些活動的成本高昂，因為需要戒護船、支援團隊以及旅費。

2　譯注：Google Earth 是一個分析和視覺化地理資料的雲端運算平台，可以處理衛星影像以及其他地理觀測資料。

世界各地年度游泳活動的類型

業餘游泳系列賽

海峽游泳[3]

慈善游泳

冷水游泳

競技游泳認可賽

探險游泳

環繞島嶼游泳

救生員競賽

群眾參與公開水域活動

成人認可賽

中距離河川與湖泊游泳

奧運10公里馬拉松游泳

帕運與特殊奧運活動

職業馬拉松比賽FINA大獎賽(Pro marathon races-FINA Grand Prix circuit)

職業馬拉松比賽FINA世界盃游泳賽(Pro marathon races FINA World Cup circuit)

接力游泳

短距離海灘與海灣游泳

分段游泳

馬拉松獨泳[4]

鐵人三項與多項運動賽事

相關資訊

在1933年泳渡英吉利海峽時，海峽游泳協會前會長桑妮·洛瑞(Sunny Lowry)的支援團隊沒有無線電，他們在她游泳的15小時41分鐘內，使用傳信鴿通知對她的進度感興趣的人們。

---

3 英吉利海峽、卡特琳娜海峽、摩洛凱海峽、茂宜海峽、庫克海峽、直布羅陀海峽、愛爾蘭海峽、津輕海峽與羅特尼斯海峽。

4 坦帕灣馬拉松游泳賽(Tampa Bay Marathon)、西礁島環游賽、英國澤西島環島賽(Round Jersey)、艾德勒游泳比賽(Ederle Swim)、五大湖公開水域游泳系列賽和太浩湖游泳賽。

CHAPTER 2

克服惡劣的環境

　　奧運游泳冠軍波波夫（Alexander Popov）曾說過：「水是你的朋友，不必與水搏鬥，只要與水有同樣的精神，水就會幫助你前進。」在公開水域，這句話尤其正確。但另一方面，當你在公開水域遇到風、波浪、海流、潮汐、水母、鯊魚和海草時，波波夫的話也可能聽起來毫無幫助。

預期意想不到的事情

　　公開水域游泳老手預期會有意想不到的事情。無論陰晴雨霧，他們學會了與大自然打交道。他們知道公開水域可能變化無常，一開始時可以平靜如鏡，然後逐漸變差，變成波濤洶湧的海洋。就像小說《化身博士》裡，主

角同時擁有兩極化的個性，海流可以在同一個方向上助你一臂之力，或是逆向阻礙你，形成渦流，或把你推回到原點。公開水域的泳者並不感到恐懼，而是接受了現實，他們不會感到憂慮，並接受挑戰。

在公開水域的世界裡，要把對陸上運動的期待都拋在岸邊。當你跑步時，你會持續前進；但是，在涉及潮汐、海流和波浪的公開水域中，你不一定是會前進的。當你騎自行車時，你可以觀察到周圍情況和競爭對手的位置；但在公開水域中，視覺線索會少得多，因為你的視線會朝水面上下切換著，所以當你朝水底看時，眼睛幾乎不會露出水面。

在跑步和自行車比賽中，志工和主辦單位設立了賽道的界線；但在公開水域游泳中，志工和主辦單位設立界線主要是為了保護你，將風險降至最低。公開水域游泳是一個完全不同的運動競賽領域，因為水是會吞沒你的。

如果你不小心撞到漂浮在海面上的塑膠袋，你可能會嚇一跳。如果你被僧帽水母螫傷，這種不舒服的感覺會讓你永生難忘。如果你看到水中有一條魚靠近你——即使只是一隻友善的海豚——那一刻將永遠銘記在你腦海中。

幸運的是，絕大多數公開水域游泳的經歷都是愉快的。選擇合適的日子，你的經歷將會很有樂趣。正如波波夫所說：「不必與水搏鬥。」如果你有幸在清澈的熱帶海水中游泳，周圍有色彩繽紛的海洋生物和珊瑚礁，那麼你會得到無比正面的感覺和印象。如果你在一場勢均力敵的比賽中戰勝了強勁的對手，那麼辛苦的努力會讓你感覺每天的犧牲都是值得的。如果你比以前游得更遠，你對自己能力的信心就會飆升。

雖然不一定能克服你對公開水域的所有恐懼，但你透過訓練、預期和準備，你肯定能將其中的許多恐懼降到最低。

安全第一

事先需要了解你在公開水域中可能面臨的情況。在進入任何水域之前，要研究並了解海洋生物、水溫範圍、主要的海流、潮汐和一般的船隻交通路線。如果你不知道，可以透過以下方式了解：

- 詢問救生員。
- 與當地泳者聯繫。
- 上網做一些調查。
- 向公開水域游泳論壇提問。

　　正如第一章所述，最重要的莫過於和別人一起游泳了。單獨在公開水域游泳很危險，而這種危險是你可以輕鬆避免的。

　　如果你找不到游泳夥伴，請找一個可以在船上、小艇上或立式划槳上護送你的人。如果沒有人，那麼就在靠近岸邊的地方游泳，與海岸線平行，這樣如果遇到麻煩，你就可以輕鬆脫身。如果你能安排他人看著你或沿著岸邊行走，請讓那個人隨身攜帶手機、哨子和毛巾，以備不時之需。提供一副望遠鏡，這樣對方就可以從遠處留意著你。如果沒有這些選擇，請告知岸上的人你要去游泳，並告訴這個人（救生員或坐在岸邊看守你的物品的家人）你估計要游泳的時間、距離和方向。

圖 2.1
在主辦單位的視線範圍內游泳非常重要。

Traversée internationale du lac St-Jean

在公開水域訓練時，只帶必需品到水邊。別帶錢包和貴重物品，以免引誘不法之徒。或者，在泳衣裡塞一個防水袋，這樣你就可以在水中隨身攜帶貴重物品。

在鹽水中游泳

在鹽水中長時間游泳會使你的舌頭腫脹，感覺很不對勁。用漱口水，或混合水和漱口水來漱口，可以幫助緩解這種感覺。

有時，如果你在非常鹹的水中游泳很長時間，你的舌頭會暫時失去味覺，這是正常的，這種感覺很快就會恢復。根據水質的情況，污染物可能導致瘙癢和皮膚刺痛。身上若殘留著海洋有機體也會刺激你的皮膚，因此建議你在游泳後儘快用肥皂淋浴。

第三空間 (third spacing) 現象

長時間在淡水或鹽水中游泳會有一個獨特的生理效應，就是「第三空間」，第三空間會使你的身體看起來比正常時更柔軟和更肥胖。即使是身材勻稱的公開水域泳者，長時間泡在水中後，身材也可能顯得水腫或浮腫。第三空間的程度因人而異，可能在不到一個小時內發生。幸運的是，這主要是會怕不好看而已，身材在24小時內就會恢復正常。

當身體的液體被困在大腦、肺、腹部和四肢的間質空間時，就會發生第三空間的現象。在正常情況下，細胞外液[1] (extracellular fluid) 在身體組織和血漿之間以大約75:25的比例分布，但是當身體的液體聚集在「第三」個體腔時，你就會顯得柔軟和臃腫。為什麼會發生這種情況，科學目前還無法完全解釋，但其中一種導致第三空間的原因是長時間浸泡在水中。

有時，例如在冷水訓練期間沒有充分補充水分，這類的行為會加劇第三

1　譯注：人體內的水分可再分為「細胞內」的和「細胞外」的兩種，各叫做「細胞內液」和「細胞外液」。第三空間可能是由電解質流失引起的，進而導致細胞外液從血管流出，並進入皮膚組織，而這些組織通常不會有液體流入。

空間的現象。即使你可能覺得還不想補充水分，你也應該這樣做。如果你在長時間游泳時沒有充分補充水分，當細胞外液流出血管，進入皮膚組織時，電解質的流失也會導致第三空間。

污染的風險

公開水域的污染可能以氣態（例如戒護船的廢氣）、液態（例如漏油）或固態（例如漂浮物、垃圾、塑膠袋、漂浮的木塊或其他被丟棄的殘餘物）的形式呈現。水中的細菌或看不見的污染物會導致從胃部不適到嚴重的皮膚反應等各種情況。雖然你無法阻止所有東西進入你的身體，但當你的臉在水中時，請使用耳塞，並儘量閉住嘴巴。

上岸後立即沖洗身體，最好使用肥皂。如果當地沒有淋浴設施，準備一個大的塑膠容器，裝上自來水，並在你可以回家淋浴之前作為臨時替代方案沖洗身體。

如果水裡有海洋生物（例如海刺水母）或最近下過雨，特別是在人口密集的地區，沖洗身體也很重要。雨水經常把社會基礎設施（例如排水系統、運河或城市街道）的污染物沖刷到公開水域中。每次下雨時，海岸線污染的程度和數量都會增加。在交通繁忙的地區，避免在降雨後一兩天內在公開水域游泳。

在公開水域，你游泳幾乎什麼東西都會碰到。漂浮的垃圾和海草是公開水域泳者的噩夢，因為它們通常在水面下，不容易被看到。你也可能不小心踩到貝殼或沙子裡的某種東西。你在下水或上岸時，也可能被岩石劃傷。為此，你應該持續接受最新的疫苗接種（例如破傷風和丙種球蛋白疫苗）來做好準備。

如果你打算在可能受到污染的水中游泳，可以向你的醫生詢問利福昔明（Xifaxan®〔rifaximin〕）片劑的相關資訊。對某些泳者可能會有副作用，但利福昔明是用於治療由致病的大腸桿菌引起的旅行者腹瀉。一些馬拉松游泳運動員在可能受到污染的水中游泳之前會口服利福昔明。

你還可以在網上研究某些水域的相對污染程度。有一些市、縣和地方

政府會在網上公布水質的資訊。

遇到海洋動物

　　有些泳者害怕他們會看到的東西，有些泳者害怕他們看不到的東西，而有些人則兩者都害怕。請接受這樣一個事實：你正在進入另一個世界，那裡有無數的水生動物，牠們認為你是入侵者。當你與隊友或護航人員一起游泳時，將注意力集中在他們身上，這樣可以讓你轉移注意力，不去想水下可能存在的東西。

　　最令人害怕的掠食者是鯊魚——任何種類的鯊魚。幸運的是，實際上遇到鯊魚的機會幾乎為零。根據「國際鯊魚襲擊檔案」(International Shark Attack File，http://www.floridamuseum.ufl.edu/shark-attacks/yearly-worldwide-summary/)，這是針對鯊魚襲擊事件的一個國際公認準確資訊來源，全球所有已知的鯊魚攻擊事件的總數極低。2009年，該機構調查了全球發生的61起鯊魚與人類互動的事件，確認了其中五起為致命的鯊魚襲擊事件。據報導，由於過度捕撈和棲息地破壞導致鯊魚數量減少，鯊魚襲擊事件正在減少。

　　雖然鯊魚是最常被人們談論，也最令人害怕的動物，但水母、僧帽水母、海蝨、魟魚和海刺水母往往是造成最多問題的原因。如果你被螫了，只能苦笑忍耐，等到你上岸再於皮膚上噴白醋或接受救生員或醫務人員的治療。

　　海豚、鼠海豚、海豹、水獺、魚群、鱷魚、水蝮蛇、海龜、海蛇和鱘

在鯊魚之間冒險

地球上很少有其他地方像舊金山灣西邊的法拉隆群島 (Farallon Islands) 那樣有大量具有攻擊性的大白鯊。法拉隆群島位於紅三角地區 (Red Triangle)，被認為是太平洋上最荒涼和最可怕的島嶼之一。

1967年，史都華・埃文斯 (Stuart Evans) 和泰德・艾利克森 (Ted Erikson) 雙雙成功地從這些鯊魚密布的水域，游到了加州的本土，沒有跟這裡的海豹、海獺和海獅一樣淪為大白鯊的獵物。自1967年以來，就沒有人複製過他們的壯舉。

等海洋生物，牠們可以給你帶來興奮或驚恐，你來到了牠們的世界裡。與友善的海豚和鼠海豚的邂逅會給你留下難以忘懷的印象。只要繼續游泳，這些優雅的哺乳動物就會在你身邊嬉戲般地游來游去，直到有別的東西吸引了牠們的注意力。

最危險的生物是人類

鯊魚和水母會給公開水域泳者帶來麻煩，但在公開水域中最危險的生物是人類。

開船的人、風帆衝浪者、滑水者、水上摩托車手、划船或划小艇的人、衝浪者和漁民可能不會注意到在水中游泳的人。除了很難被看到之外，公開水域泳者經常在划船者和風帆衝浪者不會預期泳者會出現的地方游泳。

為了保護自己，並讓別人更容易看到你，請做到以下幾點：

- 戴上顏色鮮豔的泳帽，黃色、亮橙色或淺綠色均可。
- 和同伴一起游泳。
- 注意周圍環境的聲音，包括馬達的嗡嗡聲。
- 兩邊換氣，這樣你就能注意到你兩側的人。
- 如果有船隻、風帆衝浪者、滑水者、水上摩托車手、划船或划小艇的人向你靠近，請停下來。如有必要，揮動你的手臂，並大聲呼喊。
- 假設別人看不到你，即使你是能看到他們的。

在波濤洶湧的水中游泳

海浪可能很大且令人生畏，但在波濤洶湧的大海中游泳是可以駕馭的一件事。相比之下，小的浪花可能會消耗體力和打擊精神。潮汐和海流肯定會讓你偏離方向，但海面的巨浪一直都是無情的。當風來的時候，海面波浪會考驗你的身體極限和心理耐力。

有些泳者更容易暈船，尤其是適逢經期的女性。儘管透過練習和耐心會在一定程度上適應環境，但如果你反覆出現嚴重的暈船，可以嘗試以下方法：

- 減少抬頭觀看定位的次數。
- 游蛙式，看著岸上固定的物體。
- 戴上鏡片較大的泳鏡。
- 學會在不吞到水的情況下換氣。
- 選擇在平靜的湖水中游泳，而不是在波濤洶湧的大海中挑戰極限。

洶湧的水中游泳技巧

當你不斷地被波浪襲擊時，保持積極的態度，試著在一道又一道席捲而來的海浪之間不斷前進。當你在面對惡劣天候時，專注於微小的勝利。當你在浪頭之間時，要更用力踢水。當你頂著波浪游泳時，用力划水，即使只是划一下手和踢幾下腿。

在波濤洶湧的水中，從頭部到臀部保持一直線，盡可能保持流線型和平衡。用你的腿作為穩定的力量，而不是推進的力量。如果你有強壯的核心

圖 2.2
在公開水域比賽中，經常發生肢體衝撞、拳打腳踢和碰撞。
Ivan Torres

肌群，利用你的力量，並在波浪中保持身體滾動。當你在波濤洶湧的水中晃動時，使用整個軀幹區域的核心肌肉划臂是最有效率的。

因為在高低起伏的水裡游泳時，你的手在划水的前半部分會划空，在划水的後半部分推進效果會比較差，所以大部分的推進力會來自划水的中間部分，此時你的手在胸部和臀部之間的正下方區域。

如果條件允許，穿上專業泳衣或防寒衣，尤其是帶有手臂和腿部排水設計的泳衣，這種設計可以創造出更流線型的姿勢，在水面高低起伏時會很有幫助。

在波濤洶湧的水中訓練

在惡劣水域中的游泳經驗是無法取代的。雖然無法練習到能讓你有完美表現的地步，但會讓你在洶湧的水中游泳變得容易許多。不要總是在水面平靜的環境下訓練，偶爾在風大時游泳，這樣你就可以面對洶湧的水面波浪。

「做最壞的打算，抱最好的希望」，這句俗話很適合公開水域泳者。如果你在惡劣的環境下訓練，你將為比賽日做好一切準備。相反的，如果你主

圖 2.3
可能會發生惡劣的條件，
並導致不安全的情況。
Dr. Jim Miller

要在水面平靜的環境下或在游泳池中訓練，那麼你在比賽日只準備好應付水面平靜的環境而已。

如果條件惡劣，在公開水域訓練時，要與海岸線平行游泳。如果有浪花，一半時間朝一個方向游，另一半時間朝反方向游，這樣你就可以練習在浪潮從兩側來襲時的應對能力。

遠離迎面而來的浪潮會更容易換氣。確定你最舒適的換氣模式，這樣你就可以避免在每次換氣時波浪都打到你的臉上。轉動身體來換氣時，把臉稍微朝後看，比平常更往後轉，嘴巴換氣的位置要在划手擺臂動作和腋下的空間。當你的臉在水中時，閉著嘴游泳，只有在轉頭換氣前的瞬間才張嘴吐氣，這將幫助你避免吞到水。如果你不習慣在游泳時閉著嘴，並在頭埋入水中時吐氣，請在泳池訓練期間練習，直到動作變得自然為止。

面對浪潮

有時，你看不到自己在開放海洋中被潮汐或海流推著走。但是，你總能感受到風和浪潮的影響。從心理角度來看，浪潮會改變你的感受；從身體角度來看，它可以改變你游泳的方式。

在洶湧的水中游泳時，會沮喪是很自然的。即使你被海流推著走，游在高低起伏的海面也是令人喪氣和困難的。在波濤洶湧的水中，隨著體力負荷的增加，你也必須更集中精神和毅力。

比賽期間當水面波濤洶湧時，要密切注意你的對手。當你專注於對抗惡劣的天氣時，別人可能超車趕上你。

你可以觀察水面波浪的形狀，來判斷海流是否順向。比起風向與海流相反或成直角時，當風順著海流相同方向吹時，波浪會比較平穩。當海流流向逆風時，波浪會變得更陡峭，並很快變成白頭浪。根據一般經驗，白頭浪在18節（一節等於每小時行走一海里的速度，或大約每小時1.15英里）。如果風速是15節，迎面而來的海流速度是3節，累計起來就是18節，這時你就會遇到白頭浪。

蒲福氏風級

(Beaufort wind force scale)

蒲福氏風級(表2.1)是一種實證測量,主要根據觀察到的海況來描述風速。經驗豐富的領航員和公開水域泳者使用這個風級標準來描述他們面臨的狀況。

表2.1 蒲福氏風級

風級數	海上情況(浪高／公尺)
0	無浪(0公尺)
1	波紋柔和(0.1公尺)
2	小波;輕風;波峰不破裂(0.2公尺)
3	大波;波峰開始破裂;分散的白頭浪(0.6公尺)
4	小浪;和風(1公尺)
5	中浪;白頭浪和浪花飛濺(2公尺)
6	大浪出現,四周都是白頭浪,浪花頗大;強風(3公尺)
7	海浪堆疊起來,白沫被風吹成條紋狀;疾風(4公尺)
8	接近高浪,浪頭碎成浪花(5.5公尺)
9	高浪(6-7公尺),泡沫濃密;烈風(7公尺)
10	非常高浪;能見度降低;海面變成白茫茫(9公尺)
11	非常巨浪;暴風雨(11.5公尺)
12	極巨浪;海面空氣中充滿白沫及浪花;颶風(14公尺以上)

處理波浪

在岸上出發和抵達時,海浪可能會讓人感到害怕。如果你沒有人體衝浪的經驗,可以上網看一些人體衝浪者的影片,然後到海邊去,試著重複你所看到的動作。當你游到岸邊,並感受到海浪在你身後的動力時,試著抓準時機,趁著海浪把你給帶高托起時加速向前,讓你達到最快的速度。當海浪把你托起,並在你周圍形成波峰時,一隻手放在前面,一隻手放在側邊,順著海浪滑下去。當你順著波浪滑下去時,頭要抬起和繼續踢腿,同時讓海浪

推著你前進。如果你感覺到海浪從下面滑過你，要更用力踢水，一隻手臂快速划水，另一隻手臂仍擺在前面，這將使你從海浪和由此產生的急流中獲得最大的好處。在海浪席捲而過之後，再開始游泳。

在比賽前，觀察岸邊浪，並計算海浪間隔的秒數。這會讓你了解在波浪之間會有多少時間，會發生什麼事，以及你需要游多快，才能游出碎波帶（surf zone）。

如果在你出發時碎波很大，最重要的是潛入每一道海浪下面，朝海底游去。當你在水下時，以流線型姿勢用力踢水，雙手向前伸直。當你回到水面時，立即抬起頭來，尋找下一個浪頭。

如果海面波濤洶湧，你必須在海浪中費力游泳，你可能需要把泳鏡帶塞進泳帽裡或用膠帶把泳鏡固定在游泳帽上。你也可以戴兩頂泳帽，把泳鏡帶夾在第一頂和第二頂泳帽之間。

了解潮汐和海流

在海流順向（即海流輔助或海流支援）的情況下，游泳一般來說是很輕鬆，因為海流與你同向，並推動你前進。相反的，海流逆向（即海流障礙或海流阻礙）則更難處理，尤其是當你意識到它們對你的進展產生負面影響時。

由於潮汐和水流的關係，在河流、河口或海灣、進出珊瑚礁或在島嶼周圍，要游泳可能會很不容易，因為在河流、海灣、珊瑚礁和海洋海灣，水深和水流不斷變化。一般來說，水深的地方水流較快，但也有例外。如果可能的話，在每場比賽前研究環境，尤其是在潮汐和水流比較大的地方。經驗豐富的領航員通常是最好的資訊來源，但最好徵求不只一個人的意見。衝浪者、划小艇的人、當地的泳者和救生員也是很有幫助的，他們會慷慨地提供合理、準確的建議。

根據《公開水域馬拉松游泳史》（History of Open-Water Marathon, 2004，暫譯）的作者提姆·詹森（Tim Johnson）的說法，1節順向的水流會帶來每分鐘30公尺的優勢。也就是說，如果你可以在游泳池中每分鐘游91公尺，在水流速

度為1節的公開水域以相同的速度游，你將在一分鐘內游121公尺。

領航員和教練為橫渡海峽泳者提供有關小潮和大潮的建議 (見表2.2)。小潮每月發生兩次，分別在上弦月、下弦月時，此時潮差最小。大潮則相反，發生在新月或滿月時，由於太陽、月球和地球在一條線上的集體引力，此時潮差最大。

泳者一般希望在小潮時期嘗試橫渡海峽，因為潮水愈低，潮流愈慢，泳者面臨的引潮力就愈小。然而，其他因素也會影響何時游泳的決定，例如是否有領航員、天氣、風向和湧浪的方向。如果湧浪把泳者推向目標，那麼湧浪為泳者提供了加速前進的機會。

側向海流與你的賽道成垂直或一定的角度流動，因此會把你推離直線路徑。側向海流也會與海灘平行前進，速度可慢可快。

表2.2　潮汐整理

類型	時期	特徵
小潮	上弦月或下弦月	最小潮差
大潮	新月或滿月	最大潮差

在平靜的水中游泳

在波濤洶湧的水中進行幾次訓練後，在平靜的環境中游泳會感覺很輕鬆。當水面平靜時，是練習直線游泳的理想時間。儘量限制你定位的次數，尤其是在惡劣的環境下，次數要明顯少於平時的情況。提升你游得直的能力，減少對抬頭定位的依賴。

如果你兩邊換氣，就保持下去。如果你不是兩邊換氣，那麼在水面平靜的環境下練習兩邊換氣，並嘗試調整你的划水技巧。一些小的划水動作修改 (例如，更直的划手路徑) 可能會提高你的定位能力。平靜的水面也是嘗試不同防寒衣的理想時機。如果你有一個體型相似的訓練夥伴，可以交換防寒衣，看看其他品牌是否比你目前的品牌更適合你。

水溫

公開水域世界是如此廣闊，以至於每種情況都需要獨特的方法。雖然世界上大多數比賽和獨泳都是在 60 至 85°F（15.5 至 29.4°C）的水中進行的，但有些游泳活動是在冷水（低於 60°F）或非常溫暖的水中（超過 85°F）進行。

即使是幾度的水溫差異也會對你的舒適度和表現水準產生顯著影響，特別是如果你沒有時間進行適當的準備，或者如果你主要在游泳池中練習。

面對溫暖的水域

當你在非常溫暖的水中（超過 85°F 或 29.4°C）比賽時，賽前和賽中補水就很重要。在溫水中訓練時，每小時喝水四至五次。你還可以在進入溫水之前先喝冰鎮過的飲料，或者在比賽前徒手拿著冰沙、雪花甜筒或刨冰四處走動。在比賽開始前，把你的手放在冰桶中也可以暫時降低你的核心體溫。

在比賽期間，偶爾翻身仰泳，這會比長時間把臉浸在溫水中感覺更清爽。無論如何，不要在溫水中穿防寒衣，或過度用力，這樣做會直接影響你的中樞神經系統，並迅速導致中暑等緊急情況。

要知道自己在比賽前是否水分充足，一種簡單的方法是檢查尿液的顏色，顏色應該是淡黃色或無色的。

面對寒冷的水域

許多健康的泳者可以游很長的距離或克服惡劣的環境，但寒冷的水域往往是成功的最大單一障礙。

你對寒冷水域的承受度取決於你居住的地方、在公開水域游泳的頻率、經驗值、體脂肪率和比賽目標。對於生活在熱帶地區的泳者來說，約 68°F（20°C）的水域游起來可能會感覺很冷。生活在溫帶氣候的人可能要到 60°F（15.5°C）的水溫才會覺得冷。但對於傳統冷水游泳之都（舊金山、波士頓、多佛、開普敦、整個英國、愛爾蘭、南澳和紐西蘭）的耐寒泳者來說，低於 55°F（12.8°C）

才算是冷的標準。

你在冷水中的相對不適感還取決於天氣狀況，因為霧、薄霧和雨會使水感覺更冷，所以會發揮寒冷的效應。65°F（18.3°C）的水在多風和陰天時會感覺寒冷，但在正午陽光明媚的情況下游泳，感覺就還可以接受。

有必要增加體重嗎？

要在冷水中游得好，不一定要增加體重，但多餘的體重也不會影響你的努力。額外的重量可以保護你的核心肌群，讓你能夠更好地忍受更長時間的低溫。但是，不建議體重增加過多（即超過10磅或4.5公斤），特別是如果你還進行冷水訓練。在你達到游泳目標後，額外的重量可能很難減掉。

如果你選擇增加體重，最好是吃健康的食物，而不是大量吃甜點和垃圾食物。但是，在冷水中要游得好的最好方法很簡單：盡可能多在冷水中游泳。這可能很困難，但卻是有效的方法。

游得最快的馬拉松游泳運動員身體都非常健康，且體脂肪率並沒有明顯高於普通泳池競賽選手。潘妮‧迪恩博士（美國；1978年的7小時40分鐘）、伊薇塔‧哈法邱法（Yvetta Hlaváčová，捷克；2006年的7小時25分鐘）、大衛‧梅卡（西班牙；2005年的7小時22分鐘）、查得‧漢德比（Chad Hundeby，美國；1994年的7小時17分）、尤里‧庫迪諾夫（Yuri Kudinov，俄羅斯；2007年的7小時6分）和彼特‧史托伊切夫（保加利亞；2007年的6小時57分），他們是英吉利海峽游泳史上最快的一群泳者。他們專注於讓自己適應冷水，而不是增加體重。

適應冷水

適應冷水是透過經常接觸冷水，逐漸增加耐冷的過程。由於心理或生理原因，有些人天生比其他人更能忍受冷水，但適應冷水對任何人來說都不容易，所以沒有固定的時間表。成功的方法是依照你的意願進入冷水，直到你能忍受足夠長的時間，來完成你的冷水游泳。

如果你努力練習，就會適應冷水。在數週或數月的時間裡，頻繁和持

續地接觸冷水是適應冷水最好和最快的方法。在經歷了最初幾次訓練的衝擊後，你會驚訝地發現自己的身體獲得了適應冷水的能力。

在一年中較冷的月份，剛開始要適應冷水可能很難游超過幾分鐘。不要氣餒，一開始可能無法游很長的距離。你可能無法把頭埋進水中，但勤奮練習，堅持下去，這樣會幫助你在冷水中從幾分鐘，逐漸增加到幾英里（或公里）。

一有機會就跳進冷水裡，不管一開始感覺有多難受。持續下水幾乎與練習游泳的時間長短一樣重要。安排在週末練習，這樣你就可以在沒有工作或學業壓力的情況下專注於適應冷水。如果你出於任何原因停止在冷水中訓練，你將很快失去優勢。對於大多數泳者來說，期望在冷水游泳前的最後幾天能夠實際適應冷水是不合理的。

適應冷水在你下水之前就要開始進行了，一直持續到你完全恢復體力。以下是一些訣竅：

- 在冷水中訓練之前，要有充足的營養和水分。
- 游泳前和游泳後立即準備好溫暖的飲料。
- 安排在上岸不久後能淋浴、泡澡或泡三溫暖的地方。
- 在獲得充足的睡眠後，再進行冷水訓練。在身體得到充分休息時，而不是在工作或學業壓力大的狀態下來測試你的身體。

在冷水中，你的肌肉會更快速地消耗更多能量。如果你在水中發抖，你的肝醣儲備會比平常會消耗得更快。因為肝醣主要來自碳水化合物，所以在冷水訓練前後要攝入足夠的碳水化合物。如果你在冷水訓練後沒有立即進食，你可能會在當天的其餘時間裡感到昏昏欲睡。

完成冷水訓練後，盡快脫掉泳衣，擦乾身體，讓身體開始重新暖身。不要吹到風，走到溫暖的地方，洗個熱水澡。盡快穿上乾爽的衣服：穿上合身的多層衣服、羊毛帽和厚襪子，會比穿風帽大衣和拖鞋要好。快速重新暖

身，以幫助你為下一次訓練恢復體力。

如果你在岸上發抖難受，用毛巾把自己包起來，把自己埋在沙子裡，而不要暴露在風雨中。如果有朋友和你在一起，請對方給你一個熊抱，不要被風吹到，或者立即進入車裡，打開暖氣。如果你還發抖，而且核心體溫仍低於平均水準，請勿自行開車回家。

即使你打算穿防寒衣，在秋季、冬季和春季時，在公開水域訓練仍然有益。在游泳池游泳非常適合有氧健身和技術改進，但只有公開水域才能複製比賽時的現實情況。認真的鐵人三項運動員不會休息九個月或更長時間，都不去跑步或騎自行車，所以穿上防寒衣，在較冷的月份偶爾進行冷水訓練，以保持優勢。

在許多游泳比賽中偶爾會出現冷水區域。有時這些區域划幾下手就游過了，有時範圍則更大。這種情況有時會讓人喘不過氣來，所以要準備在至少比預期平均水溫低幾度的水中游泳。如果預期水溫為64°F（17.8°C），則要準備在60°F（15.5°C）的水中游泳。替意想不到的事做好準備，你就不會在比賽當天措手不及了。

進入冷水

如果你到達岸邊，但無法立即跳入水中，可以穿著泳衣沿著岸邊行走或慢跑。過了一段時間後，開始用你的腳和腳踝在淺水區行走或慢跑。慢慢走到深水區，直到你的小腿濕透，水濺到你的上半身。如果仍然無法游泳，就在淺水區站著或走著，能走多久就走多久，直到你覺得無法繼續為止。如果你準備好開始游泳，先把手弄濕，然後把水濺在臉和上半身上，這會有助於減少最初的衝擊感。

對你來說，適應冷水可能需要比其他人更長的時間。當你開始游泳時，你的牙齒可能會痛；你可能會過度換氣；你可能會覺得自己的身體要爆炸了，或者你可能會有冷刺激造成的頭痛。如果你過度換氣，請抬頭游泳或游蛙泳，進行深長的換氣，控制好換氣的節奏。當你控制好換氣後，手臂伸

長、平穩地划水。如果你感到腿部抽筋或雙腳發冷，請用力踢腳以促進血液流動。如果你開始抽筋，就要立刻游回岸邊。發抖是正常的，這是身體產生體溫的方式，但當你的身體開始抽搐時，繼續游離岸邊就太危險了。

在冷水中探險時，保持積極的思維，並注意你的划水動作和周圍環境的細節。正面的想法可以幫助你集中注意力於當前的任務，並加強你對目標的決心。

冷水游泳需要很好的平衡，你必須自己去琢磨。努力鞭策自己，但不要超出自己的身體能力。如果你不再顫抖，東西開始變得朦朧，視力開始受到影響，或者感覺周圍的世界在縮小，你肯定已經超出了自己的能力範圍，需要立即離開水中，並尋求幫助。

在水太冷的時候起來

你的教練、游泳夥伴和陪同人員應該知道失溫的症狀和影響（見表2.3）。他們的知識和願意在游泳過程中將你或任何人從水中拉出來——無論多麼困難——都將有助於預防緊急情況的發生。

當你的核心體溫下降時，身體會啟動保護機制，流向心臟、肺、腎和大腦等重要器官的血流量會增加。隨著你的思維和推理能力逐漸受到影響，這些器官中的電活動會因寒冷而變慢。如果你的核心體溫下降，就會出現混亂、口齒不清、冷漠呆滯和意識喪失的情況。隨著身體變得愈來愈冷，大腦的正常運作能力就會下降。此時，你的陪同人員和支援人員非常重要，必須

表2.3　失溫的階段

第一階段	體溫下降1.8至3.6°F（1至2°C），起雞皮疙瘩，出現輕度顫抖，呼吸變得急促短淺。
第二階段	體溫下降3.6至7.2°F（2至4°C），顫抖變得更加劇烈，泳者的嘴唇、耳朵、手指變得蒼白，腳趾發青。
第三階段	體溫降至90°F（32.2°C）以下，主要器官衰竭，細胞代謝過程停止，並會導致死亡。

問你非常直接的問題（例如，你幾歲？你的孩子叫什麼名字？你小學念哪一間？你的郵遞區號是多少？）。如果你不能輕鬆快速地回答這些問題，那麼他們必須立即把你從水中拉出來。你隨時都能改天再游泳的。

參與過公開水域游泳三冠王比賽（Triple Crown of Open Water Swimming，包括橫渡英吉利海峽和卡特琳娜海峽，並繞著紐約市曼哈頓島環游）的吉姆‧巴伯（Jim Barber）和布萊恩‧柏格斯（Bryan Boggs）編制了一個公開水域溫度感受量表（見表2.4），其中描述了公開水域泳者在訓練、獨泳和比賽期間在不同水溫下的感受。

表2.4　公開水域溫度感受量表

等級	溫度	感受	描述
0	>84°F >28.8°C	太過熱了	• 不適合任何重要的游泳訓練
1	82-84°F 27.7-28.8°C	太熱	• 過熱，中等強度游泳時感覺不舒服 • 泳姿感覺遲緩
2	79-82°F 26.1-27.7°C	溫暖	• 快節奏游泳時感到過熱 • 適用於中等強度的中距離訓練
3	76-79°F 24.4-26.1°C	剛剛好	• 各種程度的運動都適合的適宜溫度
4	72-76°F 22.2-24.4°C	微冷，游起來舒適	• 下水時稍涼，但即使在輕鬆游泳時也很舒適 • 在熱身期間，保持正常划水次數而不會發冷 • 游泳時不會發抖
5	69-72°F 20.5-22.2°C	有點冷，游起來舒服	• 起初有些冷，但在中等速度下很舒適 • 熱身期需要適度增加正常划水次數才能暖和起來，但幾分鐘內就會恢復正常划水次數 • 需要每小時提高速度一次到兩次，才能在核心肌群和手臂中產生明顯的溫暖感覺 • 在補給期間，可以忍受2分鐘的寒冷 • 游泳時不會發抖，游泳後只會輕微發抖

等級	溫度	感受	描述
6	64-69°F 17.7-20.5°C	非常冷，在游泳過程中會有些發抖，但並不會感到不舒服	• 起初有點冷，感覺像冷刺激頭痛，有一些過度換氣的感覺 • 在5-10分鐘內，划水次數比正常情況多 • 要每小時多次增加速度，以緩解游泳期間的顫抖 • 游泳時手指和腳趾開始蜷曲 • 在補給期間，可以忍受30秒到1分鐘的寒冷 • 游泳後出現發抖和打顫，但持續不到15分鐘
7	60-64°F 15.5-17.7°C	游泳時有些冰，在游泳過程中經常發抖，變得挑戰程度高	• 一開始很冰，牙齒打顫 • 需要採取蛙泳或仰泳，以防止熱身時過度換氣 • 游泳時感到不舒服，最初在下水時會出現過度換氣的情況 • 游泳時經常發抖，有時即使加快速度，也無法緩解 • 在停頓時變冷，停頓時間需要少於30秒 • 游泳時手指和腳趾蜷曲；游泳後手需要幾分鐘才能發揮作用 • 游完泳後會出現顫抖，但等到泳者可以進入三溫暖烤箱或用熱水淋浴後，通常顫抖的情況不會持續超過30分鐘
8	57-60°F 13.8-15.5°C	很冰，大部分游泳的時間都不舒服	• 手臂和腿部最初有疼痛的細微感覺，但在游泳過程中，疼痛的力度會降低 • 整個游泳過程中需要有決心和毅力 • 必須持續保持快節奏，儘管這並不能完全緩解顫抖的情況 • 出現過度換氣和牙齒打顫的情況 • 停頓時間很短——不超過15秒，以避免感到寒冷 • 游泳時手指和腳趾蜷曲；游泳後手需要幾分鐘才能發揮作用 • 游完泳後會出現顫抖，但等到泳者可以進入三溫暖烤箱或用熱水淋浴後，通常顫抖的情況不會持續超過30分鐘
9	54-57°F 12.2-13.8°C	非常冰，整個游泳過程中都不舒服	• 手臂和腿部開始有持續疼痛的細微感覺，到了一定程度會導致手臂和腿的感覺減弱 • 熱身時無法控制換氣模式；會出現過度換氣和牙齒打顫 • 在整個游泳過程中，由於持續的不適和顫抖，注意力難以集中 • 在整個游泳過程中逐漸變冷，身體的發熱效果無法彌補體溫的流失 • 游泳時手指蜷曲；游泳結束後手需要幾分鐘才能發揮作用

等級	溫度	感受	描述
10	<54°F <12.2°C	太冰了，感覺麻木	• 所有前述的症狀 • 口頭交流困難 • 在水中和游泳結束後劇烈發抖 • 胡思亂想，語無倫次，需要被拉出水面

冷水游泳裝備

　　冷水游泳的裝備包括防寒衣、矽膠或氯丁橡膠的防寒材質泳帽，以及可以考慮用矽膠耳塞。海峽游泳或馬拉松游泳對防寒衣的使用有具體的規定，如果你不是針對這些比賽來進行訓練的，你還可以使用衝浪者的防曬衣、鐵人三項的連身衣、競賽型泳衣或兩側完全蓋住耳朵的防寒衝浪帽，還有下巴綁帶的設計防止帽子滑落，所有這些裝備都有助於保暖。

　　如果你不能穿任何形式的防寒衣，可以嘗試塗抹羊毛脂，或羊毛脂和凡士林的混合物，來減輕冷水一開始帶來的衝擊。把羊毛脂牢牢地塗抹在皮膚上，尤其是脖子周圍、手臂下方、軀幹和大腿周圍，不要讓凝塊垂掛在皮膚上。戴上橡膠手套來塗抹，以避免弄髒手和護目鏡。

低溫暴露和棕色脂肪

　　除了在冷水中訓練，在陸地上接觸惡劣的天氣對適應冷水也有幫助。隨著你的身體適應在冷水中度過更長的時間，你將經歷生理上的變化，這會使你也更能忍受陸地上的寒冷。如果你有足夠的動力，適應寒冷的過程可能需要一整天24小時的時間。

　　身體的棕色脂肪與皮膚下的白色脂肪不同，棕色脂肪堆積分布在重要的內臟器官周圍，以及背部和胸骨周圍。與白色脂肪相反，棕色脂肪有粒線體，代謝活躍，並產生熱量。根據發表在《新英格蘭醫學雜誌》(New England Journal of Medicine) 上的研究，長時間暴露在寒冷環境中會導致成年人的棕色脂肪增加。雖然一些馬拉松泳者會刻意增加體重和累積白色脂肪，以隔絕冰冷的水

溫，但棕色脂肪實際上可以隔絕你的核心肌群，並產生熱量，這兩者都是公開水域游泳運動員所需要的。

如果你把身體暴露在寒冷的環境中，無論是在水裡，還是在陸上，都會產生棕色脂肪。你可以透過用冷水淋浴和泡澡，或者在冬天和春天穿輕薄的衣服來增加你對寒冷的承受度。不要穿厚外套，改穿薄外套；不要戴手套、保暖內衣和多層衣服，這樣可以增加你暴露在寒冷環境的機會。

在高海拔地區游泳

在高海拔淡水湖中游泳，比你最初想像的要困難得多，即使湖面平靜無波。高海拔地區 65°F（18.3°C）的水比海平面 65°F 的水感覺更冷。由於這種現象和空氣稀薄，在高海拔地區的頭幾天要慢慢地游泳。你會感到頭暈，而且你不會想在冰冷的山區湖泊中發生任何緊急情況。

夜泳

夜間游泳通常是為了探險或馬拉松游泳而進行的，因為有些馬拉松比賽不是在黑暗中開始，就是在黑暗中結束，所以強烈建議在游泳前至少進行幾次夜間練習。第一次嘗試夜泳可能會感到害怕和不安。雖然晚上游泳對身體沒有什麼特別的好處，但是讓你減少或克服恐懼，可以提升信心，這將對你未來的表現有很大的幫助。然而，夜泳也有很大的風險。

不要單獨夜游，一定要與游泳夥伴或護送人員一起去。如果你一個人夜游，很多事情都可能會出錯。把螢光棒綁在泳鏡後面或泳衣衣帶上會很有用，這樣你的護送者或游泳夥伴就可以很容易地看到你。

可以的話，把你第一次夜遊的時間安排在滿月的時候。如果你很幸運，會碰到晴朗無雲的夜晚。在這些條件下，這將是一個更愉快和美麗的游泳體驗。

如果你在海裡夜游，你可能會看到生物發光，這是水中生物體產生和發射的光。如果你潛入水下，並在滿月的光線下仰望水面，生物發光會格外美麗，水面似乎在神奇地發光。

在公開水域游泳時，你會遇到許多挑戰。極端的條件會給你帶來其他運動或活動無法比擬的壓力。你正在一個真實世界的水族館裡游泳，那裡的水生動物認為你是跑錯地方的外星人。每個挑戰都有各自的風險程度，你必須做好準備、認識、訓練和克服。辨識風險和克服這些挑戰需要時間、努力和專注，但是一趟成功的游泳會讓這段旅程變得值得。

CHAPTER 3

選擇競賽項目

　　在茂宜島的海岸上，一名泳者在溫暖的熱帶水中伸展身體，水輕輕地拍打著他的腳踝；另一名泳者與數百名瑟瑟發抖的參賽者肩並肩站在一起，風把密西根湖的水面刮成連續、有節奏的浪花；還有一位泳者調整了她的泳鏡，準備跳入紐約市華爾街倒影下湍急的哈德遜河水中。

　　這些只是幾個例子，說明你可以游泳的地點和可以體驗的環境狀況。從溫暖到寒冷，從水面平靜到波濤洶湧，從熱帶到溫帶，從海邊到湖邊，從北半球到南半球——沒有兩個賽場是相同的，而且情況總是在變化，會有季節變化、溫度下降、風向轉變，情況有時會好轉，有時會惡化。

圖3.1
墨西哥坎昆（Cancun）附
近公開水域比賽的起點。
Ivan Torres

為了幫助你專注於特定的訓練目標，公開水域游泳分為三大類：

- 5公里 (3.1英里) 以下的短距離游泳
- 25公里 (15.5英里) 以下的中長距離游泳[1]
- 超過25公里的馬拉松游泳

正如游泳選手在泳池中為短距離自由式和長距離自由式比賽要有不同的準備一樣，每種距離和類型的公開水域游泳都需要不同類型的準備。如果你是這項運動的新手，那麼你可能想從短距離比賽、溫水比賽或允許穿防寒衣的比賽開始。隨著經驗的增加，你可能會想挑戰更長的距離或在更冷的水中游泳，或者挑戰不穿防寒衣來游泳。

1　譯注：奧運和世界游泳錦標賽有公開水域10公里的項目。

舉行比賽的地方

　　地球表面70%的面積都被水覆蓋，因此可供游泳的地方非常多。「公開水域游泳每日新聞」（Daily News of Open Water Swimming, https://www.openwaterswimming.com/daily-news-of-open-water-swimming）分析了亞洲、歐洲、大洋洲、美洲和非洲83個國家的2,243個公開水域游泳活動，發現全球近60%的公開水域游泳是在海洋或大海中舉行：

- 海洋或大海：59%
- 湖泊：23%
- 河流：7.8%
- 海灣：7.5%
- 水壩或水庫：1.7%
- 運河或划船比賽的場地：0.9%
- 峽灣：~0.1%

測量公開水域的游泳賽道

　　世界各地的公開水域賽道與它們所在的水域一樣多樣化。雖然有一些常用的距離（例如1英里和5公里），但賽道的實際距離和配置可能會取決於該地的地理環境。轉折浮球的確切位置可能略有不同，導致即使在同一賽道上，每年的比賽距離也會有所差異。比賽可能會在一年的漲潮時開始，而另一年在退潮時開始，這會直接影響起點和終點的位置。有一些在湖泊、水壩或水庫中進行的比賽，比賽距離有時會受到當年降雨量的影響。

　　幸運的是，現代技術可以極大地幫助確定賽道的精確距離和轉折浮球的位置。許多比賽主辦單位現在普遍使用全球定位系統技術，以達成測量公開水域游泳賽道的準確性和一致性。

科技推動了公開水域游泳的發展

隨著線上通訊技術的出現，尤其是電子郵件、社群網路和影片分享網站，泳者已經能夠輕鬆快速地互相交流，並與世界各地的比賽主辦單位、教練、支援團隊和護航領航員溝通，這些通訊工具在擴展這項運動方面發揮了重要作用。

1990 年代中期以前，公開水域泳者主要透過信件、傳真和家用電話進行交流。此後，手機、臉書、電子郵件、線上論壇、免費線上翻譯工具，以及影片和圖片共享網站已經取代了郵局和傳真，成為首選的通訊工具。游泳運動員不再需要等待比賽單位或護航領航員的信件或傳真，而是可以透過智慧手機、簡訊、推文、電子報和在社群網路戳一下某人，就能與全球游泳界人士即時交流，這樣可以獲得即時和深刻的益處。當代的即時通訊技術讓游泳運動員能夠在網上參加活動，招募接力夥伴和支援人員，並透過 Google 群組和線上社群網路招募來自世界各地的領航員。泳者可以上網發布他們感興趣的事、問題或需求，並立即收到世界各地游泳同好的回應。

GPS 設備、行動裝置和線上社群網路還使世界各地的人們能夠在不同的角落幾乎即時地關注泳者的動態，這使這項運動真正走進了人們的家庭和辦公室，從而使人們對這項運動產生了更大的興趣。有興趣參加世界各地的接力賽、訓練課程或比賽的人，會收到他們從未見過面的人的反饋。這些情誼雖然是在虛擬世界中展開的，但當人們最終見面並一起游泳時，這樣的情誼便會在現實生活中鞏固。由於有了共同的語言和共同的興趣，網路世界中的泳者不會懷疑對方的意圖或能力，往往可以很快建立對彼此的信任。

網路還可以讓人們在前往比賽場地之前，了解水溫和海象。正如華特・迪士尼所想像的小小世界那樣，世界看似很大，但其實很小，網路確實讓大家可以分享很多事情。

圖 3.2
在里約熱內盧的海灘之王挑戰賽（King of the Beach Challenge）的終點。
Pedro Rego Monteiro

公開水域的動態環境

即使在水面平靜的條件下，轉折浮球被固定在賽道上，你仍然需要在視野有限的情況下從一個點游到另一個點。公開水域總是挑戰你的定位能力，如果你游偏了正確的路線，即使是在短距離游泳中，也會使你的距離增加 10% 以上。海象、風、波浪高度和方向、潮汐、海流、氣溫和水溫的差異，使得比較每年同一賽道的成績幾乎毫無意義。然而，賽道和世界紀錄仍然會被保留下來，以提供對這項運動的過去參照資料。國際馬拉松游泳名人堂（www.imshof.org）網站上會留存馬拉松游泳紀錄（超過 25 公里），世界公開水域游泳協會（World Open Water Swimming

圖 3.3
在紐西蘭海洋游泳系列賽中，參加的泳者多到連成一長串的游龍。
Lissa Reyden

Association, www.openwaterswimming.com）會存檔和更新所有距離和類型的公開水域游泳紀錄。

選擇游泳比賽

你可以根據各種因素來選擇公開水域游泳比賽：

- 靠近你家的地點
- 口碑推薦
- 朋友和隊友的積極鼓勵
- 地點（例如，有趣的、風景優美的地方）
- 難度

絕大多數游泳運動員和鐵人三項運動員都是在當地參加游泳比賽，而在光譜的另一端，只有極少數的游泳運動員會走遍全球，像蒐藏珍貴藝術品一樣自豪地參加各種游泳比賽。隨著你對公開水域游泳愈來愈熟悉，你將更容易決定是否參加外地的比賽，你也可以參加朋友推薦的比賽。如果你有感興趣的比賽，但不認識任何參加過的人，可以加入線上論壇，在線上論壇上提出問題，並閱讀有關各個比賽的評論。

一旦你將目光投向了外地的游泳比賽，請選擇適合自己風格的比賽為目標。如果你喜歡冷水游泳，可以調查預期的水溫。如果你想把旅行與游泳結合起來，那麼比賽地點十分豐富，有從阿拉斯加到亞利桑那州、克羅埃西亞到開曼群島、愛爾蘭到義大利、密西根湖到英國的溫德米爾湖，以及從日本到約翰尼斯堡的比賽。

如果你喜歡距離更長的比賽，現在有愈來愈多的馬拉松游泳比賽。如果你喜歡惡劣的條件，那麼海洋游泳是你的不二之選。如果你想測試你的定位能力，可以參加賽道配置具有挑戰性的比賽，在大海中的點對點游泳通常比在湖中來回游泳更難。

如果你是鐵人三項運動員，希望最終能參加完整的鐵人三項比賽，請在你所在的地區尋找團體游泳的活動。在剛開始時，與朋友或隊友一起游泳，包括有小艇的人，他們可以幫助你在不熟悉的領域辨認方向。然後從1英里距離開始你的公開水域生涯，逐步增加到2.4英里，即使這是由你的鐵人三項同伴組織的非正式游泳。如果你的目標是夏威夷的鐵人三項世界錦標賽，要明白海泳是其中的一部分。如果你在前往夏威夷的科納（Kona）之前沒有機會接觸到大海，可以在當地湖泊的岸邊趁著風吹起湖面形成急流時進行練

表3.1　短距離游泳（最多5公里，或3.1英里）

短距離游泳	賽道
威基基游泳賽	橫跨檀香山威基基海灘的2.4英里（3.9公里）

習。鐵人三項運動員若退出夏威夷鐵人比賽，最大原因是暈船，因此在波濤洶湧的水域中進行訓練是非常寶貴的，可以保障你能在鐵人三項賽中順利進行到自行車的項目。另一方面，如果你的目標只是增加肌肉張力和增強心血管健康，那麼你已經選擇了一種低衝擊的最佳方式，使自己更加強壯和健康。

時間限制和分組

　　有些公開水域游泳比賽有時間限制；也就是說，泳者必須在比賽過程中於時限內到達某個特定的點，否則將被主辦單位要求離開，並被拉出水面。很多時候，這些限制是出於安全考慮、潮汐流動的變化，或者是城市法律或法規為了管理水道上的船隻交通所設定的時間限制。有些比賽的時間限制是根據第一名選手的完賽時間，這時其他參賽者必須在第一名完賽後的一定時間內（例如1小時）離開水面。

　　許多比賽會按性別、年齡或速度分組。全球規模較大的游泳比賽和競爭最激烈的比賽都有游泳運動員必須達到的資格認定或最低時間標準。少數游泳比賽非常熱門，因此會使用線上抽籤系統或由委員會進行詳細的選拔過程，例如，澳洲伯斯(Perth)附近的羅特尼斯海峽游泳賽和紐約市的曼哈頓島馬拉松游泳賽。

世界各地的代表性游泳比賽

　　表3.1、3.2和3.3列出每年在美國和世界各地舉行的幾場代表性游泳比賽，這只是眾多賽事中的少數幾場而已。

說明	特色
穿越珊瑚礁，並欣賞豐富的海洋生物，適合各年齡和能力的泳者	是鐵人三項比賽游泳階段的靈感來源

▼續下頁

短距離游泳	賽道
巨肩之城游泳比賽（Big Shoulders）	芝加哥市中心附近的密西根湖2.5公里（1.6英里）和5公里（3.1英里）的賽道
拉霍亞游泳比賽	加州聖地亞哥以北，250碼（229公尺）到3英里（4.8公里）的賽道
RCP 蒂伯龍海泳	加州舊金山灣1.2英里（1.9公里）的點對點比賽
喀斯喀特湖游泳系列和嘉年華（Cascade Lakes Swim Series & Festival）	俄勒岡州中部艾爾克湖（Elk Lake）的0.5公里、1公里、1.5公里、3公里和5公里（0.3、0.6、0.9、1.9和3.1英里）比賽
泳渡伯斯（Swim Thru Perth）	2.2公里（1.4英里）和4公里（2.5英里）的比賽，從伯斯的天鵝河（Swan River）到瑪蒂達灣（Matilda Bay）
彼得潘盃聖誕早晨游泳賽（Peter Pan Cup Christmas Morning Handicap Swim）	在倫敦海德公園4.4°C（40°F）的水中游泳100碼（91公尺）
冬泳錦標賽	在35-39°F（1.7-3.9°C）的水中進行的短距離游泳比賽，在不同的城市舉行
洛恩碼頭到酒吧游泳比賽	澳洲洛恩（Lorne）1.2公里（0.7英里）的點對點海泳比賽
達默—布魯日公開水域游泳（Damme-Brugge Open Water Swim）	5公里（3.1英里）的比賽，在比利時的運河中舉行

表3.2　中距離游泳（低於25公里，或15.5英里）

中距離游泳	賽道
切薩皮克灣游泳賽	4.4英里（7公里）橫跨馬里蘭州的切薩皮克灣

說明	特色
有許多來自美國中西部最優秀的青年和成年游泳運動員，是一個熱門的比賽	水溫和狀況可能會有很大的差異
從一個天然的圓形劇場中出發和抵達，數千名參賽者中，老少都有	自1916年以來被譽為美國首屆一指的急流水域游泳比賽
競爭激烈，有許多來自20多個國家的奧運選手、世界冠軍和馬拉松游泳選手參加	在贏家通吃的比賽中，男女冠軍將獲得1萬美元的獎金
美麗清澈的高山湖泊在三天內提供五場不同賽道形狀的比賽	可以穿防寒衣，但會被罰10%的比賽時間
這場西澳的比賽吸引了10到83歲的泳者	是澳洲最古老的公開水域比賽，第一屆於1912年舉辦
這裡是2012年倫敦奧運會10公里馬拉松游泳賽的場地，有數千人觀看比賽	1838年，12名運動員在2萬名觀眾面前游了1000碼的距離
分成企鵝隊、海豹隊、北極熊隊、競賽隊和接力隊等不同組別	在歐洲結冰的湖泊或河流中開鑿出的泳池中舉行
吸引澳洲奧運選手、名人、政治家和超過3,000名泳者的熱門賽事	由救生員發起，特色是以刺激的人體衝浪方式抵達海灘
點對點賽道提供自由式和蛙式比賽	該比賽在2010年舉行了100周年紀念游泳比賽

說明	特色
點對點比賽允許穿著防寒衣，但根據狀況，沿途會有很強的水流	網上報名系統在18分鐘內就能額滿

中距離游泳	賽道
橫渡太浩湖接力賽 (Trans Tahoe Relay)	橫跨加州太浩湖的 11.5 英里（18.5 公里）接力賽
邁阿密游泳賽（Swim Miami）	在佛羅里達州一個受保護的鹽水體育場進行 1 英里、5 公里和 10 公里的溫水比賽
小紅燈塔游泳賽 (Little Red Lighthouse Swim)	順流速輔助下在紐約市進行 10 公里（6.2 英里）的河道游泳
環繞惡魔島游泳賽 (Swim Around the Rock)	環繞舊金山灣的惡魔島游泳 3.25 英里（5.2 公里）
游遍美國系列賽（Swim Across America）	在美國各地舉行的一系列不同距離的游泳比賽
博奈爾島生態游泳賽 (Bonaire EcoSwim)	在荷屬安地列斯的博奈爾島上進行的 1、3、5 和 10 公里（0.6、1.9、3.1 和 6.2 英里）游泳比賽
加的斯集團自由游泳比賽（Cadiz Freedom Swim）	從羅本島（Robben Island）到南非開普敦 7.5 公里（4.7 英里）的嚴寒游泳比賽
聖克羅伊島珊瑚礁游泳比賽（St. Croix Coral Reef Swim Race）	在美屬維京群島的聖克羅伊島進行 2 英里（3.2 公里）和 5 英里（8 公里）的游泳比賽
阿卡普爾科國際游泳賽（Acapulco International Swim）	橫跨墨西哥的阿卡普爾科灣進行的 5 公里（3.1 英里）游泳比賽
佩諾克島挑戰賽 (Pennock Island Challenge)	圍繞阿拉斯加的佩諾克島進行 8.2 英里（13 公里）的游泳比賽
羅特尼斯海峽游泳賽	從澳洲西海岸出發，進行 11.9 英里（19.2 公里）的游泳比賽

說明	特色
具有挑戰性且熱門的游泳比賽，在海拔6,200英尺（1,890公尺）的地方進行，不能穿防寒衣，分為接力賽和個人賽	六人接力賽在低於60°F（15.6°C）的水中舉行
以邁阿密的天際線為背景，在平坦的水中進行競爭激烈的游泳項目	吸引數百名不同年齡和能力的游泳運動員參加
享受曼哈頓上城和華盛頓大橋的獨特景觀	在哈德遜河舉行，是紐約市游泳系列賽的一部分
在金門大橋的壯麗景色下，泳者面臨著冷水、變化的潮汐和急流等挑戰	這場需要策略規畫的競賽可以看到舊金山天際線的壯觀景色
其中一部分比賽是熱門的慈善游泳賽	該系列比賽已為癌症研究籌集了超過2,000萬美元
賽事包括2公里兩人接力賽和兒童在碼頭之間游泳的溫馨娛樂活動	泳者在原始珊瑚礁清澈的海水中一較高下
泳者在55°F（12.8°C）的水中參加職業組、非防寒衣組、防寒衣組、兩人組到四人組、公司或學校團體接力賽	羅本島是世界遺產，曾經有近400年的時間是監獄
在大型珊瑚礁公園內與瀕臨滅絕的魚類、海星和海龜一起游泳	被譽為擁有世界上最純淨的海水
沿著飯店林立的海岸線，比賽在直線的賽道上進行，水溫溫暖	比賽的時間為一月，對來自寒冷氣候的泳者來說是一種安慰
比賽繞過一個崎嶇的島嶼，吸引了冷水游泳專家	比賽設有個人組、接力組、防寒衣組和非防寒衣組
比賽極受歡迎，選手需要在69-72°F（20.6-22.2°C）波濤洶湧的海洋中，從澳洲大陸游到羅特尼斯島	750艘支援船在強大的水流中護送選手

中距離游泳	賽道
茂宜島海峽游泳賽	在夏威夷的拉奈島(Lanai)和茂宜島之間長達9.6英里(15公里)的六人接力或個人游泳比賽
波士頓燈塔游泳賽(Boston Light Swim)	從小布魯斯特島(Little Brewster Island)到波士頓長達8英里(12.9公里)的游泳比賽
西礁島環游賽	環繞美國大陸最南端城市,賽程12.5英里(20公里)
長距離游泳挑戰賽(Distance Swim Challenge)	沿著南加州海岸12.6英里(20.3公里)
香港環保半程游泳賽(Clean Half Open Water Swim)	9英里(15公里)環繞香港的個人和接力游泳比賽

表3.3 馬拉松游泳比賽(超過25公里,或15.5英里)

馬拉松游泳比賽	賽道
曼哈頓島馬拉松游泳賽	圍繞紐約曼哈頓島,進行28.5英里(46公里)的游泳比賽
高地湖挑戰賽(Highlands Lake Challenge)	在德州奧斯丁附近的五個湖泊中進行為期五天的16英里(25.7公里)分段比賽
坦帕灣馬拉松游泳賽	在佛羅里達州西海岸的坦帕灣進行艱苦的24英里(38.6公里)游泳
聖文森特醫療中心橫渡長島海灣游泳比賽(St. Vincent Medical Center's Swim Across the Sound)	從紐約到康乃狄克州長達25公里(15.5英里)的個人和接力賽

說明	特色
泳者從拉奈島出發，向著茂宜島巍峨的火山游泳，天氣晴朗時，可以看到摩洛凱島(Molokai)和歐胡島	選手在蔚藍色的水中面對風、湧浪、海洋生物和海流
可能出現風速高達45英里／小時(72.4公里／小時)的強風、60°F(15.6°C)的冷水和3到4英尺(0.9到1.2公尺)的海浪	被稱為美國馬拉松游泳比賽的鼻祖
選手繞著一個海拔較低的島嶼游泳，賽道可能會隨著風向的變化而改變	在佛羅里達州南部，淺水清澈溫暖，水溫達到85°F(29.4°C)
賽道與海岸線平行，沿途設有七個檢查點	涼爽的水溫，可能會遭遇巨浪
在溫暖的水域中，選手可能面對巨浪、波濤洶湧的海面和強勁的海流	選手可以乘坐支架大洋舟，進行環保接力賽

說明	特色
僅限通過資格且經驗豐富的個人選手和接力隊伍參加	報名人數很快就會達到上限
布坎南湖(Lake Buchanan)4.2英里(6.8公里)、印克斯湖(Inks Lake)2.6英里(4公里)、LBJ湖(Lake LBJ)2.6英里(4公里)、大理石湖瀑布(Lake Marble Falls)3英里(4.8公里)、特拉維斯湖(Lake Travis)3.6英里(5.8公里)	選手可以參加為期五天的分段比賽或每天的單獨比賽
個人和接力游泳運動員在大型的河口面對潮汐、水面波浪和水流	慶祝地球日和佛羅里達河口的振興
來自許多州和幾個國家的個人和接力選手	每年為癌症預防計畫籌集35萬美元

馬拉松游泳比賽	賽道
科隆達河馬拉松游泳賽（Maratón Acuático Rio Coronda）	在阿根廷河下游長達57公里（35.4英里）的職業比賽
卡普里島─那不勒斯海灣馬拉松（Maratona del Golfo Capri-Napoli）	從卡普里島到義大利那不勒斯長達22英里（36公里）的海上比賽
聖讓湖國際游泳賽（Traversée internationale du lac St-Jean）	泳渡加拿大聖讓湖的19.9英里（32公里）冷水比賽
卡拉馬塔─科羅尼長距離游泳賽（Kalamata-Koroni Long Distance Swim）	橫跨希臘的麥西尼亞灣（Messiniakos Gulf）30公里（18.6英里）
國際超越自我馬拉松游泳賽（International Self-Transcendence Marathon Swim）	在瑞士涼爽的蘇黎世湖進行26.4公里（16.4英里）的比賽

圖 3.4
泳者在聖讓湖國際游泳賽
中繞過轉折浮球。
Dr. Jim Miller

說明	特色
比賽僅限於程度高的游泳選手參加，需要穿梭水流和漩渦，比賽時間超過9小時	國際游泳總會(FINA)公開水域游泳大獎巡迴賽的一部分
泳者受到各種惡劣天氣的影響，包括巨浪和厚重的水面碎浪	自1954年以來，游泳選手就來那不勒斯參加這場比賽
業餘和專業游泳運動員均可參加1公里、2公里、5公里、10公里和32公里等多項比賽	在為期一週的賽事期間，小鎮的人數會激增；此項活動自1955年開始舉辦
這個清靜、安全、乾淨的水道全長16.5海里	各種能力和年齡的國際選手都可以參加
泳者可以在美麗的環境中體驗可觀的水面波浪	報名人數迅速額滿

七大海峽挑戰

「七大峰挑戰」是指登上世界七大洲中最高的山峰。截至2010年，已有275名登山者完成了這項登峰挑戰，而在公開水域的版本則是「七大海峽挑戰」：

一. 愛爾蘭和蘇格蘭之間的北海海峽
二. 紐西蘭南北島之間的庫克海峽
三. 夏威夷歐胡島和摩洛凱島之間的摩洛凱海峽
四. 英國和法國之間的英吉利海峽

五．南加州的卡特琳娜海峽

六．日本本州和北海道之間的津輕海峽

七．歐洲和非洲之間的直布羅陀海峽

　　目前還沒有人完成「七大海峽挑戰」，但有數十名馬拉松游泳運動員正在計畫、籌畫和訓練，為創造歷史做準備。[2]

　　要完成「七大海峽挑戰」，泳者需要具備在非常寒冷和非常溫暖的海洋中游泳的能力。泳者必須在身體和心理上做好準備，在世界七個完全不同的地方，克服每一種可能擊敗公開水域泳者的狀況，從強勁的海流到強風，每個地方都有其挑戰和要求。就像七大峰挑戰一樣，七大海峽挑戰需要大量的計畫、時間和財務資源，以及一支由熟悉當地情況的專家組成的跨國支援團隊。

一、北海海峽

　　　　位置　　愛爾蘭和蘇格蘭之間的海峽。

困難的原因　　在這條長21英里（33.8公里）的海峽中，必須克服波濤洶湧的海面、冷水、雷雨和強流等自然因素。

可行的時機　　七月到九月。

　危險因素　　被認為是世界上最困難的海峽游泳，水溫約為54°F（12.2℃），通常是陰天，天氣陰沉，很難準確預測天氣和水域狀況。如果風平浪靜，泳者會面臨大量水母的危險。

　　　　說明　　自1924年以來，至少有73次嘗試，但迄今為止只有11名游泳運動員完成了15次成功的獨自渡海。由於惡劣的條件和失溫，大多數人都放棄了嘗試。

2　譯注：截至本書中文版編譯之時，全球已有21人完成「七大海峽挑戰」，見 longswims.com/oceans-seven。

| 其他資訊 | 渡海活動要根據愛爾蘭長距離游泳協會（Irish Long Distance Swimming Association）制定的規則。第一次有人嘗試是在1924年，而第一次成功是在1947年。 |

二、庫克海峽

位置	紐西蘭南、北島之間的海峽。
困難的原因	在巨大的潮汐水流中，穿越長16海里（25.7公里）的冰冷水域，面對水母和鯊魚；只適合能力最強和最有冒險精神的泳者。
有利的時機	十一月到五月。
危險因素	六分之一的泳者在泳渡時遇到鯊魚，鯊魚只是過來湊熱鬧的，從來沒有人在游泳時遭到襲擊。海峽的兩邊都有岩石峭壁。水溫很低（57-66°F，或13.9-18.9°C），距離超過26公里（16英里），水面波浪很大。
其他資訊	迄今為止，只有來自八個國家的64人完成了77次成功的泳渡，游泳過程中失溫和天氣狀況變化是最常見的失敗原因。

三、摩洛凱海峽（也被稱為凱維海峽〔Kaiwi Channel〕）

位置	位於夏威夷摩洛凱島西海岸和歐胡島東海岸之間的海峽。
困難的原因	距離26英里（41.8公里），橫跨太平洋中間的深水（701公尺）海峽，水流異常湍急；具有凶猛的海洋生物。
有利的時機	視情況而定。
危險因素	極大的海浪滾滾而來、強風、熱帶高溫和非常溫暖的鹹水，抵消了夏威夷群島驚人的美麗風景和深藍色的海底景色。
其他資訊	這條深水海峽可以看到夏威夷群島的美麗景色，由日裔

美籍的仲間清（Keo Kiyoshi "Casey" Nakama，音譯）於1961年首次橫渡，耗時15小時30分鐘，到目前為止只有13個人成功橫渡15次。

四、英吉利海峽

位置	英國和法國之間的海峽，最窄處在英國多佛（Dover）的莎士比亞海灘和法國加萊（Calais）之間的多佛海峽。
困難的原因	這是一個國際水道，最窄處為21英里（33.8公里）、水溫低、水流強勁，水流和天氣狀況不斷變化。
可行的時機	六月到九月。
危險因素	由於強勁的海流和潮汐、強風、天氣狀況變化造成的白頭浪和失溫而失敗。
其他資訊	有1,189人征服了這個世界上最著名的海峽，進行了1,648次泳渡，被認為是橫渡海峽的標竿，其規則和傳統對全球公開水域游泳界有很大的影響。

五、卡特琳娜海峽

位置	聖卡特琳娜島（Santa Catalina Island）和美國加州洛杉磯之間的海峽。
困難的原因	冷水（特別是靠近海岸處）、海流強、可能出現強風、海洋生物和距離遠。最短的點對點賽道是從聖卡特琳娜島的翡翠灣（Emerald Bay）到聖佩德羅半島（San Pedro Peninsula），全長21英里（33.8公里）。
可行的時機	六月到九月。
危險因素	這是一條深水的水道，在海象、難度、距離、身心挑戰方面堪比英吉利海峽。偶爾可以看到的海洋生物包括遷徙的鯨魚、鯊魚和大群的海豚。

|　其他資訊　| 自1927年加拿大人喬治・楊（George Young）在瑞格理海洋馬拉松游泳賽（Wrigley Ocean Marathon Swim）中以15小時44分鐘的成績，贏得25,000美元獎金，成為第一位成功泳渡者以來，已有199人橫渡了卡特琳娜海峽。 |

六、津輕海峽

位置	東京所在的日本本州與日本最北端的島嶼北海道之間的深水海峽。
困難的原因	這是一條國際水道，最窄處為12英里（19.3公里）。泳者必須穿越日本海和太平洋之間的極強海流，將會遇到巨浪和大量的海洋生物。該地區居民不會講英語和其他西方國家語言。水溫可能在62至66ºF（16.7至18.9°C）之間。
可行的時機	七月和八月。
危險因素	由於從日本海那邊流向太平洋的水流會特別強，泳者會被沖到很遠的地方。此外，泳者在夜間面對大量的烏賊，偶爾會遇到從深處湧上來的冷水，這些冷水是由從中東前往美國西海岸的大型油輪的螺旋槳造成的。迄今為止，只有4次經證實的單人泳渡、2次經證實的雙人泳渡和1次經證實的三人泳渡。

七、直布羅陀海峽

|　位置　| 西班牙和摩洛哥之間、連接大西洋和地中海的海峽，最短的地方在西班牙的奧利維羅斯角（Punta Oliveros）和摩洛哥的西雷斯角（Punta Cires）之間。 |
| 困難的原因 | 長度為8.9英里（14.32公里），海流從大西洋向東流向地中海，平均水流速度為3節（5.6公里／小時）。在整個泳渡的過程中，繁忙的船隻來往、行程安排的阻礙和水面波浪 |

都讓泳者遭遇困難。

可行的時機　六月到十月。

危險因素　直布羅陀海峽的邊界在古代被稱為大力神之柱，海流非常強勁。由於海象變幻莫測，風勢強大，僅297人成功泳渡。

其他資訊　由於強流的影響，大多數嘗試都是從西班牙塔里法島（Tarifa Island）出發；這段距離為11.5到13.7英里（18.5到22公里）。

世界如此廣闊，水道如此眾多，從短距離的冰水游泳到長距離的海峽游泳，每一個公開水域的游泳目標都可能實現，要從事各種距離和難度的公開水域游泳，機會多不勝數。你游泳可以只是為了好玩、競賽、破記錄或創造歷史。選擇權在你手上，請享受這種體驗吧。

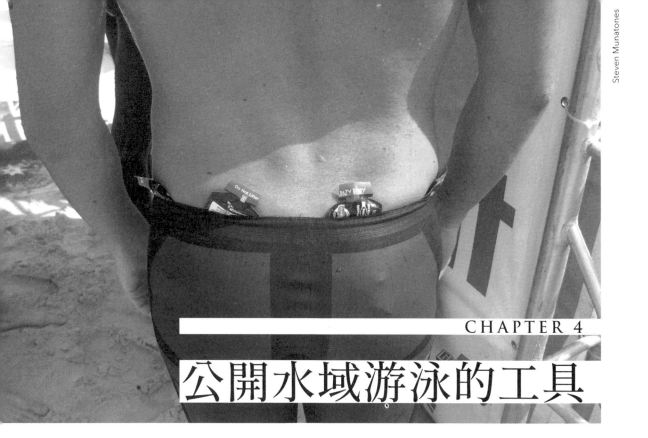

CHAPTER 4
公開水域游泳的工具

　　當泳者在岸邊準備好迎接公開水域游泳的嚴酷考驗時，他們是真實地暴露在惡劣的天氣中。他們對自己的能力充滿信心，所以不需要太多裝備或工具。從本質上講，公開水域游泳是一項原始的競賽，運動員幾乎一絲不掛地向大自然挑戰自己。

　　在這類比賽前、比賽中和比賽後，有些運動員會使用各種相對簡單且不昂貴的工具和裝備，其他人則保持簡單，堅持只穿泳衣和戴泳鏡。本章列出的裝備分為四類：在泳池中使用的裝備、公開水域訓練中使用的裝備、在比賽中使用的裝備，以及在馬拉松游泳中使用的裝備。

　　如果你從短距離的湖泊游泳到單獨的海峽游泳，每一種類型的游泳都要參加，並且想要備齊所有的東西，你的裝備清單可能包括表4.1中列出的

產品和服務，每件裝備的重要性由你來決定。同時要記住，公開水域的泳界始終不斷在研發新的裝備。

泳池訓練的裝備

泳池中使用的裝備和工具的主要目的，是提升你的速度、游泳技巧和力氣，每種裝備和工具都有特定的用途和目的。

蛙鞋

蛙鞋對於提高踢腿力量、速度和腳踝柔軟度，以及改善腿部和身體的位置特別有用。蛙鞋可以單獨使用，也可以與呼吸管或浮板一起使用，具體

表4.1 游泳裝備的種類

泳池訓練使用	公開水域訓練使用	比賽使用	馬拉松游泳使用
蛙鞋	汽笛或哨子	杯子和水瓶	相機
泳鏡	望遠鏡	餵食桿	戒護船
夾腳浮球	耳塞	能量果膠	手電筒
划手板	全球定位系統裝置	擦拭酒精	飲料和食物
浮板	小艇	修正液	照明裝備
配速時鐘	立式划槳	防水袋	疫苗接種
呼吸管	羊毛脂和皮膚潤滑劑	防寒衣	鞋架
防曬霜	凡士林	泳衣	海圖
泳帽	橡膠手套	計時晶片	藥物
轉折浮球	小毛巾	安全裝備	手機
攝影機	網路上的衝浪氣象預報	反光背心	漱口水
游泳的動作分析	醋	防水膠帶	緊急防災救生毯
訓練日誌	水溫計	剪刀	白板和馬克筆

取決於訓練項目。儘管在比賽中很少允許選手使用蛙鞋，但它們可以增強你的踢腿力量，對訓練有益。

蛙鞋有多種尺寸、形狀、材料和固定方式可供選擇。在決定最適合你的款式之前，可向你的隊友借用不同款式的蛙鞋。

蛙鞋的一項好處是能幫助糾正交叉打水。使用蛙鞋時，快速踢腿有助於增強有氧運動的體能，並專注於腿部和下半身的姿勢，以改善踢腿技巧和腿部力量。

如果你不習慣穿蛙鞋，建議選用較柔軟的材料製成的蛙鞋；跟硬的蛙鞋相較，這種蛙鞋造成的壓力比較小，而較硬的蛙鞋會給你的腳踝和關節帶來更多的壓力。同理，短版的蛙鞋比長版的蛙鞋對關節和肌肉施加的壓力更小，並使你能夠保持更接近正常自由式的踢法。鞋板愈長，每次踢腿的速度就愈慢，踢腿的力道就愈大。長版的蛙鞋可以提高腳踝的柔軟度，並糾正交叉打水，這兩點都會使踢腿效率更高。

泳鏡

泳鏡是你最重要的裝備之一。泳鏡的尺寸（兒童或成人）、形狀（鏡片和鏡框）、視線範圍（寬或窄）、顏色（透明、有色或電鍍）、類型（防過敏、有度數、光學、防霧和防紫外線）和調整頭帶等方面都有所不同。一副舒適、防霧、合適的泳鏡會讓你的游泳體驗更加愉快。如果你的視力不好，一副有度數或光學泳鏡將大大提高你的樂趣和定位能力，尤其是當你在特別風景優美的地方游泳，或者你有近視，並且必須要靠著遠處的物體來定位。

有些公開水域泳者喜歡較大的泳鏡，其寬大的鏡片可以提供更廣闊的視野。這些泳鏡還可以覆蓋更大的臉部面積，如果水很冷，這是一個重要的好處。

在你決定一副最適合自己的泳鏡之前，先試用幾種不同的款式。向朋友借泳鏡，了解其他款式的適合程度。當你測試一副泳鏡時，請至少戴上一個小時。在泳池中進行測試時，請勿在休息期間將泳鏡從眼睛前拉到前額，

因為泳鏡在最初幾分鐘內可能感覺很舒適，但在戴了一個小時後，防漏水的效果可能就沒那麼好了。

當你找到一副你喜歡的泳鏡時，同款式的泳鏡可以多買幾副，因為製造商偶爾會停產某些款式，或者突然推出新款式泳鏡，所以泳鏡的尺寸、形狀和顏色可能會有所改變。即使市面上不再銷售你喜歡的款式，你也會希望隨時準備好你最喜歡的泳鏡。

此外，如果有相同款式透明或淺色泳鏡，以及深色或電鍍泳鏡，也可以一併購買。透明泳鏡適合在清晨或傍晚，或能見度低時（例如，有霧或下雨時）佩戴。深色或有色泳鏡非常適合在陽光明媚的日子，或當你朝向太陽游泳時佩戴。

如果你的泳鏡起霧，請使用防霧劑或嬰兒洗髮精進行清潔。每次在泳池和公開水域訓練後，都要用清水清洗泳鏡。不使用時，把泳鏡放在保護盒中。市面上有一些防霧濕巾也有助於減少泳鏡中的殘留物和霧氣。一個小技巧是把防霧濕巾放在夾鏈袋中，以便多次使用。

夾腳浮球和划手板

夾腳浮球是一種海綿漂浮器具，有各種不同的形狀。夾腳浮球夾在大腿中間，以固定雙腿，停止踢腿，同時自然抬高雙腿和身體的姿勢。

夾腳浮球是訓練上半身力量的絕佳訓練器材，讓你有機會專注於划臂和兩邊換氣。使用夾腳浮球時，請注意正確的頭部位置、呼吸節奏和手部路徑。你可以在腳踝周圍套上彈力帶，以防止腳掌會分開、夾不緊和防止踢腿。

你也可以在使用划手板的時候，同時用夾腳浮球。划手板有多種形狀和大小，每一種都有各自的優點。划手板的主要作用是增加划臂到肩部、胸部再到核心的力量，並幫助你做到正確的划水路徑（即筆直向後划，而不是S形划水）。

划手板可以提高你的速度，也可以幫助你發現一些划水動作的缺點。如果你的手入水的姿勢不當，划水就會不連貫。如果你的後續動作不正確，

你的划手板可能會脫落。

對於許多泳者來說，大塊的划手板會降低划水的節奏。如果你知道一邊手臂比另一邊手臂弱，就在較弱的手臂上使用較小的划手板，或者在你強壯的手上不要使用划手板，來平衡兩邊手臂的力量。

使用划手板划水時，游泳起來會比正常時更容易，所以不要過分依賴夾腳浮球和划手板。你可能會失去水感，而且如果你的速度不快，有氧運動的強度就會不足，而且划水過於費力會導致肩膀出現問題。另一方面，如果你在比賽時會穿防寒衣，可以在訓練時使用夾腳浮球，來獲得更大的浮力，因為這就是你穿著防寒衣時的感覺。

浮板

浮板可以讓你專注於你的腿部，儘管踢水對於鐵人三項運動員來說往往是最不重要的，但如果你是一名公開水域競賽選手，請不要忽視踢水。

雖然在使用浮板時會容易放鬆，或與隊友聊天，但要用力踢水，使你的心率上升接近最大值。避免雙腳越過你的中心線（即交叉打水），並專注於整條腿伸直向上和向下踢，膝蓋略彎、腳背下壓，而不是只是在膝蓋處彎曲腿部。

不使用浮板踢水也是有用的。有一種練習是頭部在水面上，保持身體直立，做自由式踢腿30秒或更長時間，此時手伸出水面，或手臂伸直，舉起來超過頭部，呈現流線型姿勢，這比傳統用浮板踢腿更需要體力。保持身體直立做蝶腿動作有助於增強腹部力量，這對長距離游泳尤其很有幫助。

配速時鐘

每個競技游泳俱樂部在泳池邊都有一個指針式或數位的配速時鐘，泳者在水中可以看到。配速時鐘（見圖4.1）可以讓你進行間歇訓練，以便記錄你的時間和速度。使用配速時鐘，你可以把你的訓練分成幾組（set），並重複進行。在規定的時間和距離內完成一套固定距離的練習項目或重複游幾趟（例

圖 4.1
游泳池使用的數位和指針
式配速時鐘。

Lyle Nalli, D.P.M

如,在3分鐘的間歇時間內游200碼十趟,或者用游泳的白話來說,10 × 200,每次3分鐘),趟數是同個練習項目組裡反覆游的次數。使用配速時鐘的原因如下:

- 計算每組中個別趟次的時間
- 告訴你什麼時候開始游下一趟
- 讓泳道中的泳者分開出發(通常相隔5到10秒)

泳者針對配速時鐘會有特殊術語。在一組練習開始時,教練可能會說「秒針歸零出發」或「秒針到60時出發」。這兩句話的意思是,當配速時鐘的秒針走到60時,泳道中的第一個泳者將出發。「秒針到半時出發」是指秒針走到30時出發。當教練說「相隔5秒」時,第二名泳者將在第一名泳者5秒後出發。然後,泳道中的其他泳者將相隔5秒鐘出發,每個人按照循環的方式游泳。當一個泳道上有多位泳者時,泳者始終靠泳道中線的右

側游泳。按照循環的方式游泳可以讓更多的泳者有效和安全地使用泳池中的單一泳道。

如果你先開始，只需像使用碼錶或時鐘一樣讀取你的時間即可；如果你在60秒處出發，游100碼並在15秒處抵達，則你的時間是1分15秒；如果你從30秒出發，在50秒抵達，則你的時間為1分20秒（或1:20）；如果你是泳道中的第二、第三或第四名泳者，請根據你出發的時間計算你游完一趟的時間。

當你進行最佳均速組、漸速組、乳酸承受度組和閾值耐力組時，也會使用配速時鐘。在人數多的泳隊中，大家的泳速各不相同，通常會根據每個人可以維持的速度，被分到不同的泳道（也就是說，較快的泳者可以保持每100碼1分10秒的配速，較慢的泳者以每100碼2分鐘的配速游泳）。

最佳均速組	儘量在這組練習中保持最快的平均游泳時間。
漸速組	一開始慢慢游，逐漸加速，直到最後一趟是這組中游最快的一次。
乳酸承受度組	游出最大心率的90~95%，每趟之間休息3到5分鐘。
閾值耐力組	在短暫的休息（10~30秒）中，游出最大心率的80~85%。

游泳用的呼吸管

游泳用的呼吸管是一個很好用的工具，可以與夾腳浮球和划手板一起使用。在使用呼吸管時，要直視池底，從手入水，到經過臀部出水，專注於這段直臂划水的路徑。呼吸管使你能夠專注於身體平衡、身體滾動、頭部位置和划臂技巧。

防曬霜

公開水域泳者暴露在自然環境中，特別是暴露在有害的陽光紫外線下。外出時，請塗抹你認為最持久、防曬指數最高、用起來又最舒適的防曬霜。為獲得最佳保護，請使用含氧化鋅的防曬霜，它能提供最全面的防曬效果。

所謂的防水防曬霜已經過測試，在水中可以至少保持40分鐘的有效時間。

　　把防曬霜塗抹在身上所有暴露的部位，甚至是被泳衣覆蓋的部位。由於泳衣在游泳時可能會露出臀部或在肩膀周圍移動，因此泳衣邊緣附近的皮膚在游泳時經常會暴露在外。標註為防水性「非常強」的防曬霜都已經通過測試，在水中可以至少維持80分鐘的效果。

　　最好在出門前就塗抹防曬霜，然後在開始游泳前再塗一次。在水中，一些馬拉松游泳運動員會在游泳過程中使用噴霧瓶或小塑膠夾鏈袋來補塗防曬霜。他們將防曬霜放入夾鏈袋中，然後把袋子翻過來，用袋子乾燥的一面作為臨時的塗抹工具，就可以在皮膚上擦拭防曬霜，而不會把手弄髒。

泳帽

　　泳帽有多種材料可供選擇，包括矽膠、乳膠、萊卡和氯丁橡膠。由於超過30%的體溫透過頭部散失，因此在冷水游泳時請使用氯丁橡膠泳帽、突點泳帽（bubble cap）或絕緣泳帽來保溫。在冷水中游泳時，附有下巴綁帶和可蓋住耳朵的帽子很有用，只是帶子會增加另一個潛在的擦傷部位。矽膠帽比乳膠帽略微保溫，乳膠帽是最薄的一種。

　　有些比賽允許戴兩頂泳帽，但有些比賽不允許參賽者戴氯丁橡膠泳帽。請確認你了解關於泳帽的比賽規則。如果你擔心你的泳鏡在擁擠的場地中被撞掉，可以把泳鏡帶套在一頂泳帽上，再用另一頂泳帽給蓋住。或者，如果你覺得頭上戴兩頂泳帽太緊，請在泳鏡帶上貼上防水膠帶，使泳鏡更固定在泳帽上（見圖4.2）。如果你有長髮或你的泳帽在公開水域比賽中容易脫落，請不要在比賽前幾天洗頭或使用護髮乳。

　　有些比賽和許多鐵人三項要求參賽者戴上比賽專屬的泳帽。如果比賽當天提供的泳帽難以固定，可以使用髮夾固定。一般來說，泳帽愈厚，在含氯的泳池中可以使用的時間就愈久。就像你的泳鏡和泳衣一樣，確保練習時也使用和比賽當天同一頂泳帽，並準備好兩頂以上舒適、尺寸適合的泳帽。

圖 4.2
在泳鏡帶子上貼膠帶，有助於防止泳鏡在比賽中滑落。

Dr. Jim Miller

泳裝的規定[1]

傳統的泳渡海峽組織對泳裝和泳帽都有嚴格的規定，例如，英吉利海峽游泳與導航聯盟規定：

> 在標準的英吉利海峽游泳嘗試中，所有人都不得使用或借助任何人工輔助器材，但允許在游泳前給身體塗抹油脂，可以使用泳鏡，戴一頂泳帽和穿一套泳裝。其中「泳裝和泳帽」是指衣著，而且不是由氯丁橡膠、橡膠或聯盟認為會提供類似優勢的任何其他材料製成的，衣著的設計方式也不可以用來保持體溫和促進浮力（見 http://www.channelswimming.uk）。

轉折浮球

　　轉折浮球——即使是小小的轉折浮球——是任何實力堅強的公開水域選手不可或缺的工具配備。只要有機會（尤其是在冬季比賽較少，大多數訓練在游泳池進行的情況下），就要在泳池中使用轉折浮球進行泳池的公開水域訓練，因為泳池公開水域訓練可以讓你在淡季養精蓄銳。一旦水變暖到可以進行公開水域訓練，就帶著轉折浮球到海洋或湖泊訓練，練習轉彎、定位和瞄準。

1　譯注：根據 FINA 最新規定，當水溫低於 18 度時，強制選手穿防寒衣；但當水溫在 18 度以上時，禁止穿防寒衣。FINA 核准的防寒衣請上 https://approved.swimwear.fina.org/ 查詢。

公開水域訓練的裝備

在公開水域中使用的工具與在泳池中使用的工具一樣重要。然而，與安全相關的工具在公開水域尤為重要，其中的工具小至哨子，大至船。

汽笛或哨子

無論你的經驗和能力如何，在公開水域中總是有可能出現受傷、事故或緊急情況。你不僅要面對自然因素，而且還有風帆衝浪者、水上摩托車手和漁民，因為他們並不一定會預期或留意到泳者。

請隨身攜帶哨子或汽笛去公開水域練習。如果教練、朋友或家人和你在一起，無論他們是在小艇上，還是在岸邊觀看，不管是你，還是其他人遇到了問題，你都可以用哨子或汽笛通知他們發生緊急情況。在需要幫助時，快速吹響汽笛，或用響亮的哨子都有助於引起注意。

如果你在小艇或在划艇人員的陪同下，那麼對方可以用哨子提醒你注意部分被淹沒在水下的漂浮物，或你看不到的成批海草。如果你在夜間進行馬拉松游泳，或者如果你需要停下來進行預定的補給休息，吹哨子也能引起你的注意。

望遠鏡

在練習或比賽之前，望遠鏡是觀看賽道必不可少的東西。當你在水中時，你的教練、隊友或家人可以使用望遠鏡觀看你的情況。如果你遠離海岸游泳或獨自游泳，望遠鏡確實是你的教練和支援團隊必不可少的裝備。

耳塞

緊密密封的耳塞可減少中耳和內耳暴露在冷水中的程度，並減輕你在不適應冷水時引起的頭暈和不適。

耳塞可以是可塑形矽膠類型，或是有各種尺寸的成型橡膠類型，它也可

以保護內耳不受水的影響，因為水偶爾會導致泳者的耳朵出現問題。游泳耳（swimmer's ear），也稱為急性外耳炎（英文為acute external otitis或otitis externa），通常是由細菌引起耳道薄皮層的感染，導致耳道疼痛。這個問題很容易治療，及時治療有助於預防更嚴重的併發症和感染。

除了耳塞之外，每次游完泳後，用藥物滴管滴幾滴市售耳滴劑或一些異丙醇潔耳液到耳朵裡，將有助於使耳朵變乾燥，並防止細菌滋生。

全球定位系統裝置

公開水域泳者使用的全球定位系統裝備（見圖4.3）和技術，和為自行車手、跑者、划船者和賽車手產生大量資訊的相同。全球定位系統使你能夠檢視你的公開水域訓練，並計算你在公開水域的配速和路線。使用全球定位系統裝置進行試驗，並記錄你的訓練過程，包括分析你在公開水域游泳的各種數據。

以下是馬拉松游泳運動員常用的工具組合：

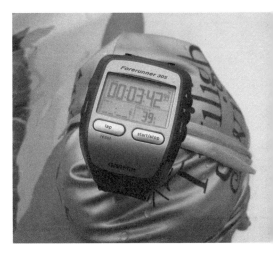

圖 4.3
全球定位系統裝置可以戴在頭上，用泳帽蓋住或放在泳帽上面。
Steven Munatones

- 智慧型運動手錶

- 電腦

- 專業軟體（例如，心肺功能診斷軟體Ascent或TrackMaker公司開發的全球定位系統）

- 泳帽

- 防水袋

有許多全球定位系統裝置和軟體程式可供使用，但智慧型運動手錶可

以提供資料和視覺化地圖，準確顯示你游泳的位置、分段時間、每英里或每公里的平均配速幾分鐘，以及以英里或公里為單位的平均時速。要使用這個裝置，請按照下列步驟操作：

一．取下智慧型運動手錶裝置的腕帶。

二．將拆除腕帶後的裝置放入防水袋中。

三．把防水袋塞進泳帽裡，放在後腦勺上。

四．將裝置面朝天空，以獲得最佳衛星接收效果。

五．入水後，打開裝置，並像平常一樣游泳。

六．出水後，關閉裝置。

七．將資訊下載到你的電腦，並與你的游泳夥伴和教練一起分析你的訓練和經過定位的路線。

八．比較你在特定間歇時間內的配速（例如，第一個小時與最後一小時）、你所完成的距離，以及你實際游泳的路線。

九．如果你經常在同一地點訓練，請比較賽道和游泳速度的資料。

小艇和立式划槳

如果你經常在公開水域進行長距離訓練，可以租用、借用或購買小艇或立式划槳。請你的教練、朋友或熟悉水上運動的家人在你的游泳訓練期間護送你。你的陪同人員可以在小艇或立式划槳上攜帶飲料、食物和其他裝備（例如，備用的泳鏡、泳帽、耳塞、哨子、手機、相機或全球定位系統裝置）。

經驗豐富的陪同人員可以在你游泳期間提供賽道指導、補給和聲音支持，可以提供很大的幫助，特別是如果這個人對當地的水域也很熟悉的話。提醒你的陪同人員為各種天氣和海象做好準備，並保持適當的身體狀態，以便在出現問題時能夠提供幫助。你可以專注於游泳，同時信任陪同人員的判斷力和視線觀點。

請你的陪同人員站在你主要換氣的那一側，他划槳時應該與你平行，

這樣你在換氣時就可以很容易地看到他。如果你必須抬起頭，四處張望才能找到你的陪同人員，那麼他就沒有待在最佳位置。如果你讓自己游在平行小艇中間的位置，那麼你將始終與陪同人員保持眼神交流。在這項視覺角度極其有限的運動中，與你的陪同人員進行目光接觸是非常有幫助的，也會讓你感到欣慰。

羊毛脂和皮膚潤滑劑

　　許多馬拉松游泳運動員使用無水（不含水）或有水（含水）形式的羊毛脂，作為凡士林的替代品。一些泳者喜歡使用羊毛脂和凡士林的混合物，有時也稱為「海峽潤滑油脂」（channel grease）。由於每個人的想法和偏好差異很大，因此請根據你的體毛多寡、對冷水的承受度和通常發生的擦傷程度，來決定最適合自己的選擇。

　　羊毛脂是由綿羊的腺體分泌物提煉出來的，又稱羊毛蠟、羊脂或無水羊毛脂。它是一種厚厚、油膩、粘稠的物質，在皮膚上呈白色，可以比凡士林更長時間維持在皮膚上。你可以在醫療用品商店、化工材料行和一些藥局購買羊毛脂，但你可能需要特別訂購。

　　羊毛脂不僅可以把擦傷的程度減少到最小，還可以減輕冷水的直接影響，幫助減輕冷水的一些刺痛和衝擊。正如許多公開水域泳者所體會的，任何有助於減輕冷水影響的心理或生理因素，都是有用的。然而，羊毛脂並不能減少長時間的體溫流失或防止失溫。

　　先把手戴上手套、或小的塑膠夾鏈袋，然後手掌攤平，把羊毛脂緊緊地按在你的皮膚上，尤其是在背部（圖4.4）、頸部（圖4.5）、手臂下方、軀幹周圍和大腿上。有些游泳運

圖4.4
背部的羊毛脂。
Dr. Jim Miller

動員會塗上一層厚厚、不均勻的羊毛脂和凡士林，但是厚厚的凝塊會在公開水域中脫落，可能會無意中沾到你的手或泳鏡上。

在皮膚上塗抹羊毛脂之前，先把它加熱成粘稠的液體，這樣更容易塗抹到皮膚上。羊毛脂的缺點是很難清除，即使在水中浸泡超過 6 小時也很難去除。與皮膚較光滑、體毛較少的泳者相比，體毛較多的泳者通常更難塗抹羊毛脂。

圖 4.5
頸部的羊毛脂。
David Leah

游完泳後，先用冰棒棍或其他扁平物品刮掉凝結在皮膚上剩餘的羊毛脂，再用含有浮石粉的肥皂或嬰兒油洗掉剩餘的殘留。

其他防摩擦的皮膚潤滑劑包括特詩萊（TRISLIDE）防磨擦劑和寶格蘭德（BodyGlide）防磨膏等產品。這些潤滑劑由天然成分製成，防過敏和防水。有些是噴霧式的（例如特詩萊），有些是凝膠膏（例如寶格蘭德）。這些產品方便由自己塗抹，不含石油原料，不油不膩，而且很容易用肥皂和水洗掉。寶格蘭德防磨膏使用特殊的蠟，可以附著於皮膚細胞上，與凡士林相比，可以提供更長時間的保護。特詩萊防磨擦劑可以噴在腳踝和手腕周圍，讓你在鐵人三項比賽從游泳轉換到自行車的過程中，更容易和快速脫下防寒衣。

長時間游泳時要注意避免擦傷，尤其是在鹹水或受污染的水中。如果擦傷很嚴重，且水質不佳，請用具有抗金黃色葡萄球菌和抗鏈球菌的抗菌局部藥物治療皮膚的傷口。

凡士林

使用凡士林防止手臂下方、頸部或下巴周圍、大腿之間，以及泳衣肩

帶下方出現擦傷。擦傷是由於身體部位互相摩擦，或泳衣反覆接觸皮膚而引起的持續摩擦所造成的。

凡士林在公開水域中相對會較快地從皮膚上脫落，尤其是在鹽水中，但它可以有效地減少短距離游泳時身體各個摩擦點的擦傷。羊毛脂在馬拉松游泳中則可以在皮膚上維持更長的時間。

橡膠手套

如果你自己塗抹凡士林或羊毛脂，要戴上一副橡膠手套，或使用塑膠夾鏈袋，以防止藥膏和潤滑劑沾到你的手上。幫你塗上潤滑劑的朋友或教練會特別感激有橡膠手套可以使用。如果潤滑劑沾到你的手上，也可能沾到你的泳鏡上，這將嚴重損害你在公開水域中的視線。

小毛巾

如果你沒有橡膠手套，請隨身攜帶一條小毛巾。如果有東西沾到你的手上，或者如果你撞到另一個塗有皮膚潤滑劑或羊毛脂的泳者，你會很高興能夠把你的手擦乾淨。你也可以使用拋棄式的毛巾或紙巾。

網路上的浪況預報

世界各地成千上萬的海灘和湖泊的即時資訊，包括資料和圖像，都可以在網上找到。如果你可以上網，請在出發去海岸之前，研究一下該水域的水質和天氣狀況。以前的運動員還無法獲得這些資訊，由於公開水域是動態的環境，現在可以有這些資訊，特別派得上用場。

網路上的浪況預報（www.surf-forecast.com 和 www.surfline.com 是很好用的網站）提供過去、當下和預測的風向和風速、氣溫和水溫範圍、波浪高度、大致的海象，以及日出和日落的時間。這些資訊來源還提供網路攝影機，可以播放即時的水面影像，讓你在出發前就了解會發生的情況，其中一些資訊也可以透過手機提醒或簡訊取得。

美國國家海洋資料中心（The National Oceanographic Data Center，簡稱NODC）在「NODC海岸水溫指南」中，提供即時和每月平均水溫。水溫取自停泊在夏威夷群島、太平洋島嶼、五大湖、墨西哥灣沿岸、大西洋沿岸和太平洋沿岸等沿海地區水中的全年監測站。美國國家海洋暨大氣管理局（The National Oceanic and Atmospheric Administration）的線上資源還提供簡易供稿機制，使你可以接收有關水溫的最新資訊。世界各地的其他服務機構也提供類似的資訊（以攝氏為單位），並根據國家的不同提供多種語言的資訊

醋

當水母出現時，帶著裝有家用白醋的噴霧瓶很有用。水母的觸角含有小的線蟲囊，接觸到東西後會釋放毒素。普通的白醋噴在皮膚上有助於使這些線蟲囊失去活性和促使毒素釋放，儘管最初噴灑醋可能會刺激剛被螫傷的皮膚。

噴灑醋比用手搓掉水母觸角更有效。如果你沒有醋，用海水沖洗皮膚，如果你只有毛巾的話，就用毛巾清除觸角。

如果你在公開水域被任何東西螫傷，並因此出現呼吸急促、嘔吐、過敏反應或其他休克跡象，請人立即帶你就醫。

人們偶爾會使用嫩精和其他局部療法，但醋是全世界醫學和科學界推薦緩解疼痛的最高標準。StingMate的中和液（StingMate Neutralizing Spray）等市售產品很有用，包裝在噴霧瓶中也很方便使用。StingMate是一種含有薄荷醇的醋凝膠，有助於把留在你身體上的刺細胞給分離開來。然後你可以刮掉這些刺細胞，並重新塗抹凝膠，然後沖洗乾淨，達到非常有效的治療效果。

水溫計

一個便宜的水溫計可以幫助你準確地了解最適合你游泳的水溫和天氣狀況，以及超出你舒適範圍的情況。或者，內建溫度計的防水手錶也可以幫助你比較每天和不同地點的水溫。久而久之，隨著你反覆記錄和體驗過不同

的水溫範圍，之後你只需把腳或手伸入水中，就能準確估計出水溫，誤差只有1或2度（華氏或攝氏）。

比賽裝備

在比賽日，特殊類型的裝備可以幫助你更快、更安全地完賽，其中一些產品在零售店隨處可見，其他產品則是公開水域游泳世界獨有的訂製產品。

水杯和水瓶

對於5公里以上的競技比賽，一般都有補給的機會。使用寬口水瓶、紙杯或塑膠杯來快速飲用你的補給。可以用晾衣夾把能量果膠夾在杯子上，或者簡單用橡皮筋把能量果膠、巧克力、能量棒或任何你想要的東西固定在杯子上。

餵食桿

因為在公開水域游泳時，你不能被他人觸摸或協助，而且在馬拉松游泳時，你不能抓住船或小艇，所以餵食桿（也稱為餵食棒）是理想的工具。大多數餵食桿都是自製的裝備，讓你的教練或支援人員能夠在你在水中時，從戒護船、碼頭、浮動平台或補給站遞給你飲料、瓶子或某種食物或藥物（見圖4.6）。

專業設計的餵食桿是一根可伸縮的桿子（通常長達12英尺或3.7公尺），配備單杯架或雙杯架和夾能量果膠的夾子，這樣你就可以很容易地快速抓取你需要的東西。

圖4.6
在公開水域比賽中服用飲料補給。
Ann Ford

另一方面，有些教練只是用線或繩子把水瓶給綁起來，然後把水瓶扔給水中的選手，許多選手喜歡這種方法，其他人則喜歡用餵食桿。當條件惡劣，靠近船隻會有風險時，用餵食桿很有用。

選手與他們在漂浮站的教練擦肩而過，只有很短的時間可以抓住自己的杯子。選手和教練二人必須同步，抓準正確補給的時機，幾乎沒有出錯的餘地。如果錯過食物的傳遞，選手獲勝的機會就會下降。如果教練與選手的團隊合作成功，選手會伸手去拿杯子，轉為仰面，大口吞下飲料，並在5秒鐘內繼續游泳。

能量果膠

能量果膠是一種小巧、易於使用、可擠壓的獨立包裝，內含單一和複合的碳水化合物、電解質、抗氧化劑和氨基酸，可在游泳時提振能量。如果

你游泳超過 45 分鐘，甚至是進行 2.4 英里 (3.9 公里) 游泳項目的鐵人三項運動員，也應該考慮至少服用一包能量果膠。鐵人三項運動員沒有必要在進入自行車階段之前就脫水。你可以把一兩個單份的小包裝袋放在泳衣或防寒衣的某個地方。這些小包裝袋通常在體育用品商店販售，有各種口味可供選擇。這些小巧的包裝中含有半流質凝膠，可以迅速起作用、易於消化，並經過科學配製而成。能量果膠最好與水一起服用，但在競爭激烈的情況下，不太可能這樣做。

有許多市售品牌的能量果膠可供選擇，嘗試找出最適合自己的產品。能量果膠會提供你所需的活力，但在水中可能很難打開，特別是當你很冷，或因為競爭激烈而沒有時間打開時。比賽前，在包裝開口附近剪一個非常小的孔，把切口剪得平滑整齊，這種賽前準備使你能夠在比賽期間輕鬆打開能量果膠，而不必在水中用手或牙齒撕開。用手用力擠壓，把包裝袋內的能量果膠擠入口中。

競技泳者會在比賽前把準備好的能量果膠塞在泳衣中。許多經驗豐富的運動員會隨身攜帶多達五包能量果膠，以便在比賽或訓練期間方便他們食用，尤其是在游泳時間超過兩個小時的情況下。

擦拭酒精和修正液

在報到期間，你的比賽號碼會用黑色馬克筆或紋身貼紙標記在你的肩膀側面、肩膀背面或手背上。提醒比賽志工用非常大的粗筆來寫，因為這樣可以讓主辦單位、比賽播報員、你的教練、家人和朋友在比賽期間更容易（透過你的號碼）找到你。

如果你在比賽號碼寫在皮膚上之前就塗上防曬霜，黑色墨水往往會在水中擴散，使得號碼變得難以辨認。防止這種情況的一種方法，是用擦拭酒精清潔比賽號碼會被標記的部位。

如果你想讓你的比賽號碼更加突出，可以用修正液勾勒出你的號碼。白色邊框會使黑色墨水更容易讓正在觀看或評判比賽的其他人看到。

如果你想讓你的教練、隊友或朋友更容易在比賽中認出你，可以在你的一隻或兩隻前臂上塗上淺色氧化鋅，這樣你就可以在公開水域的人群中與眾不同。

計時晶片

除了泳衣和泳帽外，在某些比賽中唯一必須攜帶的裝備是戴在手腕或腳踝上的計時晶片。

每位泳者都會獲得晶片，以進行計時和排名。腕部計時晶片的重量和尺寸與防水手錶相當，腳踝計時晶片附有魔術氈。如果你在比賽中弄丟計時晶片，你可能會被取消資格，或者至少成績不會被正式記錄下來，所以一定要把它們綁得夠緊，但又不會緊到讓你感到不舒服。

為了使你的計時晶片緊緊配戴在雙腕上，請教練用防水膠帶把帶子黏住（見圖4.7）。用膠帶把手腕帶子固定住，以防止它們甩動，這可能會在比賽中造成不必要的挫敗感。

圖4.7
選手把計時晶片繫牢在雙腕上，這樣腕帶就不會在水中甩動。
Dr. Jim Miller

反光背心

螢光色交通反光背心可幫助你的教練在擁擠的補給站中足夠醒目。在夜間游泳或馬拉松比賽期間,你的支援人員在小艇或戒護船上穿著反光背心也很有用。當你的支援人員穿著顏色鮮豔的螢光色交通反光背心,或在他們的衣服上放置螢光棒時,你可以很容易地從水中看到他們。

防水袋

裝衣服和裝備的防水袋(或盒子)總是很有用的,尤其是在馬拉松游泳期間需要用到戒護船或小艇。如果天氣惡劣、下雨或有暴風雨,你不希望在游泳完畢後穿上濕透的衣服。在中短距離比賽中,可以帶一支耐久性馬克筆,在你的置物袋上標記你的比賽號碼。在比賽日,辨識袋子最好的方式是用自己的比賽號碼。

防寒衣

有很多種防寒衣可供選擇,每一種都有自己的優點和價位。每個品牌都有不同的款式和風格,由於防寒衣的厚度、結構和材質、你的游泳技巧和體型的差異,會產生不同的感覺。

專業鐵人三項防寒衣最初於1980年代研發,帶來了前幾代運動員所沒有的浮力、保暖和皮膚保護等因素。不令人意外的是,穿著防寒衣的鐵人三項運動員的人數迅速增加,並在相對短的時間內超過了公開水域游泳傳統運動員。購買防寒衣時,請注意整體合身度。尋找一件防寒衣,能為你的整個肩膀提供足夠的靈活度,這樣你的正常游泳動作就不會受到影響。它應該舒適地貼合你的頸部,以防止冷水灌入,但又不能太緊,以免造成嚴重的擦傷。因為你會受到有氧運動的影響,所以你不會希望防寒衣在胸部周圍太緊。理想的防寒衣能讓你正常踢水,同時提供保暖和必要的額外浮力,以達到出色的表現。

一旦你決定在公開水域游泳時穿上防寒衣,一定要在公開水域中穿著

練習。如果你在公開水域比賽日之前沒有太多機會穿著它，請在你的泳池中穿著它，這樣你就能準確了解它會擦傷你皮膚的位置。請在會被防寒衣擦傷的部位塗抹足夠的皮膚潤滑劑，由於凡士林對氯丁橡膠具有破壞性，所以市售的皮膚潤滑劑是一個不錯的選擇。

在你購買防寒衣之前，請先進行研究，並試穿幾件，然後再做出最終決定。要考慮防寒衣的厚度，因為它會直接影響你的划臂動作，以及防寒衣的剪裁會直接影響在皮膚產生摩擦的位置。

在泳池訓練期間，偶爾穿上防寒衣進行練習，尤其是當你會游較長時間的時候。此外，如果你將在非常溫暖的水域游泳，水溫預計會接近難以忍受的程度，那麼在泳池訓練中穿上防寒衣，可作為溫水適應過程的一部分。在這些刻意模擬溫水環境的訓練中，請務必經常補充水分，並隨時仔細監測自己，以避免中暑。

泳衣

公開水域泳者會穿著各種泳衣，從海灘褲和比基尼，到各種厚度和材料的複雜機能性泳衣和防寒衣。選手們會根據他們的目標和預算，選擇各種不同類型的泳衣。

在大多數公開水域比賽中，水溫一般在 65 至 85°F（18.3 至 29.4°C）之間。根據不同的比賽規定，男性穿著全身泳衣、及膝泳褲、長腿泳褲或普通三角泳褲。女性通常穿著連體長腿泳衣、五分連身泳衣或傳統的競賽泳衣。

如果你知道自己在比賽中可能會接觸到水母或其他類型會刺人的生物，那麼機能性泳衣或防寒衣可能是你的最佳選擇。如果你是女性，請考慮穿一件高領貼緊頸部的泳衣。對於女性來說，肩帶是需要考慮的關鍵設計要素。在 1 英里（1.6 公里）的游泳過程中，泳者平均至少要划 1,800 次手臂（即每分鐘划水 60 次，持續 30 分鐘），這相當於泳衣會在你的肩膀和背部磨擦 1,800 次。

先進的製程、新型的布料和適當的壓縮設計改變了傳統泳衣的類型和功能。不同的比賽允許穿不同類型的泳衣。在公開水域游泳時，舒適和安全

應該是你決定要穿什麼泳衣的首要考量因素。

　　機能性泳衣提供浮力和皮膚保護，防止陽光和會刺人的生物。這些泳衣已經引起了正統主義者的反對，他們仍然忠於使用非氯丁橡膠材質的傳統泳衣。一邊是傳統主義者，另一邊的人則認為技術進步是所有運動的一環，所以這項運動繼續在這兩派人馬之間尋找平衡點。隨著爭論的加劇和規則的變化，氯丁橡膠泳衣的引入已經使得成千上萬的新手嘗試並享受這項運動。世界上許多比賽都滿足運動員的需求，提供防寒衣和非防寒衣組別，每個組別都有不同的分組和獎項。比賽主辦單位明智地讓樂趣加倍，而不是減少大家的選擇。

安全裝備

　　方便、輕便、防水的浮具[2]解決了許多問題，特別是對於那些去不熟悉的水域或獨自訓練的人。這些顏色鮮豔的浮具可繫在你的腰上，並漂浮在水面上，同時產生的阻力最小，並在緊急情況下能作為緊急浮球。浮具讓你可以在點對點游泳時，隨身攜帶所有個人物品（手機、毛巾、鞋子、錢等），並保持乾燥且安全。

防水膠帶

　　方便的全方位防水膠帶可以把泳鏡固定在泳帽上，把食物固定在補給瓶上，修理餵食桿或解決岸邊和補給站的各種其他問題。

剪刀

　　剪刀是另一種可以在比賽當天派上用場的便利工具，能用來剪斷各種物品，包括可以用在船上或補給站上的繩子，甚至在沖泡飲料罐上戳洞。

2　譯注：例如救生浮標、跟屁蟲、泳圈等等。

馬拉松游泳的裝備

由於馬拉松游泳運動員在水中的時間很長，而且面臨各種風險，他們經常使用各種昂貴的專業裝備，是短距離和中距離公開水域游泳運動員可能永遠用不上，甚至不知道的。

相機

個人相機（影片和靜態）可以讓你和你的陪同人員記錄你的馬拉松游泳過程。請你的工作人員在你的馬拉松游泳前後為你拍攝特寫照片，以顯示在馬拉松游泳期間發生的心理變化。拍攝游泳各個階段的影片將幫助你了解你的划水節奏的變化情況，或者沒有變化。你將永遠珍惜那些捕捉到你游泳的最後幾下划水和上岸的最初幾步的影像。

戒護船

一艘適合航行的戒護船、知識廣博的支援團隊和經驗豐富的領航員，是任何馬拉松游泳成功的必要條件。因為在馬拉松游泳中可能會有很多意外情況，所以經驗豐富的人員確實值得你付出精力來尋找他們，並聘用他們的服務。

了解你的領航員和支援團隊，確保他們清楚地了解你的目標和能力。不要只是在馬拉松游泳的那天出現，把你的個人物品帶上船，然後期望一切都如你所願。你必須和支援人員討論你的期望，讓大家互相理解。

在你游泳之前，拜訪你的領航員和他們船上的支援人員，了解船上的設施和空間的大小。與你的領航員交換關鍵資訊，例如你喜歡間隔多久進行一次補給，以及你主要在哪一邊換氣。告訴你的領航員你的游泳經驗和速度，這樣你們就可以策畫、計畫，並共同努力實現你的目標。在游泳當天之前，給你的領航員看你的餵食桿或補給系統，這樣你們就可以估計在平靜水面和波浪較大時，你可以接近船舷的距離。觀察船舷有多高，以及你的餵食桿放

置的角度。在馬拉松游泳當天之前，請與領航員討論船上的照明和在船的兩側懸掛螢光棒的問題。在你下水之前確定你游泳的細節，不要在你第一次補給或游泳的前幾個小時才開始進行相關討論。

手電筒

手電筒，加上大量的備用電池，對於在夜間開始或結束的馬拉松游泳非常有用，尤其是在岩石附近開始或結束時。手電筒可在必要時在船上或岸上提供照明，可用於傳達夜間馬拉松游泳正式開始和結束的信號。

飲料和食物

成功的公開水域游泳運動員會充分補充水分（見圖4.8）。如果你一次游泳超過45分鐘，要在訓練前、訓練中和訓練後補充水分，以便為訓練做好準備、發揮水準，並從訓練中恢復。如果游泳時間超過一小時，要服用含有碳水化合物和電解質的能量果膠。

如果假設平均一口的吞嚥量約為1液量盎司[3]（30毫升），請在訓練前約兩小時喝2杯（16盎司或473毫升）飲料，然後在訓練前15分鐘喝半杯（4盎司或118

圖4.8
在馬拉松游泳期間攝取
飲料。
Mauricio Gauduño

3　譯注：液量盎司是通常用於測量液體的體積單位，1美制液量盎司大約為29.57毫升。

毫升）飲料。在訓練期間，至少每20分鐘喝6到12盎司（177到355毫升）的水。

你永遠不知道在馬拉松游泳期間，水面會有多平靜或高低起伏。你甚至可能會遇到極端情況：在起點時風平浪靜，而到終點時變得波濤洶湧，或者相反。在波濤洶湧的大海中，你的支援人員可能會發現較小的瓶子和杯子在補給時比大瓶子更方便處理。在下水之前，預先混合好你的飲料。如果你在游泳期間需要熱飲，經驗豐富的支援人員將能夠處理。

如果你在游泳期間為你的支援人員提供食物，請帶能量棒、水果或麵包，而不是讓他們必須自己準備食物。在整個游泳過程中，成為他們全神貫注的焦點和獲得堅定的目光接觸，這樣對你來說是最好的。

攝取飲料和食物是很重要的，你需要反覆練習。如果你在游泳時想吃能量棒、糖果、水、碳水化合物飲料、能量果膠、電解質飲料、香蕉片、餅乾、無花果棒、桃子片、巧克力片或茶，那麼就在訓練中練習攝取這些相同的飲料和食物。訓練自己在高強度訓練中習慣攝取這些營養和飲料，不只一次、不只在比賽前一週或一個月前才練習，而是不斷、反覆地把飲料和食物融入你的訓練中。如果你是新手，這樣可以讓你嘗試各種配方、口味和分量，以便你知道怎樣是最佳的方法。有些泳者只喜歡飲料，有些人喜歡混合飲料和凝膠，還有些人喜歡固體。

儘管許多英吉利海峽游泳運動員使用 Maxim 能量飲料，但其他馬拉松游泳運動員則喜歡 Cytomax、開特力（Gatorade）、沒氣的蘇打水或他們自己自製的調製品，喜好完全因人而異。東西在淡水中的味道與在鹽水中的味道不同，你在水中停留的時間愈長，飲料的味道也會略有不同。如果水是冷的，可以根據你的喜好加熱飲料。相反的，如果水是溫的，就攜帶冷卻或冰鎮的飲料，可以根據你在訓練中所使用的方法。在非常溫暖的水中，可以在游泳前吃雪糕或喝冰的飲料，只要你知道這不會導致胃絞痛。

練習使用你將在游泳期間用來接收飲料和食物的工具（例如，餵食桿、紙杯、水瓶、能量果膠）。如果在組間休息時，是在泳池裡靠著牆休息或站起來，然後輕鬆從水瓶中喝一小口水，這與在公開水域的練習情況可是不一樣的。

照明

許多馬拉松游泳運動員在傍晚開始或結束游泳。夜間游泳可能是一項極其迷人的活動，也可能是一項非常可怕的活動，這取決於當時的情況和你的觀點。無論是哪種情況，各種類型的照明都可以幫助你在夜間保持安全和冷靜。

為了安全起見，燈具、燈光、螢光棒（見圖4.9）、頻閃燈和LED燈都可用於游泳、划艇、搖槳和戒護船等夜間公開水域游泳活動。這些類型的照明可以用安全別針固定在泳帽後面、泳鏡或泳衣帶上，使戒護船上的支援人員更容易看到你。

螢光棒可以是外觀為半透明塑膠，通常在萬聖節或演唱會上使用的一次性化學產品，或者是狹長的電池供電照明裝置。多用途的小巧閃光燈或小型半圓形圓盤燈可以很容易地用安全別針或繩子固定到你的泳帽、泳鏡或泳衣上。有一些泳者和陪同人員喜歡頻閃光的模式，而其他人則喜歡非頻閃光的模式。螢光棒長約6英寸（15.2公分），可從五金店、戶外用品店或釣具商店大量購買。雖然有多種顏色可供選擇（粉紅色、紫色或藍色），但建議使用綠色。

圖4.9
晚上可以看到淺色衝浪背心下的螢光棒（如箭頭所示）。

Steven Munatones

疫苗接種

不幸的是，這個世界及其水道污染的情況正變得愈來愈嚴重。如果你游泳的地區有相當多的人口，降雨會立即讓水質惡化。在游泳的過程中，有很多種可能導致生病或受傷：吞下被污染的水、踩到岸上的玻璃、在水中碰到鋒利的岩石，或者因擦撞上碼頭和漂浮物而被割傷。

向你的醫生查詢是否建議接種以下疫苗：A 型肝炎疫苗、傷寒（有時與 A 型肝炎合併）、B 型肝炎、黃熱病、破傷風、白喉和脊髓灰質炎（合併）和丙種球蛋白，每種疫苗都可以作為預防措施。如果必須的話，長期下來，要換不同的手臂來接種疫苗，並在游泳前提早接種完成，以免任何痠痛或由此產生的疾病對你的訓練造成影響。如果你出國旅行，這些疫苗接種也是很好的預防保健措施，並應始終保持更新。

掛鞋收納袋

多格的低廉塑膠掛鞋收納袋是一個很好的產品，可以掛在你的戒護船上，這樣你的支援人員就可以收拾整理，並快速拿起你在馬拉松長途游泳中可能需要的東西。你可以存放諸如能量果膠、備用泳鏡、內裝羊毛脂的塑膠袋、阿斯匹林、特別護貝好的補給說明和裝醋的噴霧瓶等物品。掛鞋收納袋應該掛在船上方便的地方，讓你的教練和支援人員輕鬆拿取，並且要綁緊，以免在惡劣環境下搖擺。

海圖

海圖（包括航海圖、沿海圖和全球定位系統海圖）是水域及其周圍地區的地圖。英國海軍部、C-Map 公司、Transas 公司和 Maptech 軟體公司出版的海圖覆蓋了地球的大部分地區。美國國家海洋暨大氣管理局和 SoftChart 公司出版的海圖則涵蓋了美國海域。Maptech 公司的 ChartPack 海圖覆蓋了歐洲的大部分地區、地中海和整個加勒比海。

海圖提供了你無法光從岸邊觀察航線就能判斷出來的資訊，能告訴你

海峽、水深和其他海洋資訊，而水深有助於你了解和充分理解潮汐週期中的水流情況。

海圖資訊對於理解泳渡海峽、海洋或河流非常重要，你可以在退潮或漲潮期游泳，舉例來說，了解水流的原理和知道哪裡是最深的海峽，可以給選手策略上的優勢。

此外，海圖非常適合作為你成就的紀念品，尤其是當整個支援團隊都在海圖上簽名的話。

藥物

一些馬拉松游泳運動員在游泳時會服用阿斯匹林、止痛藥和抗組織胺藥（用於緩解水母螫傷），請與你的教練和醫生仔細考慮好這樣做的利弊。

你的戒護船將以你的游泳速度行駛，所以每一個波浪都會在艇上產生共振效應。不是每個人都會暈船，但若有人暈船，可能會影響到戒護船上的其他人。

事先詢問你的陪同人員是否要服用暈船藥或暈車藥，他們可能會考慮服用不會使人嗜睡的暈車藥或順勢療法的暈船藥。幫助你的支援團隊在馬拉松游泳期間避免暈船，你不希望支援人員因為嘔吐或太不舒服，而無法提供幫助。

如果你在馬拉松游泳之前已經在公開水域進行了充分的訓練，包括在非常洶湧的水中進行過一些游泳訓練，那麼暈船藥通常就沒有必要。但是，如果你是在惡劣的海況下乘船前往比賽的起點，那麼你可能需要考慮服用暈船藥。

手機

手機對你的教練和支援人員來說都是很有用的。他們可以在推特上發送推文、更新臉書、部落格文章或向不在現場的人發送簡訊。這些資訊可以自動上傳到網站和部落格，這樣你的家人和朋友就能知道你在長距離馬拉松

游泳中的進度。

　　或者，可以使用各種全球定位系統服務，以便其他人可以追蹤你的進度。與你的護航領航員確認有哪些服務可提供，以及你如何整合這些服務，以便讓那些對你的游泳進度感興趣的人即時了解你的情況。

漱口水

　　如果你在水中待了很久，請使用漱口水去除口中的鹽味。游泳前用水稀釋你喜歡的漱口水，並在游泳之前，提前在公開水域用不同的溶液進行練習。

緊急防災救生毯

　　長時間游泳後，你可能會感到寒冷，因此迅速恢復體溫很重要。緊急防災救生毯（也稱為太空毯或鋁箔毯）很有用，在緊急情況下和你未穿上衣服時都非常方便。另外，準備一頂暖和的帽子，記住游完泳後，你的身體可能仍然還有大量的羊毛脂凝結在腋下、雙腿之間和頸部周圍。你的衣服在沾上羊毛脂後就不再會是原來的樣子了。

白板和馬克筆

　　在你的戒護船上帶上一組非耐久性馬克筆（白板筆）和一塊白板，以便你的教練和支援人員可以定期向你提供資訊。那些資訊要用大而清晰的大寫字母和簡短易懂的短句寫成，可以是激勵人心的（例如「丈夫在終點等你」）、搞笑滑稽的（「海豚都跟不上你」）、指導性的（例如「用力踢，抵抗潮水」）或方向性的（例如「向右傾斜」）資訊。

　　你的教練應該穩穩地拿著白板，至少維持五次換氣週期，或者直到你明顯地看到了資訊。你可以透過點頭、揮手或口頭喊叫，來確認你已看完了資訊。

　　耐久性馬克筆則非常適合給袋子和瓶子編號，例如 C 代表巧克力

(chocolate)，M 代表摩卡咖啡 (mocha)。在晚上，視線可能很不清晰，所以像這樣的小提示可以幫助你的支援人員於漫長的夜晚在公開水域中避免錯誤。

其他裝備

膠底套的懶人鞋或氯丁橡膠襪很有用，尤其是當你必須在濕滑的岩石上攀爬、走在炎熱的沙灘上，或在濕滑的甲板上行走，尤其是在下雨的時候。

用小貼紙給泳鏡或食物袋貼上標籤。在夜間游泳時，為備用泳鏡和保溫瓶貼上標籤，這樣你的支援人員就知道提供這些必要物品的順序。

驅鯊器 (Shark Shield) 是一款用於驅趕鯊魚的裝置，戴在腳踝後面拖著天線，讓馬拉松游泳運動員在鯊魚聚集區域從事冒險活動時使用。驅鯊器可以安裝到你的支援小艇上，它會發出一種 3D 立體脈衝電波，由於掠食性鯊魚（包括大白鯊、虎鯊、公牛鯊、灰鯖鯊和短尾真鯊）的感覺接受器會偵測到驅鯊器的電荷，因而引起牠們的鼻子痙攣。驅鯊器由南非政府的納塔爾省鯊魚委員會 (Natal Shark Board) 發明，並被澳洲軍方、南非海軍和美國海岸警衛隊使用。

拉力繩和健身球等訓練裝備在水中和陸上都有多種用途。拉力繩可用於阻力訓練，以培養手臂、手和下腹部肌肉之間的連結。當你在不穩定的表面上時（例如，健身球），可使用拉力繩在陸地上進行拉力練習，以培養強壯的核心。

提供指南針給小艇人員也很有用，這樣如果你的戒護船暫時偏離位置，他們就可以朝著正確的方向前進。

替競技游泳選手準備的精密工具

最熱衷游泳的選手和教練會使用各種更先進的裝備和服務——有些很少見，有些很昂貴——來幫助他們發揮潛力。

水下攝影機

　　你可以安排定期對自己進行錄影，這樣你就可以讓經驗豐富的教練或提供這些服務的游泳營或訓練營分析你的划水技巧。

　　你可以用任一種輕巧、便攜、易於使用的水下錄影系統在水面和水下進行拍攝，這種系統可與任何攝影機配合使用。觀察自己在水中的情形，在聽取教練的建議後，你可以更能體會和想像如何改進。

游泳動作分析

　　競技游泳運動員和鐵人三項運動員在尋求提高速度和效率的過程中，會進行複雜的速度分析，例如SwiMetrics（www.swimetrics.com）[4]這樣的游泳指標提供游泳技術的水下影片分析。

　　水下分析類似於自行車手的風洞測試，透過測量划臂和打腿的即時速度，來量化你動作的優勢和劣勢。這些資料數據會以圖形化方式，疊加在水中的影片上。分析結果會顯示你在游泳過程中每一個時刻減速變化（或加速）的原因、位置和程度。速度數據的波峰和波谷表示你踢腿和划手時速度的增加和減少。透過比較左臂和右臂的平均速度和峰值速度，你可以比較一隻手臂與另一隻手臂的相對速度。這些數據顯示你划臂的哪些部分產生的速度最快，哪些部分導致你減速。影片和數據的整合可以提高你的覺察力，並最終能提高速度。

　　鐵人三項運動員還會使用SwiMetrics游泳指標的分析，來測試和比較各種防寒衣產生的阻力，這可以幫助你根據你的游泳技術、你的體型以及防寒衣在水中與你身體的搭配狀況，準確了解哪些防寒衣使你速度較慢，哪些防寒衣使你速度較快。你身體受到的阻力愈大，防寒衣對你的效率就愈低，讓你的表現速度愈慢。

4　譯注：網站目前已關閉。

訓練日誌

有組織地進行任何事情都是成功的基礎，但根據「公開水域成功金字塔」的理念（詳見第六章），制訂全年訓練計畫需要付出時間，對於認真投入的泳者來說非常重要。你和你的教練都應該為公開水域的每種情況做好計畫，並記錄所使用的具體訓練方法，可以用日誌來幫助你記錄訓練的情況。

訓練日誌（網上有很多）可幫助你記錄訓練的距離、時間和其他關鍵數據。最複雜的訓練課表允許你即時修改當前和未來的訓練計畫，並記錄你安靜休息的心跳率、睡眠品質、睡眠時數、訓練意願、情緒、疲勞程度、肌肉酸痛程度以及訓練後的恢復能力。它還可以幫助你記錄疾病、疼痛或受傷對訓練表現的任何影響、月經週期的開始和結束，以及你的總游泳量和在陸上的總工作量，和在泳池和公開水域訓練期間的時間表現和划水次數。

公開水域游泳可以是一項簡單的活動，你可以為了運動或娛樂而獨自進

行，也可以是一項相當複雜的活動，在泳渡海峽期間需要一個龐大的支援團隊。你選擇使用的裝備數量和類型反映了你的投入程度。你可以限制自己只用到泳衣和泳鏡，或者你可以配備全球定位系統裝置和昂貴的防寒衣，並由配備精密海洋裝備的領航員和由經驗豐富的人員組成昂貴的支援船隻護送。隨著這項運動不斷開發新產品，以及你在各種水域中獲得經驗，你會發現更多的工具、裝備和服務，使你能夠更快、更有效、更安全、更聰明地游泳。

CHAPTER 5

提升自由式泳速

自1875年馬修‧韋伯船長首次以蛙式橫渡英吉利海峽以來，公開水域的泳技發生了大幅的變化。

如今，泳者和鐵人三項選手在公開水域會游自由式，而不像在19世紀時，一般會採取節奏緩慢且穩定的蛙式。自由式最初由索羅門群島的泳者採用，再被機智靈活的澳洲人效仿，把這種更有效的泳式推廣到世界其他地方。

20世紀初，自由式成為公開水域愛好者的首選，每一代新的泳者都會不斷改進自由式，來達成既省力又加速的雙重目標。

游得更快

　　訓練方法經過不斷發展，加上模仿最快的泳者，使得一般而言泳者的速度持續變快。龐大的運動量、難度愈來愈高的間歇訓練、賽前減量訓練和乳酸閾值的數據，這些不過是風行全球當中的幾個概念罷了。在陸地上，模仿就是最誠摯的恭維，在水中亦是如此。1960年代有一名奧運冠軍以S型划臂來推水，之後其他自由式選手也努力有樣學樣；當一名世界紀錄保持者剃了腿毛，並因此游得更快時，其他選手也紛紛效仿；在一名橫渡英吉利海峽紀錄保持者加入了更頻繁但短暫的食物補給後，這個舉動改變了其他馬拉松選手的心態。

　　圖5.1顯示1908年至2008年期間，男子1500公尺自由式的泳池世界紀錄與橫渡英吉利海峽（從英國到法國）的世界紀錄，顯示自由式的速度不斷變快。在這103年的期間內，這兩項世界紀錄由來自十幾個國家的人所保持。

　　不過，這當中沒有泳者能夠同時擁有這兩項世界紀錄。只有美國的約

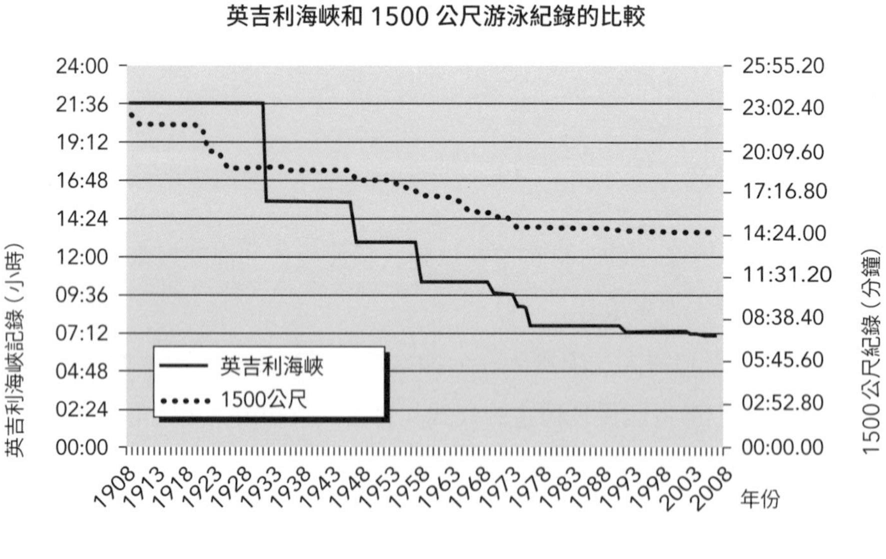

英吉利海峽和 1500 公尺游泳紀錄的比較

圖5.1　1500公尺自由式和橫渡英吉利海峽的世界紀錄時間（1908～2008年）。

翰·金塞拉這位1500公尺的自由式世界紀錄保持人曾泳渡過英吉利海峽，但他沒有刷新紀錄。儘管目前的英吉利海峽紀錄保持者彼特·史托伊切夫已經為他的祖國保加利亞參加過三次奧運1500公尺自由式比賽，但在英吉利海峽紀錄保持者當中，從沒有人能晉級奧運1500公尺決賽。因此，在這段103年的期間，兩個完全不同領域的泳者分別在這兩個自由式項目中出現類似的進步情況，顯示泳者不分國籍、出身地、賽場或時代，都會迅速採用任何可以明顯改進速度和效率的方法。

全球頂尖的自由式選手

頂尖的自由式選手在水中非常流暢、有力，他們身體每個部位都能協調地產生向前推進的力量，所有動作都是互相對稱和流暢的，所以能保持左右兩邊，以及下半身和上半身之間的平衡。人們經常讚美泳池和公開水域冠軍「游得像海豚一樣」，這是指他們的泳姿優美流暢。年紀大後才接觸到游泳的人還是可以在水中做出類似的優美動作。

在泳池中，對稱、優美和力量的結合是很重要的。而在海中，對稱度變得更為重要，因為潮汐、海流、波浪、海面的波濤和風等動態力量會不斷影響泳者的技巧和速度。即使在鏡面般平靜的湖中，水溫、泳衣的款式，以及與其他泳者的距離也會對泳技、平衡和速度造成負面或正面的影響。

本章的資訊是對全球頂尖的自由式選手的觀察、科學測試和經驗分析得來的結果。奧運的泳池項目得牌選手和世界紀錄保持者，與以泳技聞名的渡海泳者、專業馬拉松泳者和專業鐵人三項選手，他們之間擁有許多的共同點。

上半身和下半身的推進力

吉納迪斯·索克洛瓦斯（Genadijus Sokolovas）博士是2000年、2004年和2008年美國奧運會游泳隊生理部主任，根據他開發的SwiMetrics游泳指標

測量到的推進力數據，非常優秀的競技游泳選手在泳池中89~93%的推進力是由手臂產生的，其餘的7~11%是由他們的腿產生的。隨著距離從泳池的50公尺增加到在公開水域中更長距離的游泳，腿部產生的推進力百分比會降低，世界級馬拉松游泳運動員踢水產生的力量不到5%。儘管在實際的馬拉松游泳比賽中，沒有馬拉松運動員進行過實證測量，但他們大多依賴兩拍打水的踢腿方式，搭配相對較高的每分鐘73至85次的划水頻率。

然而，公開水域游泳運動員踢腿的重要性不僅僅在於推進力。腳背下壓，腳踝保持柔軟，持續、平衡地踢腿，即使沒有產生明顯的推進力，也能維持身體左右滾動時的平衡，達到提臀和身體呈流線型的效果，這些都會減少了正面的阻力，這種身體漂浮在水上的姿勢是世界上最優秀的公開水域游泳選手的祕訣。

但這種上半身和下半身的推進力比例也有例外，就跟賽車手一樣，你必須會在比賽中多次換檔。你必須知道何時減速、加速、轉彎、跟游和改變方向是有利的，這些變換動作是由划臂節奏和增加相對應的踢腿次數所驅動。在比賽中的不同階段，必要時進行加速和速度變化，如以下情況：

- 在比賽中加速時，增加踢腿推進力
- 衝刺到終點時，明顯增加踢腿推進力
- 利用有利的河流或海浪，增加踢腿速度
- 跟游時，減少踢腿
- 跟游時，減少划臂的次數，增加划臂的長度
- 嘗試跟上海浪時，明顯增加踢腿和划臂的頻率
- 在乘著海浪時，繼續踢腿，尤其是在海浪開始消散時
- 在對抗水流或潮汐時，繼續踢腿和增加划臂的頻率

如果你只是想從A點游到B點，而不需要耗盡你的有氧能力，你的划臂與打水的推進力比例可以保持在舒適的低強度（即95%的手臂和5%的腿部出

力)。為了讓游泳的效率達到最高，不要停止踢腿，而且要讓下半身浮起來。即使沒有用力地踢腿，也要盡可能保持流線型姿勢，雙腳腳背下壓，臀部在水中盡可能提高。平穩的兩拍打水，打腿的振幅要小，讓你就像能夠游過一個狹窄的假想圓柱體。你不想因為沒有踢腿和臀部下沉而產生額外的阻力。

培養流暢的身體滾動和動作對稱

快速有效的自由式的基本特徵之一，是流暢的身體滾動。優秀的自由式選手的肩膀、軀幹和臀部會以脊椎為固定的中心軸平穩地滾動。他們在換氣時，頭部、軀幹、臀部和腿部幾乎很少橫向移動。他們把左臂和左腿保持在中心軸的左側，將右臂和右腿保持在中心軸的右側。

在沒有池底標誌線、水道或牆壁的公開水域中，流線型和對稱的身體姿勢極為重要。從一個轉折浮球游到下一個轉折浮球，動作對稱可以幫助你游得直。你若具備動作對稱的游泳技巧，可以進一步減少抬頭定位的次數。動作對稱還會使你無論是左邊還是右邊換氣，在每次划水時都能保持相同的速度和距離。事實上，對稱度極佳的泳者通常不需要皮膚潤滑劑，因為無論他們游多遠或在什麼條件下游泳，他們很少摩擦到身體的任何部位。

在公開水域，你偶爾會遇到從側面或正面撲來的海浪。其他時候，由於競爭對手的位置、刺眼的陽光、岸上的地標或戒護船令人討厭的排氣，你可能想用另一邊來換氣。在訓練期間決定好換氣的模式，這樣無論你要左邊還是右邊換氣，你都可以游得很好。例如，即使你不是雙邊換氣，偶爾也要讓自己一半時間左邊換氣，一半時間右邊換氣。如果你通常不是雙邊換氣，請嘗試用主要換氣那一邊游100碼，再用換氣弱的那一邊游25碼，把兩邊換氣搭配起來，因為你永遠不知道比賽當天會發生什麼情況。

身體滾動的姿勢練習

有很多種泳池中的姿勢練習可以幫助你培養更好的身體姿勢，儘管你

在第一次嘗試時可能會感到不平衡或不協調。透過練習，你會開始感覺更加平衡和協調。在眾多的身體滾動練習中，這裡有三個可提高技巧的方法：

一. 雙手放在身體兩側，進行踢腿。先向一邊換氣，然後向另一邊換氣。

二. 一隻手臂伸在前面，側邊踢水，踢到泳池一半的地方，或踢10下腿。然後換另一隻手臂伸在前面，改成另一邊換氣，游完剩下的另一半，或踢10下腿。

三. 把夾腳浮球夾在腳踝或小腿之間，做划水動作。

滾動換氣時從臀部出力，因為正確、協調的髖關節滾動可以讓每一下划手產生更多的動力。如果你主要用肩膀來出力滾動，這樣划臂將會效率不彰。

如果你的身體會隨著划臂而向左或向右移動，請在游泳時專注於以脊椎為中心，滾動你的核心。慢慢游，把注意力放在把動作做到正確。要有耐心，這需要花時間。讓你的教練或隊友偶爾幫你看一下，並給你一些反饋。觀看優秀游泳運動員的影片，並想像自己游得像他們一樣，這種持續的注意力集中可以幫助你減少身體的橫向移動。

身體姿勢要保持流線型，並盡可能保持水平狀態，身體維持些微緊繃。身體增加的張力將減少水中的總阻力，並讓你在划臂時使用核心肌肉。

動作對稱的姿勢練習

以下是三個可以幫助你改善動作對稱的姿勢練習：

一. 使用游泳用的呼吸管。從一開始的抱水，到直接向後划，請觀察這個階段在水中的手部路徑。

二. 在你的游泳課表中使用游泳的呼吸管。當你的手入水時，指尖朝下，同時手腕挺直，手掌攤平。當你的眼睛直視下方時，筆直向後划，不要越過你的中線。如果你有交叉打水的情況，可以穿上

蛙鞋進行這個練習。慢慢地做這個練習，但要盡量做到完美，然後逐漸提高你的速度。

三. 一隻手貼在大腿身旁，眼睛直視下方。只用另一隻手臂游泳，用沒有在划水的那一邊換氣，並計時一組100秒的練習，然後換另一邊做同樣的練習。如果你兩組的平均速度不同，請在較弱的那一邊戴上小划手板來練習。

建立良好的頭部位置

當你在游泳時，理想的情況是肩膀、軀幹和臀部以你的中心軸平穩地滾動，保持頭部位置穩定。如果你的頭部維持與脊椎對齊，你將有效地消除每次划臂時頭部的橫向(左右)和垂直(上下)擺動。在公開水域中，後頸挺直，眼睛直視下方，可以使你的身形更流線，減少對你前進的阻力。

在泳池裡，大多數泳者傾向眼睛在水下朝前看，以避免與同一個泳道中的人相撞；在公開水域，大多數泳者向前看，往往是因為他們太常需要定位方向。在這兩種情況下，水位都在前額的高度。但是當你這樣向前瞄或水位在你的前額時，這時的阻力會大過於眼睛直接向下看。後頸挺直，但不要向上抬，並略微拉伸，直接向下看可以把你的水阻減到最小。

理想的換氣動作

換氣時不要刻意將頭扭向一邊，也不要抬起頭來轉頭換氣。相反的，當你的肩膀和軀幹滾動到換氣側時，頭部應該自然地轉到正確的位置。當你的軀幹轉體30到45度時，嘴巴會重新露出水面，使你能夠在腋下的空間輕鬆換氣。

如果你的頭部沒有與脊椎對齊，或動作沒有與軀幹連貫，整體姿勢的流暢度就會受到影響。想一想魚的移動方式和形狀，魚沒有像人一樣的脖子，牠們天生就是流線型的。當魚在水中游動時，牠們的頭部與身體的中心軸完

美對齊。我們當然不是魚，但我們可以嘗試模仿大自然的奇妙之處。

船的前頭是另一個有效穿過水面的例子。如果船頭在水中橫向或垂直移動，船的效率就會降低。你會想維持脖子的穩定，這樣你就會像船頭一樣有效地切過水面。

有一個簡單、但需要一定體力的姿勢練習可以幫助你了解頭部在水中的最佳位置。一邊游泳，一邊在你的下巴和胸部之間夾著一顆比網球稍大的球，這會讓你的眼睛朝下。你的頭頂會與水面垂直，頭和頸部會與脊椎成一直線。如果你在游泳和換氣時，球從下巴掉下來，那麼你的頭就沒有維持在最佳位置。一開始要把球夾好非常困難，但是，透過更多的練習，你將能夠在球也能夾好的情況下同時游泳，並且兩邊換氣。

在公開水域中，頭部位置的例外情況

在公開水域游泳中，前文所述的理想頭部位置也有例外。請考慮以下情況：

- 如果有水母、海草或漂浮物，請抬起頭游泳，以免被螫傷、纏住或劃傷你的臉。
- 當你順著波浪，進行人體衝浪時，保持頭部向上，一隻手臂向前延伸破水。
- 快速瞄一下前面或後面，以檢查地標或浮標。
- 向前或向後轉動頭部，查看你的競爭對手。
- 當你在非常冷的水中游泳或遇到很冷的地方時，你可能更想把頭抬起來游泳，直到你覺得比較舒服，可以再把頭埋入水中。
- 當小艇和戒護船在夜間變得比較不容易看到的時候，你會抬起頭來。
- 當你困在一群人中間時，抬起頭來尋找脫身的機會。
- 當你進行馬拉松游泳時，如果你認為你的戒護船位置不對（即你不在船頭和船尾之間），請抬起頭游泳，並向你的支援人員要求（大喊）提供指示。你的船前進的角度可能是正確的，而你可能游錯了方向，但你想盡快確認這一點。

定位時的頭部位置

在公開水域中，最有效的定位方式，是在一隻手向前入水時抬起頭來，即轉換你的頭部位置。想像一條鱷魚，眼睛露出水面一點點而已：牠紋風不動、非常沉穩，而且動作流暢。當你定位時，你會想要模仿鱷魚的頭部姿勢。

伸到前面的手微微向下壓（而不是向外划），讓你的頭抬出水面，高度剛好足以看到目標（地標、轉折浮球或競爭對手），當你的眼睛位於水面上方時，臀部也配合快速緊縮上抬。踢腿要比正常情況下更快，因為你要儘量保持身體的流線型。

在你的眼睛露出水面之前，吐氣。當你的眼睛露出水面，掃描面前的區域時，在腦海中快速記下你的位置、方向和面前的目標。

頭不要抬得太高，向前看時也不要吸氣。如果你在向前看的時候還能吸氣，那麼你的頭就抬太高了。向前看完之後，把你的身體稍微旋轉到換氣的那一邊。在這個時候，你的頭部回到正常換氣位置。在你的眼睛朝向側面時換氣，這個順序可以把阻力減少到最小，並幫助你在定位時，保持良好的身體姿勢。如果水面高低起伏，把你的頭抬高一些，以看清楚水面波浪遮蓋到的視線。

泳者正常在 2.4 英里（3.9公里）的游泳中會做 200 到 300 次的定位。如果鐵人三項運動員在整個鐵人三項游泳階段中，平均每 15 碼（13.7公尺）抬頭一次，則會進行 282 次定位。若能游得更直或定位次數更少，則會節省時間和精力。

有效定位的步驟

一．吐氣。

二．你的前手在水面上方移臂入水。

三．向前抬起頭。

四．把你的前手往後推。

五．同時更用力踢水。

六．向前看，在腦海中快速記下賽道。

七．當你的頭部到了正常的換氣位置時，把身體轉動到側面。

八．吸一口氣。

九．把軀幹和肩膀轉回到與水面平行的位置。

練習最佳的手臂和手部動作

圖5.2說明了正確的手臂和手部動作。理想的情況是，一旦手臂入水後，你應該沿直線划動手臂。根據牛頓第三物理定律（即對於每個動作都有一個相等的反作用力），把水直接向後推，而不是S形划手，這樣可以把你向前的速度變到最快。

讓你的手稍微超出你的肩線入水，如果你的手入水時，太朝外或越過你的中心軸，身體就會左右搖擺。這個動作肉眼可能只能略微感覺到，但當在每次划水動作重複下來，累積效應會導致明顯的效率不彰和速度減慢。當你放鬆的手入水時，指尖朝下。手掌不要整個弓起來，而是整個手掌及手腕保持平穩。當你的手入水之後，開始啟動划水動作時，應保持高手肘，以獲得最佳的抱水效果。這將需要大量練習，最好從正面角度拍攝的水下影片來觀察。

當手在身體下方移動時，加快划水速度。你可以在泳池中做練習動作，減少每趟划水的次數，學習在水中加速你的划手，計算每趟划手的次數，然後在下一趟減少次數，但保持相同的速度，以增加每次划水的距離。專注於在每次划水時向後推水。嘗試在你的泳池訓練中做出正確的水下划水動作，但要明白，水下划水動作的效果在公開水域中會較差。

你的手指可以微微分開，保持舒適的姿勢，從而達到最佳的游泳效果而不是緊閉或張得大開。研究表明，手指稍微分開（手指之間間隔0.32公分或0.1英寸）可以讓你的手在水中產生更好的推進力。

當你的手在身體下方推水時，手肘應該靠近水面。高手肘的動作會讓

圖5.2

（a）頭入水後，開始指尖向下；（b）手直接向後划，保持高手肘；（c）眼睛繼續向下看，筆直地向後划；（d）把手推過臀部，保持頭部和身體姿勢的流暢和平衡。

© Human Kinetics

你的手和前臂處於最佳位置。當你的手在胸前身體下方時，繼續直接向後推水。當你划水時，你應該感覺到你的手臂是利用核心肌群在做推行。

在整個划水過程中保持適當的頭部位置和高手肘，你可能會感覺好像在游泳穿越一個圓筒或重心向前、往下划行，尤其是當你用力踢腿時。當你在公開水域中始終保持這個姿勢時，你的正面阻力會減少，並且能夠游得更快。

當你的手一開始入水時，在這個划水的開始階段，避免手臂和手掌直接往下壓。由於在你望向前方時，頭部的重量需要得到支撐，因此大多數泳者往往會在划水的開始階段把手直接往下壓或向外掃。這種壞習慣會使頭部高出水面，不利於游泳速度的提高。

當海象變差，水面波浪愈來愈大，或者比賽時間愈來愈長時，這種將手臂向下壓或將手向外掃過肩線的傾向通常會變得更加明顯。無論水域的條件變得多麼惡劣，都要抵制這種衝動，繼續專注於想像自己游過一個狹窄的圓柱體。

適當的手臂回復

當一隻手臂在水下向後推時，你的另一隻手臂（高手肘姿勢）則在水面上移臂，進行回復階段。當你的手臂回復到水面上時，請保持手臂和手掌放鬆。把手臂平穩地移過水面，與身體的中線平行。理想的情況是，你在左側所做的事情與你在右側所做的事情完全相同。此外，在非換氣划水和換氣划水時，讓手臂有相同的回復動作。不要在水面上揮動伸直的手臂，這種大車輪的回復動作可能會導致側向的反作用力，通常會導致你的手越過中心線，因而降低前進的速度。

手部和手臂划水訓練

在泳池中做前交叉和後交叉練習時，練習移臂回復和水中的直線手臂路徑。

正常的前交叉練習

在正常的前交叉練習中，一隻手臂向前伸直，用另一隻手臂完成整個划水過程。等到一邊完成整套的划水動作後，另一隻手臂才開始划。當你交替使用手臂划水時，把注意力集中在直線路徑划水和向後推水，然後在水面上也是進行互相對稱的動作。

後交叉練習

在後交叉練習中，一隻手臂始終保持在你身旁靜止不動。當你的另一隻手臂在進行整套的划水動作時，另一隻手放在大腿旁。等一隻手臂完成整套的划水動作後，另一隻手臂才開始划。與正常的前交叉練習相比，這種後交叉練習需要更高程度的動作和換氣協調。

保持正確的划臂節奏

　　世界級公開水域游泳選手的節奏（每分鐘划臂次數）略高於泳池游泳選手。世界級的男子游泳選手通常在公開水域以每分鐘72到84下的划臂速度游泳，直到他們開始以超過每分鐘90下的速度衝刺。女子世界級公開水域游泳選手在公開水域的游泳速度通常在每分鐘划臂78到88下之間，直到她們開始衝刺，有時會超過每分鐘95下。請你的教練計算你在比賽和公開水域訓練中每分鐘的划臂次數，以便你熟悉自己的每分鐘划臂次數節奏。

　　泳池和公開水域之間的節奏會不同，部分原因是世界級泳池選手在泳池中，每趟最多直線游泳45公尺，因為他們靠著在短時間內（幾秒或幾分鐘）明顯更快的踢水和長距離的蹬牆出發（可以從中獲得很大動力）。另一方面，公開水域游泳運動員在不斷變化的條件下長時間（數小時）長距離游泳，沒有像泳池游泳選手那樣可以有獲得動力的地方。公開水域中的因素（例如，風、波浪、水流、潮汐、水面波浪和擁擠的游泳條件）對公開水域泳者的前進速度產生許多負面影響，並且由於能見度有限，使得泳者不知道到底該往哪裡游。

　　你在公開水域中的最佳節奏，是你可以保持的最快速度，同時不會犧

牲到手臂划水的效率。大多數公開水域泳者的前進階段發生在水下時，手從頭部划到臀部附近的位置之間。

如果你透過實證測試，知道一隻手臂比另一隻手臂更強壯，那麼在泳池時的某些訓練部分（例如，在你的划水動作課表中），在較弱的那隻手上戴上小的划手板來加強。培養對稱的划水動作和兩邊的力量將幫助你游得更直。

這些划臂的建議也有例外。如果你在風浪起伏的水域中游泳，無論是順風，還是逆風，你可能需要將手臂抬高出水面，以免被海浪撞擊。這將需要消耗更多的能量，並可能導致挫敗感。要麼把你的手肘抬高，要不然就把手臂揮甩到湍流之上。

在公開水域，
建立在惡劣條件下的正確換氣技巧

在公開水域中，一個波浪隨時都可能打過來。灌到滿口的鹽水總是令人不快，並可能會帶來後續的問題。一些泳者天生就能感覺水流的波動，並享有不可思議的換氣時機，但有許多人必須努力在公開水域練習換氣。

當你的頭在水中時，透過嘴巴和鼻子把氣吐乾淨（見圖5.3）。等你轉身換氣時，要快速吸氣。在臉露出水面時，不要先吐氣再吸氣。（請注意：不論是在公開水域和泳池游泳，你都應該遵循這些步驟。）

當你在水下吐氣時，盡可能把氣吐乾淨。這不僅能讓你在吸氣時獲得最大量的空氣，還能幫助你在競爭或壓力大的情況下保持冷靜。

如果可能的話，進行兩邊換氣。儘管你會有一邊換氣的前進速度略低於另一邊，但雙邊換氣的好處遠遠超過單邊換氣。如果你只向一邊換氣，身體滾動的情況可能會不太理想，你的划水動作也可能不如會雙邊換氣的泳者來得對稱。如果你不會雙邊換氣，那麼你必須更要把焦點放在動作的對稱度。

試著先在泳池中克服這種對單邊換氣的依賴。在沒有池底標誌線、泳道

圖 5.3
在水下時，用嘴巴
和鼻子把氣吐乾淨。
© Human Kinetics

或牆壁的公開水域中，依賴單邊換氣的問題會變得更大。你的划水動作愈不對稱，就愈有可能偏向一邊。然後，你要額外彌補這種無法直線游泳的能力。這會導致你更頻繁地抬起頭來定位，從而使你的臀部和腿部傾向於在水中下沉，並消耗更多的能量，降低速度。圖 5.4 顯示出動作不對稱的骨牌效應。

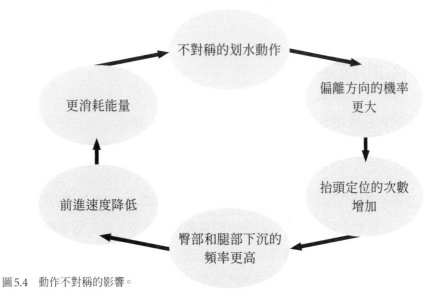

圖 5.4　動作不對稱的影響。

圖5.5
在水面起伏的情況
下,換氣動作可能
會發生變化。
Ann Ford

惡劣條件下的例外情況

前述給公開水域換氣的建議也有例外。如果你在風浪起伏的水域中游泳,無論是順風,還是逆風,你可能需要在換氣時改變頭部的位置(見圖5.5)。

換氣時要遠離波浪和水面碎浪。在腋下的空間呼吸,身體滾動的幅度要比平常大一點,這樣你的身體就像一個護盾,保護到你的嘴巴。此外,你可能需要將臉和嘴巴稍微轉向天空,這樣你就不會吞到水。

運用你的核心

世界級的游泳運動員在游泳時會使用到他們的核心。從上背部到腹部這部分強壯和穩定的軀幹使他們能夠保持流線型,並有助於推動他們手臂的划動。

在身體滾動過程中,使用上背部(闊背肌)、胸部(胸大肌)和核心肌群(腹部和腰部),以驅動手臂的動力。如果你的身體姿勢太平,你的划水動作將由你的肩膀來驅動。在長距離游泳中,尤其是在公開水域中,你不僅要依靠肩膀,還要依靠核心、背部和胸部區域的大型肌肉。

有了強壯的核心，你的身體會更直，腰部的彎曲情況也會減少。減少背部的彎曲可以使你更加流線型，並減少或避免腰部的不適。在游泳池裡游泳時，你可以在每一趟都重新調整自己的方向，並在每一次轉身時減輕你的腰部壓力，而在公開水域中情況就不同，你的腰部無法得到休息。

當水面起伏，且有碎浪時，最優秀的游泳運動員會繼續使用核心肌群，使用他們大型的肌肉來保持良好的身體滾動。另一方面，沒有經驗的泳者依會靠他們的肩膀，並主要使用他們的腿來保持平衡，同時他們會在波濤洶湧的水中，用平平的姿勢來穩定自己。這種身體向下垂的姿勢偶爾會導致他們背部疼痛或痠痛。

核心肌群的訓練

在做划手姿勢練習時，偶爾把夾腳浮球夾在腳踝或小腿中間，而不是夾在大腿之間的傳統位置，來加強你的核心。這種特別的姿勢將幫助你做出更好的臀部和身體滾動，並建立下腹部和腿部之間更好的協調。

另一個針對核心的練習，是保持一隻手臂在水下向前伸展，另一隻手臂在水面上保持彎曲的回復姿勢。以這個姿勢用力踢腿，然後從臀部開始施力，轉體換氣。你還可以在臀部繫上些微重量的腰帶（1到2磅，或0.45到0.9公斤）在游泳池游泳，以增加核心力量。

另外，在陸地上盡量保持良好的姿勢。在陸地上的良好姿勢有助於你在公開水域游得更直。良好的姿勢使你能夠利用從上背部到腹部的核心肌群，來推動手臂划水，這是必不可少的，在水面高低起伏時尤其重要。

如果你想加強你的上胸部和上背部，在你的主要練習項目中，每趟游完時，加入「板上撐」（deck-up）的練習。也就是說，每趟游泳結束後，立即把雙手平放在泳池邊緣。把自己撐起來，直到你的手臂完全伸直，手肘不動。然後再滑入水中，進行下一趟游泳。

正確使用你的腿和腳

優秀的公開水域游泳運動員會從踢腿中產生推進力，這也消除了如果放任腳和臀部下垂時產生的明顯阻力。持續、緊迫的兩拍打水，雖然不一定是有推進力的踢腿，但可以幫助你的身體更自然地滾動，因為這樣可以提起你的下半身，並讓你保持更好的身體姿勢。

在整個公開水域游泳過程中使用雙腿，還可以為你的雙腿做好準備，應付在鐵人三項比賽中的岸上終點，或從游泳到自行車的轉換。如果水很冷，你可以用腿來讓自己保持溫暖。在這些情況下，膝蓋盡量不要太彎。從臀部發力開始打腿，使用大腿的肌肉，這將幫助你為陸地跑步或轉換做好準備，並讓你暖和一些。

當你抬起頭來觀察方向時，要更大力地踢腿，在觀察方向的過程中，稍微加快踢腿的速度，這樣你的腿就可以支撐頭和上半身的部分重量。但是踢腿的幅度要小，因為增加踢腿的深度只會產生額外的阻力。

踢腿的力度要夠，稍微彎曲膝蓋，只讓腳跟露出水面。如果你的整個腳掌都露出水面，你就不會產生額外的推進力。如果你的腳掌離開水面很多，你很可能在往下踢時會把腳踢得太深。

做出最佳的膝蓋彎曲程度

想像一下自己沒有膝蓋。游泳時盡量保持雙腿伸直，這在人類看來是不可能的，但在理論上是理想的。從臀部開始出力踢腿，膝蓋只需稍微彎曲。在往下踢和往上踢時都要讓腳背下壓，這將有助於防止交叉打水。當一隻腳在踢腿過程中交叉到另一隻腳上方時，你的推進力就會降低。

把雙腿分開的角度（即踢腿幅度）控制到最小。在公開水域中，許多環境變化的力量都會對你的前進動力造成阻力，因此縮小你的踢腿幅度很重要。踢腿踢得深只會導致前進速度下降，尤其是如果你的腳背沒有下壓。大的踢腿幅度只會增加身體的阻力。

要了解膝蓋要微彎的程度，請在泳池的深水端進行垂直踢腿。當你以垂直的姿勢踢水時，盡量保持背部挺直，頸部與脊椎對齊。以整隻腿為一個整體來活動，膝蓋盡可能不彎曲。為了達到更好的有氧訓練效果，舉起你的手，讓手肘高出水面，或把手伸直高過頭部。

使用下腹部肌肉來踢腿。此外，可以用彈力帶進行踢腿訓練，這可以避免雙腿分得太開。或者，你可以穿上網球鞋或襪子來做這個練習，這樣就更難用較大幅度來踢腿。

你還可以在泳池中使用蛙鞋來減少踢腿的幅度，用蛙鞋踢腿也有助於糾正交叉打水。雖然交叉打水可以讓你在公開水域保持平衡，但在踢腿動作中會交叉雙腿通常是其他動作效率不彰的結果，而沒有什麼特別的好處。

腳踝柔軟度的重要性

游泳速度快的人擁有極佳的腳踝柔軟度。當他們腳背下壓時，腳背與小腿之間的角度大於180度。相比之下，鐵人三項運動員和跑者的腳踝柔軟度通常較差，因為他們在跑步和騎自行車時重複進行相同的動作。

你可以透過跪坐躺下，來訓練腳踝的柔軟度（見圖5.6）。坐在你的腳上，腳背貼平地面。身體向後傾，背部挺直，同時保持腳背和膝蓋貼著地面。盡可能向後躺，感受腳背的伸展。每週至少做3次這樣的伸展運動。即使你無法達到競技游泳選手的極度柔軟水準，長期下來，這項練習也會逐漸增加你的腳踝柔軟度。

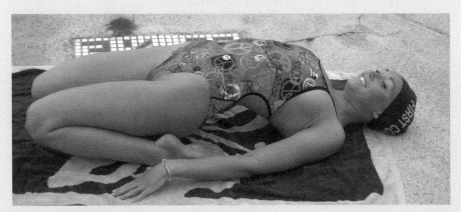

圖5.6　透過經常做伸展動作，來增加腳踝的柔軟度。
Lyle Nalli, D.P.M.

踢腿節奏

踢腿節奏是每一下划臂的踢腿次數（即節拍）。在兩拍打水中，每一下划臂都會踢一次腿。在四拍打水中，每一下划臂就有兩次踢腿。在六拍打水中，每一下划臂有三次踢腿。世界級的公開水域游泳運動員會根據公開水域比賽情況，在不同的時間點使用不同的踢腿節奏。

在比賽的最一開始，通常會使用強勁的六拍打腿。然後，選手在比賽的大部分時間裡會回到兩拍打水的狀態。在比賽中速度要加快時，會使用四拍打水，而六拍打水通常保留到最後的衝刺。

大多數時候對於大多數鐵人三項運動員和公開水域游泳運動員來說，兩拍打水是最舒適的節奏，因為可以保留更多的體力給上半身，而且較慢的節奏適合他們划水的自然節奏。任何小於兩拍打水的節奏都會使腿部和臀部下沉到不佳的位置。對於一些人，尤其是那些手臂節奏較快的人來說，四拍打水是更自然的節奏。表 5.1 列出了一些常見的游泳技巧問題和建議的解決方法。

表 5.1 常見的游泳技巧問題、解決方法和姿勢練習

身體部位	問題	解決方法和原因	姿勢練習
頭	眼睛向前看	眼睛應該直視下方，伸直脊椎，讓身體處於理想的流線型姿勢。	在訓練期間使用游泳用的呼吸管。直視泳池底部，頭部放低，並與身體成一直線。
	每次手臂划動時，頭都會跟著動	在不換氣時，伸長脖子，向下看。加強頸部肌肉，讓頭部不會橫向晃動。	在游泳池裡游泳時，在下巴和上胸部之間夾一顆網球。進行前交叉和後交叉的自由式姿勢練習。
	換氣時，頭抬太高	換氣時，一邊的泳鏡鏡片應該在水中。頭太重了，是無法維持在水面上的。	游泳時，在下巴和上胸部之間夾一顆網球。使用游泳用的呼吸管，同時直視下方。

身體部位	問題	解決方法和原因	姿勢練習
脖子	頭部橫向晃動	保持頸部堅挺,與脊椎伸展成一直線,以減少正面阻力。	在訓練期間使用呼吸管,並直視池底。
肩膀	每次划臂時,身體也跟著橫向晃動	從臀部發力,帶動划臂,使肩部隨臀部自然滾動。	帶著呼吸管游泳時,注意臀部滾動。在做前交叉練習時,請不要讓手臂越過中心線。
肘部	手肘比手掌低	在整個划水動作中,維持指尖朝下。	多用划手板游泳,以培養高手肘在一開始抱水的感覺。
手臂	臂力不強	在划水動作開始時,建立高手肘位置。使用核心肌群,將手和前臂向後直直地划。	只做划臂的前半部分,嘗試在划水的前期建立高手肘的姿勢。始終讓指尖朝下。
雙手手掌	手沒有及時抱水	在手入水要開始划水時,指尖要朝下。	在每次划水開始時,把指尖向下壓,進行前交叉練習。
	用S形橫向划手	手的路徑愈直,划水就愈有力。如果以S形划手,游泳速度會下降。	做後交叉的姿勢練習。開始時,雙手放在身體兩側。用一隻手完成滑水動作,等碰觸到大腿之後,才開始另一隻手的划水動作。
身體	軀幹不夠流線型	發展更強壯的核心肌群,以便改善水中的姿勢。	游泳時,在小腿或腳踝之間使用夾腳浮球,或在健身球上做運動。
	每次划水時,身體也跟著橫向移動	以脊椎為中心,滾動你的核心肌群來避免橫向移動。	在健身球或其他不穩定的平台上做陸地運動,以強化核心肌群。

身體部位	問題	解決方法和原因	姿勢練習
膝蓋	膝蓋太彎	踢腿的大部分推進力來自於小腿，要減少膝蓋彎曲。	身體保持垂直姿勢，進行自由式踢腿，雙臂抬高出水面。
腿部	腳踢的幅度過大	腳踢得淺一點，並提高打水的節奏。	用浮板踢腿時，腳背下壓，讓腳掌維持在較淺的位置。
	打水無力	提高鞭狀打水的力量。	身體保持垂直姿勢，進行自由式踢腿，腿要伸直。

CHAPTER 6

準備短距離游泳比賽

　　要優化你在公開水域的表現，請根據「公開水域成功金字塔」（見圖6.1），來計畫泳池和公開水域的訓練，許多成功的公開水域游泳教練都採用這個理念。「公開水域成功金字塔」包括針對短距離、中距離和馬拉松游泳的最佳訓練建議。你在金字塔中每個領域投入的時間，取決於當前的月份、你有多少時間訓練，以及你的游泳背景。

　　金字塔的基礎層包括基本訓練、速度訓練和距離承受度訓練，這些訓練基礎是建立在1950年代誕生的競賽泳池訓練理念。

　　金字塔再上來的一層，是針對公開水域游泳的訓練部分，包括針對特定比賽的訓練、技巧訓練和適應公開水域。這三個基本部分較不知名，但也是要納入訓練計畫的重要內容。

策略知識位於金字塔的頂端，這指的是知道和理解在動態環境中要做哪些事情，因為你的競爭對手、氣候因素和水域情況可能會隨時發生變化。為了在任何公開水域游泳中表現出色，你需要對比賽期間競爭對手的舉動，以及任何游泳期間的自然環境做出預測、調整和因應。策略知識包括對各方面的學習，從天氣（潮汐、水流、波浪），到最後衝刺時競爭對手可能的情況。你可以從觀察、學習和實際經驗中，獲取和增強你的策略知識。

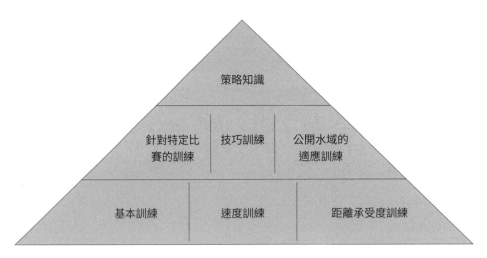

圖6.1　公開水域成功金字塔。

這個金字塔沒有談到營養，但營養是競賽選手在準備工作中一個獨立但必不可少的環節；這個金字塔還沒有談到與支援團隊相關的準備工作，這也是馬拉松游泳選手必不可少的部分。

基本訓練

基本訓練可以讓你在季前和季中訓練期間內，保持良好的體能狀態，包括在泳池中反覆進行有氧訓練。在針對青少年、大學生和成人游泳選手的競賽泳池游泳計畫中，基本訓練是基礎課表，包括伸展和肌力訓練運動，通

常稱為陸上訓練。如果你的時間有限，你可以將陸上訓練的重點放在柔軟度訓練（使用瑜伽、皮拉提斯或其他形式的肩部和腳踝健身操）和加強腹肌，這對於參加競賽或馬拉松游泳極為重要。

根據你的經驗、訓練時間和游泳距離，基本訓練的範圍可以從每週三次、每次游1,800公尺（如果你是平常要上班工作的成人泳者），到每週六次、每次游14,000公尺（如果你是頂尖的競賽選手）不等。

基本訓練的一個重要因素是持之以恆，堅持不懈將為你的最佳表現打下穩固的基礎。如果你持續在游泳池中游完總比賽距離的三分之一，那麼你就可以培養出足夠強大的實力，在短距離和中距離比賽中取得好成績。也就是說，如果你的目標是參加10公里的比賽，則每次訓練至少要游3公里。

表6.1包括針對25碼泳池訓練的基本訓練範例，[1]你可以根據自己的經驗和速度進行修改。

表6.1　在25碼泳池中進行基本訓練的範例

短距離游泳	用夾腳浮球和呼吸管游3×500，這三趟要漸速游（意味著每500碼會愈游愈快）。
中距離游泳	游2,000碼，每500碼逐漸加快， 然後游3×500＋2×100＋2×50＋4×25。
馬拉松游泳	10×800，每趟配速是12:00（意思是游10趟800碼，每趟在12分鐘內完成），第一趟到第五趟速度逐漸加快。

以下是世界級游泳運動員實際進行的高難度基本訓練課表：

- 世界5公里冠軍梅莉莎·高曼（Melissa Gorman）：3,000公尺＋2,000公尺＋1,000公尺，每100公尺的配速是1:10。
- 世界25公里冠軍布蘭登·卡佩爾（Brendan Capell）：21×500公尺，用6:10、6:00和5:50三種配速交替。

1　譯注：常見泳池的長度為25公尺、50公尺和25碼，美國常見25碼的游泳池，長度相當於22.86公尺。

- 世界錦標賽 5 公里和 10 公里銀牌得主葉卡特琳娜‧謝利維斯托娃 (Ekaterina Seliverstova)：6×2,000 公尺，每 100 公尺的配速是 1:13，然後 10×1,000 公尺。
- 世界 5 公里冠軍伊娃‧法比安 (Eva Fabian)：50×100 公尺，每趟配速是 1:10，然後 1 小時的直線游泳。
- 泛美運動會 (Pan American Games) 得牌選手鮑勃‧普拉卡克 (Bob Placak)：10×500 碼 (約 457 公尺)。
- 奧運選手克洛伊‧薩頓 (Chloe Sutton)：30×100 公尺，每趟配速是 1:15。
- RCP 蒂伯龍海泳冠軍凱恩‧拉德福德 (Kane Radford)：盡可能快地游 10,000 公尺。

加強速度

速度訓練透過加快游泳的節奏來提高你的速度，其中包括持續長達兩分鐘的無氧訓練，進行短暫、接近最大限度的肌肉活動，這是青少年、大學生和成人游泳隊的另一個固定練習部分。相比之下，較長的有氧游泳持續的時間會超過兩分鐘。

儘管馬拉松游泳選手是耐力型運動員，擁有發達的慢縮肌纖維，但他們仍然需要進行速度訓練 (見表 6.2)，因為有時在公開水域游泳時，他們可能需要加快速度來穿越水流，或趕上波浪。

垂直踢腿有助於增強腿部力量。自由式在水中垂直踢腿時，膝蓋不要過度彎曲，背部保持挺直。一開始練習時，把手放在水面上；然後進一步做到把手放在頭上。之後，雙臂在空中伸直，手肘挺直。

建立對距離的承受度

距離承受度有助於提高你的能力，游出你所選公開水域項目的特定距

表6.2　速度訓練的範例

短距離游泳	游150+30秒垂直踢腿＋游100+20秒垂直踢腿＋游50+10秒垂直踢腿＋游25+20秒垂直踢腿。
	游400，最後100快游；游300，最後100快游；游200，最後100快游；100全程快游。
中距離游泳	4×300，前100游自由式，第二個100游四式混合，第三個100自由式快游。每300公尺之間休息1分鐘。
馬拉松游泳	三人接力，一條泳道一次只能一個人游泳，你的隊友在游泳時就是你的休息時間。每個人要游4×50，然後4×100，然後4×200，然後4×100，最後4×50。選擇並維持一個目標配速，以維持整套訓練的速度。
	10×(100+50)，每趟100游完，再全力游50。

離（例如1公里或25公里），重要的是要培養游完目標游泳距離130%的能力，你不必以比賽的速度游完全程。相反的，你應該要能夠不間斷地游完這段距離。透過把游泳距離提高到比賽時的30%，你就可以游得很好，即使水溫比你習慣的要低，水流對你不利，或者海浪比預期的要大。額外的30%為你提供緩衝，以應對公開水域比賽中不可避免發生的意外情況和難以捉摸的因素。

　　如果你的目標是參加1英里（約1.6公里）的游泳比賽，請準備好可以毫無問題地游1.3英里（約2公里）。如果你的目標是游10公里，那麼請準備好游13公里。

　　這個距離承受度的原則適用於短距離和中距離游泳，但對於馬拉松游泳應該有所調整。對於25公里（15.5英里）以上的游泳，至少要游過一次相當於要參加的馬拉松賽事60%到80%的距離。根據狀況和機會，最長距離的游泳訓練可以在預計比賽前兩到四個星期完成。如果你正在為一場馬拉松游泳（即超過25公里）進行訓練，包括像21英里（33.8公里）英吉利海峽這樣的海峽游泳，需要在與你的預期水溫相同的情況下，逐漸增加到具備6到8小時的游泳能力。

如果你能進行15英里（24.1公里）的游泳訓練，那麼你就已經為橫渡21英里的海峽做好了體力上的準備，尤其是如果你心理素質強大，並且有經驗豐富的領航員指導和一支優秀團隊的護送。表6.3提供了各種游泳的承受度範例。

表6.3　距離承受度範例

短距離游泳	3×1,000，每趟之間休息30秒。
	2×1,500，每趟之間休息1分鐘。
中距離游泳	10×(800＋200)，每800游完後，用力游200。
	50×200，其中10趟正常游泳，10趟夾腳划手，兩種姿勢交替進行，每次各10趟。
馬拉松游泳	15×500，每組5趟，每趟速度逐漸變快（即「漸速1-5」）。
	100×100
	15×1,000，均速游。

模擬比賽狀況

許多以泳池為導向的教練都忽略了針對特定比賽的訓練，但這樣的訓練可以在游泳池中模擬公開水域比賽的狀況，並幫助你適應公開水域比賽，因為在這些比賽中，肢體碰觸、跑步入水和出水、跟游和定位是重要的環節。請在泳池中練習公開水域游泳的這些狀況，不要等到了比賽日才去體驗。

依速度分組練習

依速度分組練習是一群人（通常為3到5人）互相緊跟，在整套練習過程中，會更換帶頭者、速度或兩者都變動。你緊跟前面泳者的正後方游泳，同時在泳道右去左回地游泳（即始終靠水道的右側游泳）。

以100的依速度分組練習來說（在25碼或50公尺的游泳池中游100碼或100公

尺），帶頭泳者以固定的速度游100。其他泳者在後面緊跟，類似於自行車「集團」中成群的車手。在第一個100之後，帶頭者停下來，靠在一邊等待，讓其他泳者繼續游泳。泳者保持相同的順序，由新的帶頭者（之前是集團中的第二位泳者）接替，並在接下來的100帶頭游。重複這種模式，直到每個人都帶頭游過，進行兩到四回的輪換。節奏可慢可快，這取決於你小組的目標。

如果每位帶頭者的游泳速度都相當快，則整套練習會提供以下好處：

- 你會進行紮實的有氧運動。
- 你練習在隊友的腳後方跟游。
- 你學會了以相當快的速度跟游，同時節省體力。
- 在這套訓練的過程中，你會提高對周圍泳者的注意和覺察，因為你必須小心避免在轉彎時撞到他們，並避免摸到他們的腳。
- 你練習在訓練項目中加快和減慢速度。

如果配速距離是50碼或50公尺，那麼你們這組的配速會更快，因為帶頭的泳者在游50時可以比游100時要快。因為帶頭者游泳速度更快，整個水中隊伍的速度也變快。相反的，如果每趟距離拉長到200，則由於情況相反，隊伍配速會變慢（也就是說，帶頭的泳者在游200時，無法保持比50或100時更快的速度）。

泳池公開水域訓練：新手入門

　　即使你的訓練地點離公開水域很遠，你仍然可以透過泳池公開水域訓練，來模擬公開水域的比賽狀況，進行準備。泳池公開水域訓練為嚴酷的公開水域提供了許多好處和絕佳的游泳訓練，使你能夠學到以下內容：

- 在沒有水道線的情況下游泳。
- 不跟著泳池底部的黑線標誌線游泳。
- 在一群泳者當中，位於不同的位置游泳：前面、中間、後面、左邊、右邊。
- 在擁擠的情況下，左右兩邊肩膀都能轉彎，快速繞過浮標。
- 在不借助蹬牆出發的情況下游泳。
- 使用積極的公開水域競賽策略，包括防禦和進攻的巧計。
- 在不斷變化的環境中定位。
- 在不同位置上跟游。
- 應付肢體碰觸。
- 衝刺到終點。

▪ 什麼是泳池公開水域訓練？

　　泳池公開水域訓練在泳池中進行，是一種安全、易於實施、具有教育意義且好玩的公開水域游泳入門活動，可以使人增加信心，對於許多泳者來說是一種有趣的變化。使用泳池公開水域訓練的教練可以放心，這樣能為運動員提供絕佳的有氧運動，同時讓他們適應公開水域比賽。

　　泳池公開水域訓練是在移除水道線，並在泳池的四個角落附近設置四個轉折浮球後，在泳池中進行的。如果因為其他泳者同時間還在使用游泳池，而無法移除所有水道線，則只需移除幾條水道線，並在泳池的兩端附近設置兩個轉折浮球。這減少了進行泳池公開水域訓練所需的範圍，但提供了相同的好處。泳池公開水域賽道的配置是彈性的，可以根據你的情況來決定。

▪ 泳池公開水域的配置

一個八泳道、50公尺的泳池更適合泳池公開水域訓練，但任何尺寸的小泳池也可以使用。在一個50公尺的游泳池中，在游泳池的四個角落附近放置四個轉折浮球，使泳池每一圈的總距離約為120公尺（見圖6.2）。

在標準的泳池公開水域賽道中，四個轉折浮球固定在外側泳道和仰泳轉身標誌線的交叉處。如果因為泳池人多擁擠，只有幾條泳道可用，則在泳池末端靠近仰泳轉身標誌線處固定兩個轉折浮球，形成一個圓柱形路線（參見圖6.3）。

▪ 泳池公開水域的訓練

一旦泳池公開水域的路線架設好之後，先以順時針方向，然後以逆時針方向繞著路線游泳，圍繞浮標練習左肩和右肩的轉彎。熟練地左右都能轉彎的能力很重要，因為沒有所謂的標準公開水域賽道或轉彎方式，整套訓練都可以使用泳池公開水域的配置來進行（請參閱表6.4）。

▪ 泳池公開水域的建議

如果你從未見過或參與過泳池公開水域訓練，這裡有一些建議：

- 泳池公開水域訓練可以以任何方向進行，但在一開始的時候，建議採用逆時針方向，因為大多數泳者都是右撇子，而且大多數人覺得左肩轉身比右肩轉身更容易一些。
- 等你和你的隊友更習慣於泳池公開水域游泳後，把不同的路線配置添加到你們的鍛鍊計畫中。在泳池中游X形或Z形路線（見圖6.4），或跟隨帶頭者學習在公開水域熟練地完成各種類型的轉彎。
- 練習各種角度的轉彎，不僅限於90度和180度轉彎。
- 請你的教練在練習中用哨子，並發出黃牌和紅牌，來模擬裁判在比賽中的舉動。黃牌是警告；如果你拉扯任何人，或做出違反運動精神的行為，則

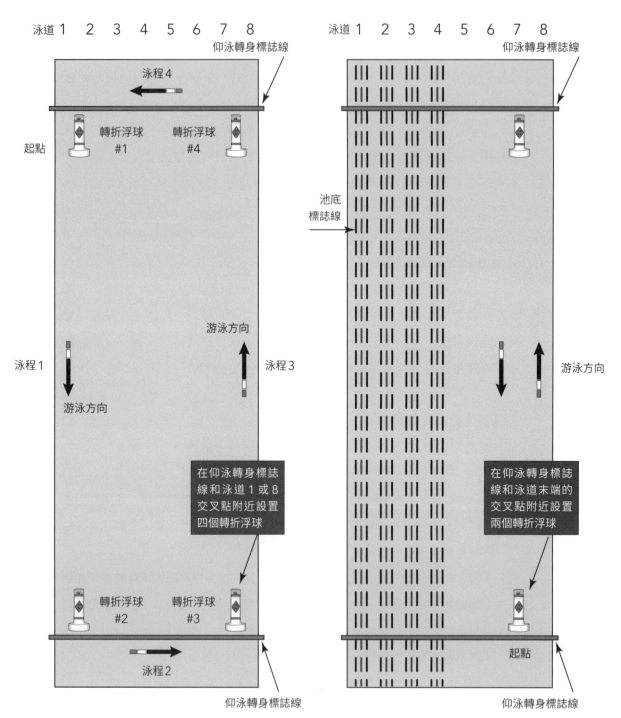

圖6.2　50公尺長方形泳池公開水域的配置。

圖6.3
與其他泳客共用游泳池時，採用圓柱形泳池
公開水域配置。

表6.4　泳池公開水域的訓練範例

慢游	順時針方向繞泳池游兩圈，然後逆時針方向繞泳池游兩圈。
熱身	以舒適的速度游第一段泳程，以中等速度游第二段泳程，快速游第三段泳程，然後全力游第四段泳程。四種泳式各游兩圈。
划手	雙腳夾著夾腳浮球游兩圈。
踢腿	用浮板打水兩圈。
主要課表	• 依速度分組：4×1圈，每個人都緊跟在前面泳者的腳後面游泳。每個人都有機會帶領小組游一圈。依速度分組衝刺3×2圈，三名泳者以舒適的速度並排，游完第一圈，然後在第二圈比賽。泳者在每圈後交換位置（從左側，換到中間，接著至右側）。 • 漸速游：4×1圈，每圈的時間為3分鐘，每次游泳的速度逐漸變快。
短距離衝刺	• 接力：4×1圈，每名接力成員游一圈。 • 公開水域的起點和終點：用魚躍式全力游一段泳程，下一段泳程輕鬆游自由式，如此重複五次。
緩游	在泳池公開水域以X或Z形路線游泳5分鐘。

圖6.4　Z形路線的泳池公開水域訓練。

Steven Munatones

會拿到紅牌，表示被取消資格。

- 當你在淺水池中訓練時，泳池公開水域也很有用。當游泳池沒有水道線時，不僅會產生更多的波浪，而且你還可以練習魚躍式技巧。

- 做板上撐的動作，以此練習上岸抵達終點的情形。不要以觸碰牆壁或轉折浮球的方式來結束，而是游到游泳池的盡頭，然後把自己上身撐起，離開水面，攀爬到池子邊緣（即，板上撐的動作）。從游泳時的水平姿勢到站立時的垂直姿勢，這種突然的變化模擬了公開水域比賽中的岸上終點。

- 如果很多泳者一起進行泳池公開水域訓練，不同的組可以在不同的時間出發，讓使用練習路線的人數達到最大（見圖6.5）。例如，當第一組的第一名泳者到達第一個轉折浮球時，第二組可以出發，因此數十名泳者可以同時使用泳池公開水域的練習路線。

- 當泳者彼此緊緊跟在前面泳者的腳後或臀部後面時，依速度分組在泳池公開水域訓練中的效果很好。這種與其他泳者的近距離接觸，以及偶爾發生的肢體碰觸，都是實用的訓練經驗，讓你了解競爭激烈的公開水域比賽的

圖 6.5
在不同的時間，不同的小組出發來進行練習項目。
Steven Munatones

真實世界。

- 要熟悉你在公開水域游泳比賽中會遇到的各種位置，請在泳池公開水域依速度分組的項目中交換位置，來體驗以下情況：
  - 在內側和外側游泳的區別。
  - 帶頭游在前面和在後面跟游之間的區別。
  - 被包圍在一群人中間。
  - 落後隊伍兩個身長距離。
- 要注意與其他人的肢體碰觸，阻礙、妨礙和干擾其他游泳運動員不是泳池公開水域訓練的目標，但偶爾會發生。

▪ 依速度分組的練習項目

每個小組裡大家的游泳程度應該盡可能接近，這是創造互相鞭策的絕佳方式。不過，如果泳者個別的能力不同，游得快的人仍然可以在領先的情況下加快速度。

在泳池公開水域依速度分組的練習項目中，提供了泳池中有氧訓練和針對特定比賽訓練這兩者的最佳組合。為了在泳池中盡量模擬公開水域比賽，在每個項目的最後部分（例如，最後的50、100或200碼）或時間（例如，最後的1到3分鐘）進行衝刺，讓每個人都試圖獲勝。教練可以吹哨子，表示泳池公開水域練習項目中最後衝刺的出發。

以比賽節奏來模擬泳池公開水域的終點，這對特定比賽的訓練尤其有幫助（見表6.5）。雖然帶頭游的人有最初的優勢，但後面的泳者往往由於他們跟游的位置，而有後來趕上，並超越帶頭者的動力。當然，如果有三到五個人在泳池公開水域的依速度分組項目中，全力游泳，請小心注意，因為可能會有人的手臂打到或纏在一起。但是，在這種有點混亂、擁擠和緊張的情況下，全力以赴的最後衝刺，是你在泳池中體驗公開水域比賽真實情況的最佳方法。

表6.5　針對特定比賽訓練的範例

短距離游泳	四人一組，基本的依速度分組：2×800，每100碼換人帶頭，每游完800碼，休息1分鐘。
	三人一組，基本的依速度分組：1×450，每50碼換人帶頭，因此每人帶頭游3次。
	四人一組，泳池公開水域依速度分組：游16圈，每兩圈換人帶頭。
	三人一組，泳池公開水域依速度分組：游六圈，每圈換人帶頭。
中距離游泳	三人一組，基本的依速度分組：3×1000，每100碼換人帶頭，每1000碼後休息20秒。
	四人一組，基本的依速度分組：4×800，每200碼換人帶頭，然後進行1×100的快速衝刺計時。
	四人一組，泳池公開水域依速度分組：游16圈，每兩圈換人帶頭，然後進行兩圈的結束衝刺，每個人都要全力游，一較高下。
	五人一組，泳池公開水域依速度分組：游18圈，每圈換人帶頭，然後進行三圈的結束衝刺，每個人都要全力游，一較高下。
馬拉松游泳	兩人一組，基本的依速度分組：4×1500，每500碼換人帶頭。奇數趟只划手、不打水；偶數趟是正常游泳。
	三人一組，泳池公開水域依速度分組：在1小時的時間內，每10分鐘換人帶頭。

▪ 板上撐

　　對公開水域游泳運動員和鐵人三項運動員來說，板上撐是另一種針對比賽的重要訓練（見表6.6），非常適合終點在岸上的比賽和鐵人三項中的游泳—自行車轉換（稱為T1）。在板上撐的訓練項目中，每趟游完後，立即用雙手撐起自己的上半身，從游泳池中爬出來，然後再跳進游泳池開始下一趟游泳。你的身體姿勢從水中的水平變為陸上的垂直，這樣可以模擬到沙灘上的終點和T1轉換。

　　板上撐的練習會以多種間接的方式，幫助你為公開水域比賽做好準備。因為板上撐會增加你的心跳，特別是如果你以頗快的速度游泳，這是訓練自

表6.6　板上撐的訓練範例

短距離游泳	10×50，每趟游泳完，板上撐。偶數趟用力游，每趟時間是 1:30。
中距離游泳	12×200，每趟游泳完，板上撐。分成3趟一組的游泳（「漸速 1-3」），逐步加快速度，每趟時間是2:30。
馬拉松游泳	5×1000，每1000游完，板上撐。

己應對競爭對手突然衝刺起來的絕佳方式。此外，在海峽游泳中，你必須在沒有他人幫助的情況下離開水面才能正式完成比賽。這意味著當你以水平姿勢游了幾個小時後，你必須垂直地走上岸。

技巧訓練

技巧訓練部分會傳授公開水域游泳更細微的技巧要點，包括補給、瞄準、出發、轉身、定位和辨位，所有這些都可以在游泳池中模擬。其中「食物補給」這個詞有時可能不正確，因為大多數補給實際上是提供飲料，因為泳者只能喝東西。

模擬補給

在泳池中，可以透過用水瓶喝水，並把能量果膠放在泳衣內，這樣來練習補給。一邊踩水，一邊用水瓶喝水和吃能量果膠，不要人掛在池邊或站在池底進行補給。

如果有餵食桿，請你的教練帶到游泳池。你可以在游泳池中間的外側泳道短暫停留來練習公開水域補給。從餵食桿上拿起瓶子，停下來喝水，然後繼續游泳。如果你沒有餵食桿，請把水瓶放在泳池邊，練習迅速抓取和喝水。

練習快速補給。在練習前後，你隨時可以自在地慢慢喝東西，但要練

習在泳池中快速喝飲料，如果可能的話，最好在5秒鐘內喝到6液量盎司（177毫升）的飲料。透過練習，快速進食會習慣成自然。

　　如果你是馬拉松游泳運動員，保持相對較短的進食時間是很重要的紀律。在馬拉松游泳中，隨著比賽的進行和選手的疲勞或天氣狀況的惡化，補給時間往往會愈來愈長。多花20分鐘或更長時間補給而不繼續前進可能會造成問題，尤其是當風勢加強或你錯過潮汐的情況下。

練習定位

　　練習在泳池中定位和瞄準（見圖6.6），在進行固定的間歇訓練（例如，6×400）時，每四圈抬頭向前看。透過練習，有效的定位可以習慣成自然。當你抬起頭定位時，關鍵是要繼續踢腿，不要讓臀部或腿部下沉。此外要記住，手臂划動的前半部分是向後推水，而不是向下推水，這樣才能在定位的時候保持最大速度。

圖6.6
必須練習在所有條件下，一個人時和成群結隊時的定位能力。
Dr. Jim Miller

你的教練可以在池邊每隔100碼，或每隔幾分鐘在不同位置放置橘色的三角錐。你的目標是快速看到並找到三角錐的新位置（例如，在2號泳道的盡頭，或在6號泳道跳水台的下方）。當你朝反方向游泳時，你的教練可以把三角錐移動到不同的位置。

如果沒有三角錐，但有小型的可攜式配速時鐘，你的教練可以每隔幾分鐘把配速時鐘移動到池邊的不同位置。這個練習的目的是檢查你每100碼的分段時間，不僅要找到配速時鐘本身，還要看到時鐘上的秒針。如果你近視，這可能會很困難，但這種方式確實會迫使你學習如何有效地定位，尤其是在公開水域要尋找遠處的轉折浮球時，因為可能很難看得到浮球。

如果你在第一次嘗試時沒有看到三角錐（或配速時鐘），請不要繼續抬頭游泳。當你為了找到目標，連續數次抬頭游泳時，你的臀部會下沉，速度也會減慢。如果你第一次抬起頭時看不到目標，請把頭放低，再划幾下手，然後再次抬頭。

在你的泳池訓練中加入雙邊換氣（也稱為交替邊換氣），即使你習慣上是偏好左邊或右邊換氣。雙邊換氣將幫助你平衡游泳姿勢，還能讓你在公開水域能確認兩邊的競爭對手、地標和定位點。

逆流泳道

逆流泳道模式最好在沒有水道線的游泳池中進行。在沒有水道線時，游泳池的波浪起伏會變大，更接近於模擬公開水域。不像大家通常都沿著逆時針方向游泳那樣，偶數泳道的泳者可以繼續逆時針游，而奇數泳道的泳者則沿著順時鐘方向游泳。透過這種安排，每個人都會緊鄰隔壁泳道的泳者一起游泳。

繞過浮球來轉彎

泳池公開水域練習最適合用來模擬公開水域的轉彎了，但即使沒有轉折浮球，沿著池底的黑線，你也可以游到泳池的末端來練習公開水域的轉彎。

在不碰牆或不做翻轉的情況下，掉頭往反方向游泳，而且不能蹬牆。以各種方式進行這種無牆轉彎，來練習用各種方式繞過轉折浮球。繞過轉折浮球的方式通常取決於你附近的泳者數量和轉彎的角度（見第九章）。

在第一種無牆轉彎中，在黑線的末端做一個正常的翻身，腳不要碰到牆，快速划幾下手，並配合強勁的自由式或剪式踢腿來增強動力。

在第二種類型的無牆轉彎中，做一個開放式轉彎，你可以扭動臀部，轉身成仰面，用此時相對於浮球是外側的手臂划水一下，加上剪式踢腿，來改變前進的方向（見圖6.7）。

當你以舒適的速度游泳時，每一圈或每隔一圈進行無牆轉身，或者，在你快速游泳時，在最後四圈做無牆轉身，那樣更好。當你游泳速度很快時，無牆轉身會更加困難，因為你的動力會把你帶向與你想去的相反方向。這種訓練模擬了公開水域中的轉彎，因為你必須在不能利用泳池牆壁的情況下改變方向，這正是公開水域中的情況。

圖6.7　繞浮球轉彎

精進跟游的技巧

有很多方法可以練習和模擬在泳池中的跟游和定位(見表6.7),最實用和有益的方法是與夥伴一起進行泳池公開水域的訓練,但你也可以與泳道中的其他泳者以不同的隊形游泳。

你們能依速度分組的方式,一個接著一個地游,這樣你就幾乎碰得到隊友的腳;或者,三名泳者可以在同一條泳道並肩游泳,此時由中間的泳者帶頭,另外兩名泳者在帶頭者的腳、膝蓋、臀部或肩膀的兩側位置跟游。

表6.7 跟游和定位的課表範例

短距離游泳	9×100,每趟1:30,三個人一起游泳,中間的人領先半個身體出發。在前75碼時,跟游者的頭部在中間那個人的腰部,保持這個隊形,直到最後25碼,變成全力衝刺。游三趟後,輪換位置(左邊、右邊和中間依序輪流),讓每個人都能練習到每個位置。
中距離游泳	9×300,每趟4:00,第三、六、九趟快游。緊跟在彼此身後游泳,緊緊跟著對方的腳後跟不放,但以三人為一組,一起漸速游。每趟結束的時間要以最後一位泳者抵達的時間為準。第一位泳者在前三趟帶頭;第二名泳者在中間三趟帶頭;第三名泳者在最後三趟帶頭。
馬拉松游泳	3×1000,三個人一起在同一條泳道上游泳,游直線而不是繞圈游。每個人各帶頭游1000,另外兩個人跟游。甲在乙的腰部旁游泳,乙在丙的腰部旁游泳,三個人輪流帶頭。這種隊形可能很難維持,但這是培養集中精神和位置覺察的絕佳練習。

練習出發和抵達終點

淺水池是練習魚躍式的好地方,因為在岸上出發和抵達終點時要使用魚躍式(見表6.8)。如果你在淺水池(例如,3英尺或1公尺深)游泳,練習魚躍式時,將雙手伸直高過頭頂,以斜角度潛入水中,蹬起身體出水。當你潛到水底時,用雙手抓住(或按住)池底,把腿收到身體下方,然後立即以大約45度的角度蹬離池底,朝向水面前進。

表6.8　魚躍式的課表範例

短距離游泳	10×75，每趟時間1:30，前50趟游正常的自由式，最後25趟游魚躍式
中距離游泳	10×200，每趟3:00，每趟一開始和最後的25游魚躍式
馬拉松游泳	沒有必要練習魚躍式

當你稍微離開水面時，在水面上劃出優美的弧線，同時吸一口氣，然後重新潛入水中。從泳池的一邊到另一邊，重複魚躍的動作。在從底部蹬起身體、離開水裡的過程中，盡可能保持流線型，因為你將躍出水面，重新入水。當你做魚躍的動作時，雙掌重疊，雙臂打直、置於頭的後方。在整個魚躍動作中，用力踢腿，盡可能保持最快的速度，這對你在海洋中比賽要穿過迎面而來的海浪時會很有幫助。當你在淺水池中練習時，你還可以把出發和抵達終點納入到練習項目中，並自己計時，以衡量你的進步。

在短距離和中距離游泳中，泳者通常會對很多人都到達第一個轉折浮球的速度感到驚訝。在泳池練習中模擬比賽出發，與其他兩名泳者在同一個泳道並排衝刺50碼。你愈想變得更厲害，與隊友一起練習這個演練就愈重要。雖然你可能會覺得有點不舒服和擁擠，但這種技巧訓練模擬了鐵人三項和公開水域游泳的狀況。

你可能從未打過水球，但在競爭激烈的公開水域比賽的開始和結束時，你可以像水球運動員一樣思考，保護你的空間，並以防守、進攻，或甚至激進的方式游泳。防守型游泳意味著當你被碰撞或擦撞時，你可以保護你的空間，並維持你的位置，不要因為競爭對手而移動或偏離你設定的定位路線。

進攻型游泳意味著你真的游進或游向競爭對手的空間，通常只有競爭最激烈的游泳選手在游泳或鐵人三項比賽的關鍵時刻才會這樣做。

激進型游泳意味著你故意撞擊，或讓競爭對手游偏到你希望的方向。你仍然可以在不違背運動家精神的情況下，合法地影響競爭對手的定位。就像短道競速滑冰運動員以驚人的速度在溜冰場上穿梭一樣，公開水域游泳運

動員經常會互相碰觸。如果你游得離競爭對手很近，他們很可能會讓開，因而給你帶來優勢。

如果你決定進攻型或激進型游泳，你可能會碰撞、觸碰或擦撞到競爭對手的軀幹、腳、腿或手臂，這樣游需要經驗和技巧，主要原因有兩個：（一）最有經驗或最激進的其他競爭對手同樣會保護自己的位置，並可能以某種方式反擊；並且（二）你必須小心不要阻礙到對手的前進。當然，阻礙對手的前進要取決於解讀和視角，但一般來說，你游得愈激進，你就愈有可能在區域型比賽中讓人產生不好的感覺，或在大型比賽中引起裁判的注意。

若要在泳池中練習進攻型或激進型游泳，有一種方法是與兩名隊友在同個泳道上並肩游泳。你可能會與隊友擦肩而過，你們甚至可能會互相碰撞，但這種肢體碰觸最好在練習中體驗，這樣你就能學會在比賽中不至於感到沮喪或害怕。當你在起點、轉折浮球周圍或接近終點，發生意料之外的肢體碰觸時，你必須做好準備（見圖6.8）。如果你真的想習慣在鐵人三項或大型游泳開始時發生的肢體碰觸，請與同個泳道的伙伴同時並排游蝶式。

圖6.8
繞著轉折浮球激進地行動。
Dr. Jim Miller

當然，如果你只是為了完成一場比賽，或從 A 點游到 B 點，那麼進攻型或激進型的游泳是完全沒有必要的，大多數泳者也都不覺得這樣做會開心。但請記住，激進的游泳選手並不是唯一在公開水域中引發肢體碰觸的人。通常，沒有經驗或定位能力較差的泳者也會因為撞到其他泳者，而讓別人感到挫敗。引發的結果是一樣的，唯一不同的是泳者的意圖。

預期意外狀況：復原你的裝備

意外狀況確實會發生，你可以透過簡單的演練，為不可避免的情況做好準備。你可以游一組 5×200，把泳鏡塞進你的泳衣裡。在每 200 碼的第一圈當中，從泳衣裡拿出泳鏡，並迅速戴上。在你學習如何快速戴上泳鏡的過程中，盡可能接近你正常 200 碼的速度游泳。

如果你在擁擠的比賽中弄丟了泳鏡，要進行更困難的演練，並模擬這時可能出現的混亂和壓力，請在每趟 200 碼開始時戴上泳鏡。在前 50 碼的過程中，摘下泳鏡，讓泳鏡漂浮在泳道上，而你繼續游泳。在第二個 50 碼，找到你的泳鏡，並迅速戴上。透過練習，你會對自己戴上泳鏡的速度感到驚訝。

有時，你會在賽前或賽中與塗滿油脂的參賽者擦身而過，因此不小心把皮膚潤滑劑、防曬霜或羊毛脂沾到自己的手上或手臂上。要為這種怪怪的感覺做好準備，可以故意在你的手和前臂上塗抹一些凡士林來了解這樣的感覺。你也可以在一副舊泳鏡上輕輕擦一點凡士林，學習在視線遭到影響的情況下游泳。

你的泳帽有時可能會在比賽中掉下來，而你會找不到。為了做好準備，即使你是長髮，可以在練習時故意摘下泳帽，並學習沒有泳帽游泳的感覺。

適應公開水域

適應公開水域，特別是如果你是這項運動的新手，需要讓自己熟悉海

洋環境，海洋環境可能非常寒冷、溫暖、波濤洶湧、受到污染或充滿海洋生物。水可能很深很清澈，讓你可以看到底下的一切，也可能恰恰相反。這兩種情況都可能成為心理障礙，與體力挑戰一樣難以克服，而與有耐心、經驗豐富的隊友一起練習將幫助你跨越這些障礙。

適應公開水域還包括學習應對水母和海刺水母；游泳經過水面碎浪、船隻廢氣、漏油、海帶、霧氣、污染物、漂浮物和垃圾，並在海浪、碎浪和水流中比賽。如果你在比賽中第一次遇到這些情況，你可能會感到驚訝、沮喪或驚慌，你的心臟可能會開始狂跳，或者感覺好像漏跳了幾下。為了在這些困難的情況下讓你更安心一點，你可以抬起頭看看周圍的其他選手，停下來游幾下蛙式，或者呼喊水上安全人員。

冷水通常是公開水域游泳中最困難的障礙。適應冷水需要大量時間、精力、犧牲和決心。根據你居住的地點和目標，給自己幾個月的時間，來準備一次長時間不穿防寒衣的冷水游泳。在低於60°F (15.6°C) 的水中進行馬拉松游泳，準備時間通常需要幾個月。這不是一個容易的過程，沒有捷徑。如果合理的話，應在春季盡早開始在冷水中游泳。剛跳進水裡的時候，你可能只能承受1分鐘的冷水。但是持續和頻繁地在冷水中練習，會幫助你自然地適應環境。

溫水游泳的情況則正好相反，你可以偶爾在泳池中穿著防寒衣練習，以模擬在不舒服的溫暖環境下游泳的壓力。

你也可能會被水母螫傷、受到海刺水母的困擾、被海草纏住、碰到漂浮的塑膠袋，或者被船或水上摩托車的排氣嗆到。這種經歷會令人挫敗和不愉快，但好消息是，這種感覺是暫時的，下次你會更堅強，也不會那麼驚訝。

培養策略知識

隨著公開水域游泳的競爭愈來愈激烈，策略知識往往是最容易被忽視的訓練要素。但是，如果你的策略知識提升，就可以有更好的表現，並且更

深入理解在公開水域獲得成功所需要的條件。

策略知識是指你對公開水域比賽動態的理解，因為在比賽中會發生數千種狀況和局面，獲得策略知識是要長期持續的過程，需要數年時間，而且永遠不會結束，因為這項運動和比賽不斷地在發展。策略知識包括了解泳者成群結隊的原因、在比賽中不同的地方（包括直道和轉彎）如何形成集團，以及為什麼這些集團會呈現某些隊形。你可以更深入地了解如何在比賽中不同的地方巧妙地將自己置於集團中，以及補水和補給技巧的重要性。

有些人想贏，但很多人只是想完成比賽，或比以前游得更好。每位泳者的策略知識所包含的資訊範圍都是獨一無二的：在最簡單的層面上，它可以僅包括有關賽道的知識；在最高階的層面上，它也可以包括賽道資訊、如何運用惡劣的天氣、深入了解競爭對手的優勢、劣勢和預期策略。圖6.9說明了在評估你的比賽目標時，策略知識所要考量的層面。

圖6.9　成功所需的資訊範圍。

研究你的表現和對手的表現

許多比賽的影片都被分享在網上，例如YouTube和Vimeo等分享服務平台上。你可以觀看這些影片，了解成功的公開水域游泳選手和鐵人三項選手的策略，你還可以觀看以前比賽的影片來研究你的對手。研究競爭對手在游泳池中的最佳成績；去講習會、訓練營和聽取簡報；你可以直接與頂尖運

動員和教練交談，向他們詢問各種情況的建議。經驗豐富的公開水域游泳選手、教練和鐵人三項選手樂於談論他們的運動，所以通常只需問問題，即可從他們那裡獲得有價值的資訊。

各種運動的運動員都會觀看自己和對手的影片，以學習如何獲得優勢或彌補弱點。例如，最好的賽車手、跑者和自行車手知道自己相對於競爭對手的優勢是什麼，以及何時減速或加速。這些運動員培養了競爭心態和身體素質，使自己能夠獲勝，你也可以在公開水域的領域中這樣做。

在你跳入水中之前，學習如何處理游泳過程中可能發生的各種情景。這種策略知識會隨著經驗的累積而產生，並會增強你的信心。每場比賽結束後，進行賽後分析，客觀地思考和回顧自己的表現。

融入其他泳式

對公開水域泳者來說，能夠游得夠直是最好的資產之一。除了雙邊換氣和高效的自由式泳姿外，你還可以在泳池游泳訓練中加入蝶式、仰式、蛙式和個人混合式等練習項目來幫助自己，讓動作更加對稱。

把其他泳式納入你的訓練有以下好處：

- 蝶式增強肌肉力量，對腹肌有益，而且是具有挑戰性的有氧運動。

- 蝶式和蛙式需要雙側對稱，左右兩邊以相同的節奏一起移動。因此，這些泳式有助於建立更多的肌肉對稱度。

- 仰式長期下來也會增強雙側的動作對稱。當你與其他泳者共用水道線時，出於需要，你會很快學會用仰式直線游泳，不然會撞到別人。

- 因為仰式可以被看作是自由式的倒轉，使你的手臂和腿部肌肉朝反方向運動，從而增強整體力量。

- 仰式中的臀部滾動可以改善你在自由式中的臀部滾動。

- 如果你的自由式踢腿相對較弱，練習其他泳姿，尤其是仰式，可以增強腿部力量。此外，許多游泳運動員在仰式中的踢腿次數往往比游自由式多。

- 學習和練習所有的泳式可以幫助你更加覺察身體在水中的運動方式，這將幫助你的自由式進步。

- 個人混合式（蝶式 + 仰式 + 蛙式 + 自由式）的訓練項目在有氧運動中具有挑戰性。在個人混合式中，最後一段自由式快游，這是練習終點衝刺的絕佳方法。

- 透過結合其他泳式，你可以為泳池訓練增添豐富的變化，同時讓你減少對划手板、夾腳浮球和浮板的依賴。

以下是一些個人混合式（individual medley，順序為蝶式、仰式、蛙式、自由式，簡稱IM）的練習項目：

- 100 IM ＋ 200 IM ＋ 300 IM ＋ 400 IM
- 100 IM ＋ 200 IM ＋ 300 IM ＋ 400 IM，四式的順序相反（即，變成自由式、蛙式、仰式、蝶式）
- 1×25 自由式輕鬆游＋1×25 蝶式用力游
- 1×25 自由式輕鬆游＋1×25 仰式用力游
- 1×25 自由式輕鬆游＋1×25 蛙式用力游

- 然後在第二組時，把快速游的25公尺增加到50公尺；在第三組時，增加到75公尺；在第四組時，增加到100公尺。
- 5×100，第一個25公尺的第一個蹬牆動作是一個水下的大蛙划手或兩個水下蝶腿或仰蝶，接著游自由式。第二個25公尺出發的蹬牆是兩個水下的大蛙划手或四個水下蝶腿或仰蝶，接著游自由式。第三個25公尺出發的蹬牆是三個水下的大蛙划手或六個水下蝶腿或仰蝶，接著游自由式。第四個25公尺出發的蹬牆是四個水下的大蛙划手，或八個水下蝶腿或仰蝶，接著游自由式。

用腹部訓練來加強核心

在公開水域游泳時，你需要強壯的核心，來協助身體的姿勢和划水的效率。以下這套訓練將幫助你鍛鍊核心，尤其是當你游抬頭自由式時，從核心出力打水，雙腳保持較小的幅度，並保持流線型的身體姿勢和強勁的踢腿：

- 1×25 仰蝶＋1×25 抬頭自由式
- 2×50 仰蝶＋2×50 抬頭自由式
- 3×75 仰蝶＋3×75 抬頭自由式
- 4×100 仰蝶＋4×100 抬頭自由式

學習如何直線游泳

直線游泳不僅僅是在公開水域中能夠清楚或頻繁觀察方向的能力而已。直線游泳需要流線型的身體姿勢和平衡、對稱的自由式泳姿，這些都必須在練習中不斷下工夫。如果你沒有游直，找出你是偏左還是偏右，以及偏移的程度。

在公開水域進行一系列簡單的自我測試，可以顯示出你是偏左游，還是偏右游。從海岸線附近開始，找出你身後和前方的一兩個地標作為參考點，例如建築物或碼頭。閉上眼睛，划水50到100下，游出岸邊。盡量游

直。停下來後，記下你所在的位置，並確認你相對於起點的位置。以不同的速度（慢速、中速和快速）重複這個測試幾次。你會知道你會自然地偏右，還是偏左。一旦你了解了自己正常會偏的方向，就重複測試，找方法來補救，看看你是否游得更直。每隔幾個月重複這個練習，以確認你是否正在提高你的定位能力。

學習正確的定位

直線游泳需要定位，也就是抬起頭來快速看一眼前方的賽道。以下是定位的基本要點：

- 把定位融入你自然的划水節奏中。
- 定位時，略微增加踢腿的力道，以支撐頭部和上半身。
- 每次定位時，都向一邊換氣。
- 尋找地標、樹木、轉折浮球、碼頭、建築物、中間的浮標、救生艇或其他泳者，以便腦海中有一個要游向的地方。
- 根據你看到的情況來調整方向。

定位時，向前抬起頭，捕捉腦海中的畫面，然後把頭轉向一邊換氣，直到泳鏡剛好露出水面時才抬起頭。當水面有很大的碎浪或大浪時，這可能無法做到。如果你因為波浪、船隻或水面碎浪而看不到你要去的地方，請不要停下來或繼續抬頭游泳。而是把頭放回水中，再划幾下，然後再觀察方向。如果有波浪或水面碎浪嚴重，請算好時機，在浪頭上進行定位，而不是在波谷裡，因為在那裡你的視線會被擋住。

請記住，每次定位時，你的頭部、臀部和腿都會稍微下沉。要了解定位對游泳速度的負面影響，請比較你的正常比賽時100公尺自由式時間，和每25公尺就定位一次游100公尺自由式的時間。針對不同年齡和能力的泳者來檢視這個測試，結果發現，許多泳者在定位游100公尺時至少慢了兩秒，相

當於每次定位要多花 0.5 秒。如果你是一名普通泳者，如此頻繁地定位會使 2.4 英里(3.9公里)的鐵人三項的游泳賽段增加 1 分 24 秒。

▪ 減少費力的抬頭動作

在比賽中你一定需要定位，但如果你能游得相對筆直，並限制觀察方向的次數，你就可以節省時間和精力。如果你平均每 25 碼定位一次，那麼你在 2.4 英里(3.9公里)的鐵人三項游泳中，將大約抬頭 169 次。如果你每 15 碼定位一次，正如許多泳者所學的那樣，那麼在 2.4 英里(3.9公里)的游泳中，你會抬頭 282 次。

如果你的頭部重量是 11 磅(5公斤)，那麼在 2.4 英里的游泳過程中，如果你每 25 碼定位一次，理論上你將總共舉起相當於近 1 噸(2000磅，或907公斤)的重量；如果你每 15 碼定位一次，則在游泳過程中相當於總共舉起 1.54 噸(1,397公斤)的重量，這會是很重的負擔。如果你盡量減少定位的頻率，你就可以把體力用於公開水域游泳的其他動作。

▪ 利用不同的定位方法

向前看並不是你在公開水域中唯一可以使用的定位方式。在自然換氣過程中，你還需要向左邊和右邊看。當你換氣時，你可以用周圍的視線，輕鬆地從兩邊的泳者和地標中獲得定位線索。另一種選擇是向斜前方看或向斜後方看來定位。對於斜向觀察方向，你不必完全抬起頭，只需稍微調整一下頭部和視線範圍即可。

你還可以先向前看，然後向後看，來好好地了解自己的位置。或者，快速翻身仰臥，在你看後方的時候，划一下或兩下手，如果你是要在有海浪的情況下游回岸邊，這會是一個有用的動作。清楚地知道你要去的地方和你來的地方，肯定會讓你更明白自己的位置。

賽前準備

要游得直，你必須在下水之前了解賽道。了解所有可能的地標和賽道浮球的位置，以及賽道上浮球的數量、大小、位置和顏色。你還需要知道比賽中每一點到岸邊的大致距離，以及即將到來的水流或潮汐的方向和大概的強度。

詢問比賽主辦單位是否會有前導船，或者帶頭泳者是否會盲泳（即沒有戒護船）。當有前導船或小艇時，大家都會游得更直。相反，如果沒有，泳者必須自己定位賽道。

如果你與海岸線平行游泳，請了解是否有任何旅館、房屋、建築物、救生員瞭望塔、高層建築、碼頭或小船可以用來估算你游過的距離。例如，若你知道在半程標誌附近有一個救生員瞭望塔，這將幫助你在比賽中掌握自己的節奏。如果你在來回的賽道中，要返回岸邊完成終點，請知道轉折浮球、可見地標和終點線之間的相對角度。這個資訊可以提供有用的線索，讓你可以在整個比賽中三角定位你的位置。

運用各種天氣情況

游出最佳狀態需要以上所述的一切：具有好的動作和全面的賽道知識。此外，你應該要知道如何最佳利用風、水面碎浪、海浪、水流和潮汐等天氣情況。即使風、海浪和水流對你不利，也要利用它們讓你在競爭中相對占據優勢。如果風、浪和水流的移動方向與你游泳的方向相同，請充分利用它們。

有時你可能會想偏離直線賽道，來利用這些自然的條件。例如，如果海浪以一定角度撞擊你的右臂，當你感覺到海浪把你往前推時，可以把你的路線稍微向左偏移。即使你沒有沿著直線前進，也可以利用海浪的力量使你更接近、更快到達目標。然後，在湧浪的波谷中，重新修正路線，直接朝向下一個轉折浮球。即使你暫時稍微偏離賽道，也要繼續利用這些湧浪，你隨時都可以在湧浪之間進行校正的。

由於風、海浪、海流或潮汐拉力而造成的表面碎浪，極不可能與你的直

線賽道平行或垂直。知道了這一點後，要像水手一樣思考，對各種天氣因素進行補救。例如，如果水流和水面波浪以45度角撞擊你，請調整你的方向，以便你從一個定點到另一個定點，或從轉折浮球到另一個轉折浮球之間的游泳過程達到最佳效果。

補救和定位

在公開水域中，對各種天氣情況的定位補救有多種形式。當你快游到岸邊時，海浪推著你，但你還沒有完全到達終點線，此時繼續借助海浪的力量來抵達終點，會讓你更快地到達岸邊。一旦你到達岸邊，立即奔向終點，因為在陸地上跑，會比在海裡游泳更快。

如果你在碼頭、防波堤或海堤附近游泳，可以稍稍偏離直線的路徑，這樣往往能帶來更好的效果。與其他地方相比，水沿著碼頭、防波堤或海堤的流動速度通常最快。即使這條路線不是到達終點或下一個轉彎處的最直線路徑，也要利用沿著快速流動的水道游泳。

河流中或沿海岸線的水流速度通常會隨著水深的增加而加快。如果你知道河流或海洋通道比平均水深更深，你可以偏離直線路線，利用這些更快的水流。

提高你的定位能力

對於天氣狀況進行補救的能力取決於你的定位能力。對於某些泳者來說，在公開水域進行補救已經是習慣成自然，但對有些人來說，則還不太適應。如果你屬於第二類，那就透過經驗和觀察來練習和學習。在有波浪、水面碎浪和水流的惡劣水域中練習。請你的教練把你的訓練游泳和比賽錄影下來，這樣你就可以分析自己的定位能力。如果你只在水面平靜的時候練習，那麼在比賽當天面對惡劣的條件，會讓你沮喪和失望的。

在比賽中獲勝

在比賽中獲勝是公開水域游泳的最終競爭方式，但不一定是每個人的目標。贏得比賽可能是與競爭對手握手和擁抱，甚至是數千美元的獎金。但正如加州大學洛杉磯分校著名的籃球教練約翰·伍登所說：「成功是一種內心的平靜，而能夠達到這種自我滿足的境界，是因為你知道自己在每一方面都已經盡了最大的努力，毫無保留。」

CHAPTER 7

準備中距離游泳比賽

　　自葛楚‧艾德勒（Gertrude Ederle）於1926年橫渡英吉利海峽，為這項運動贏得全球讚譽以來，公開水域游泳正在經歷一場前所未有的革命。

　　近年來鐵人三項運動的興起，引入數百萬的多項運動耐力選手開始參加公開水域游泳，除此之外，2008年北京奧運會推出了10公里的馬拉松游泳項目，以及2012年倫敦奧運會在海德公園和2016年里約奧運會在科巴卡巴納海灘均設置了引人注目的10公里賽道，這些賽事催化了這項運動在全球的發展。因此，世界各地的水域開始舉辦中距離的游泳比賽，選手參加各種點對點和環狀賽道的比賽，水溫從低至55°F（12.8°C），到高至85°F（29.4°C）不等。

　　對於一些泳者來說，他們的主要目標只是要完成中距離的游泳比賽，但對於愈來愈多以競賽為目標的游泳選手來說，思考如何有出色的表現非常重要，本章主要是針對這些競賽選手所編寫的。

結合公開水域成功金字塔

要想在中距離比賽中表現出色，需要採取策略性和全方位的全年訓練方法，所以結合第六章中概述的公開水域成功金字塔，對於建立全方位的訓練計畫極為重要。

儘管環境條件（例如冬天）和行程問題（例如，無法進入公開水域）可能會使你在一年中的某些月份無法完全整合所有的金字塔元素，但只要情況允許，訓練時都應該涵蓋到每個領域。至少要在每週的訓練中融入不同的元素，因為這些技巧會在你比賽中的某個時刻派上用場。

專注於這個金字塔的元素，可以增加訓練課表的創意，並使公開水域游泳有全方位的訓練，這種創意將消除過度依賴基本訓練和距離承受度可能帶來的無聊。例如，如果你在泳池訓練期間訓練距離承受度，則也能同時進行技巧訓練（例如，定位和補給），方法是在 4×1,000 公尺依速度分組的練習中，每四圈就定位一次或兩次，並每 1,000 公尺進行一次補給。

基本的比賽風格

儘管每場比賽和水域都是獨一無二的，但世界級水準的比賽有四種基本的比賽風格。每種風格都是以成就卓越的運動員所屬國家命名：荷蘭風格、俄羅斯風格、英國風格和德國風格。

無論你是世界級選手還是新手，都可以採用其中一種比賽風格來搭配你的體能和實力。最重要的是，確定你的比賽風格將幫助你決定訓練目標，這樣你的訓練就更有目的性了。

荷蘭風格

荷蘭風格以世界冠軍和 2008 年奧運金牌得主馬騰‧范德維登為代表。范德維登從白血病中康復，並戲劇性地贏得了 2008 年北京奧運會 10 公里馬

拉松游泳比賽的冠軍，他在比賽的初期處於落後狀態，結果以極快的最後衝刺，穿過領先隊伍，因此出名。

採用荷蘭風格的泳者在比賽的前半段會比較輕鬆游，他們待在領先隊伍的後面，避免衝突，並在後面跟游，保留體力和心力。他們從策略角度思考自己的位置和速度，了解競爭對手的傾向和能力。他們是有耐心和策略的思考者，巧妙地等待時機，到比賽的後期階段才衝到前頭。他們會在比賽中充分補充水分，等其他人開始沒力時，他們會有力氣快速衝刺。

在體能上，荷蘭風格需要紮實的基本訓練，並結合頻繁的速度訓練和全面的策略知識，了解自己的優勢和競爭對手的弱點。荷蘭風格需要泳者在比賽中不斷觀察和修改自己與對手的相對位置。這是一種相對冒險的風格，因為在整個比賽中保留體力可能會導致在最後衝刺時為時已晚。

荷蘭風格需要耐心和驚人的最後速度，最適合愛動腦的游泳運動員，他們在穿過隊伍，游到公開水域的前方過程中，喜歡策略性地移動。

俄羅斯風格

俄羅斯風格的代表是多次世界冠軍和奧運金牌得主拉莉莎·伊琴科，她在2004年至2008年間參加世界錦標賽，並保持不敗的紀錄。她以在整個比賽中保持第二名位置而聞名，然後在比賽結束時戲劇性地衝刺獲勝。

使用俄羅斯風格的游泳運動員通常在帶頭者身後保持一個身長的距離，與帶頭者的差距很少超過兩個身長。他們不斷地緊跟在帶頭者的腳後面，模仿帶頭者的每一個定位動作和速度變化，積極地保護自己在隊伍中的位置。他們有效地在帶頭者後面跟游，並且在很大程度上依賴帶頭者來導航，相信那個人的判斷。如果帶頭者向左轉，他們也向左轉。如果帶頭者加速，他們也會加速。如果帶頭者放慢速度，他們也會放慢速度。這種風格需要敏銳地意識到周圍的游泳選手，並有高水準的體能耐力。俄羅斯風格的泳者透過跟隨前方的帶頭者，消除了定位方面的擔憂，基本上使比賽成為兩人或三人的競爭，而不是與成群的眾多游泳運動員比賽。

在體能上，俄羅斯風格需要紮實的基本訓練，並結合頻繁的速度訓練和技巧訓練，尤其是跟游和定位的技巧。使用俄羅斯風格的游泳選手具備精熟的策略知識，了解競爭對手的優勢和劣勢，以及比賽的動態狀況，他們在等待最佳時機，做出最後一擊，所以必須伺機而動和運籌帷幄。

俄羅斯風格需要選手對自己的衝刺速度充滿信心，並且對時機有敏銳的感覺，最適合喜歡控制局面的領導型選手，他們可以出其不意，超越競爭對手到達終點。

英國風格

英國風格的代表是世界冠軍和奧運銀牌得主凱麗安・佩恩（Keri-Anne Payne），她以早期衝刺領先而聞名。她在整個比賽過程中為參賽者設定速度和方向，同時有足夠的速度在到終點時擊敗所有人。

採用英國風格的游泳選手會衝刺到最前面，對自己能夠為全場設定節奏有極大的信心。他們無所畏懼，因為他們不斷向前推進速度，並對自己的定位能力充滿信心，他們的領先地位可以免去在人群中游泳的肢體碰觸和心理壓力。即使沒有獲得跟游的好處，他們也會從獨自游泳並專注於自己的節奏、動作和策略，而不必對他人做出反應，從而節省體力和心力。

英國風格的游泳選手知道其他參賽者會直覺地跟隨他們的方向和速度。透過掌控了比賽節奏，他們還有效地消除或減少了在比賽尾聲時被超越的威脅，並將比賽變成了兩人或三人的比賽，而不是與更多對手進行更冒險的比賽。

在體能上，英國風格需要紮實的基本訓練，並結合頻繁的速度訓練和針對特定比賽的訓練，以涵蓋各種動態的比賽狀況和局面。英國風格需要勇氣和信心，並專注於內在，因為採用這種風格的選手在沒有對手幫助的情況下，要獨自游泳。

英國風格需要極高的體能和熟練的定位能力，最適合耐力型選手，他們喜歡在比賽中成為行動的催化劑，從一開頭就取得領先，一路游向勝利。

德國風格

德國風格的代表人物是多次世界冠軍和奧運獎牌獲得者湯瑪斯·盧爾茨（Thomas Lurz），他以在比賽的最初階段利用跟游而聞名，然後逐漸向領先集團的前方移動，直到比賽的最後四分之一。當他感覺時機到了，他會衝到前面，開始一段相對較長的衝刺，直到終點。

德國風格是一種混合策略，在比賽的前半段使用荷蘭風格，在比賽中間使用俄羅斯風格，在比賽的後期使用英國風格。採用這種風格的游泳運動員，在前半段要有耐心，在中間部分要有策略，在最後階段要勇敢領先。

一旦他們移動到前面，通常在比賽距離的70%到85%之間，德國風格的游泳選手就會全力投入，一直領先，直到終點。在快速取得領先位置後，他們不打算放慢速度，並且相信會把競爭對手甩在後面。他們可以好好地辨認方向，並且能夠在前頭推動比賽的節奏。一旦處於領先地位，他們就可以享受清空的水域，並且可以避免在比賽後半段因為在隊伍裡游泳而帶來的肢體碰觸和心理壓力。

德國風格是整個賽場最後衝刺的催化劑。如果他們在還剩2公里的情況下衝刺到最前面，那麼對於其他人來說就是一場2公里的衝刺。如果他們在剩下3公里時發動攻勢，那麼就會變成一場3公里的衝刺。在距離終點這麼遠的地方加快速度，他們有效地使比賽成為一場兩人或三人的比賽，而不是等剩下短距離時，才與更多參賽者進行衝刺，因為這樣風險更高，會有出錯的可能。

在體能上，德國風格需要紮實的基本訓練，結合頻繁的速度訓練和針對特定比賽的訓練，以涵蓋各種動態的比賽狀況和局面。德國風格需要勇氣和信心，一旦進入領先位置，就會全力以赴，第一個抵達終點。

德國風格需要在極高的體能水準和快速的最後速度之間取得平衡，並具備精熟的定位能力，最適合策略型耐力高手，喜歡在比賽中成為行動的催化劑。

你的最佳比賽風格

根據你的目標和比賽的競爭程度，訓練項目要能反映和精進你所選擇的風格。在你職業生涯的早期或賽季初期，嘗試找出最適合你的方法，以及適合你的能力和個性的比賽風格。你可能更喜歡游在競爭對手的前面、游在帶頭者附近，或者從後面迎頭趕上。所有風格只要能獲得成功，都會令人感到刺激和愉快。下面的表7.1列出了每種風格的特點、要求、優點和缺點，以及使用的時機。

你的體能程度、賽道的配置和競爭對手決定了你游泳比賽的方式。如果你的身體狀況很好，但你不能像對手一樣快速地衝刺，那麼要加快你的配速，這樣更快的對手就無法超過你。另一方面，如果你對自己超越對手的能力充滿信心，或者如果賽道有很多轉彎，那麼等待後面階段再從後頭快速接

表7.1　比賽風格的比較

比賽風格	選手範例	特點	要求
英國風格	奧運獎牌得主和世界冠軍凱麗安·佩恩	從一開始就游在最前面，全程領先。	需要耐力和高超的定位能力。
荷蘭風格	奧運金牌得主和世界冠軍馬騰·范德維登	在比賽的最後階段突然加速，後來居上。	需要很好的時機、耐心和極佳的衝刺速度。
俄羅斯風格	奧運金牌得主和多次世界冠軍拉莉莎·伊琴科	在其他帶頭者後面跟游，在最後關頭用短距離衝刺超越對手。	需要速度、對競爭對手的察覺能力和強勁的體力。
德國風格	奧運金牌得主和多次世界冠軍湯瑪斯·盧爾茨	在隊伍中跟游，在最後關頭強而有力地衝刺一長段距離，超越對手。	需要出色的耐力和最後衝刺的速度。

近終點，可能更適合。你也可能根據競爭情況的需要，在比賽中途轉換風格。

在選擇比賽風格時，賽道的配置也是一個考慮因素。在點對點的湖泊賽道上，幾乎沒有定位地標或轉折浮球，在前面階段就領先的英國風格可能是一個不錯的選擇。在這些情況下，體能條件最好的泳者可以快速衝出，並保持領先優勢。另一方面，在環繞島嶼或河流中的環狀賽道中，先待在後頭伺機而動的荷蘭風格可能是你的最佳選擇。在這些情況下，具有策略智慧的游泳選手會自己發揮優勢。

每季的比賽次數

經驗豐富的中距離游泳選手每年都會參加幾次不同距離的游泳比賽，有些比賽是在國內南征北討或出國旅行，所以必須考慮調整時差的問題。

優點	缺點	使用時機
由於很少或沒有與競爭對手肢體碰觸，因此可以節省體力。設定領先隊伍的速度和方向。	沒有享受到跟游或定位的幫助，競爭對手則會透過跟游和保存更多體力用於最後的衝刺而受益。	如果從最後一個浮標到終點，是一段很長的直線距離和前面有戒護船帶領的時候。
因為在領先隊伍中跟游，把時間花在好好補充水分，節省了體力，並減少心理的壓力。	如果沒有跟上帶頭者則有風險。有時，落後太多，就無法追回了。	環狀賽道，因為隊伍往往會在轉折浮球周圍擠成一團。
因為與帶頭者靠得很近，可以節省體力，並減少定位上的煩惱，這種策略可以形成兩到三人的比賽局面。	不斷需要保護自己的位置，並與領先泳者保持很近的距離。	在所有條件下都有用。
在比賽的大部分時間裡保留體力，並在最後的距離才衝刺，將所有的體力釋放。	需要在最後的1~3公里能夠在領先隊伍中快速游泳。	如果從最後一個浮標到終點，是一段很長的直線距離，而且前面沒有戒護船帶領的時候。

只要你有訓練和充分的恢復，你就可以在一年中參加多場比賽，並表現出色。事實上，透過每次的公開水域游泳，你都會更加了解競爭對手和自己的潛力。

海象

在海洋賽道中，自然變化的環境可以讓全體參賽者措手不及。當出現意想不到的大浪或強流時，你可以使用俄羅斯或英國風格游向前頭，讓成功的機率提高到最大。反之，如果天氣和風勢平靜、水面如鏡，你可能需要採取不同策略。

極端的水溫

如果水溫不尋常地寒冷或意外地高，你可能無法像正常情況下那樣衝刺。在這些情況下，由於你後來居上的能力可能會降低，因此在整個比賽過程中與帶頭者保持近距離變得極為重要。此外，在這兩種極端溫度條件下，更頻繁地補水和補給都會讓你的最後衝刺可以更快。

轉換速度

如果你後段的速度很快，尤其是相對於你的競爭對手，那麼後段快速的荷蘭和俄羅斯風格是你最好的選擇。這些風格需要你提高衝刺的能力，以便在比賽後段可以大幅加快你的速度。你的踢腿將幫助你強而有力地向前移動，因此請在練習中加入頻繁、挑戰性高的有氧踢腿動作。在泳池訓練期間，進行長距離訓練以增強耐力，但請記住，快速轉換到另一個速度水準的能力也很重要。

要使荷蘭和俄羅斯比賽風格得以成功，你需要確信自己可以在500公尺以下的距離內，都能超越競爭對手。要培養速度和信心，在還剩200公尺、50公尺和5公尺的時候，相信自己是水中最快的選手，所以要學會在水中轉換速度的方式。

在2008年奧運會10公里馬拉松游泳比賽中，男子選手在全球定位系統標記的10,000公尺賽道上，平均每百米時間不到1分08秒，但據估計，前三名在最後500公尺，每百米平均時間為1分03秒。在同樣10,000公尺的賽道上，女子選手每百米的平均成績不到1分12秒。然後，她們轉換速度，在兩小時的比賽接近尾聲時，估計以每百米1分08秒的速度完成比賽。

導航船

在賽前的簡報中，詢問比賽主辦單位賽道上會有多少公務船、小艇、水上摩托車或搖槳和它們的位置，詢問最快的選手是否會有前導船護送，尤其是在運動員集合的時候，不要害怕追問精確的回覆。確認賽道上的水上交通工具是否會帶領泳者游最佳的點對點路線，或者前導船只是開在領先隊伍附近，而不會考慮最佳的路線，這會是一個重要但微妙的區別。當然，如果你的比賽允許個人的小艇隨行，那麼你的工作就會容易得多，因為你可以依靠自己的護送人員。

如果領先的泳者在定位方面得到前導船或小艇的幫助，那麼領先的泳者將獲得優勢，因為定位問題已經被有效地排除，不是比賽的關鍵了。一般來說，追趕上那些在前導船護送幫助下游泳的人，比追趕靠自己定位的游泳選手更加困難。

如果沒有帶頭導航的船，那麼泳者就要靠自己的定位技術了。這對那些具有較高定位能力或熟悉賽道的人提供了明顯的優勢。在海洋賽道或標記較少的賽道上，泳者往往會選擇略有不同的路線到達終點，這增加了定位影響比賽名次的可能性。

由於水域和賽況眾多，所以不可能對你可能遇到的每一種情況都提出建議。任何一場比賽的變化都是無法預料的，但你可以從每場比賽中學習，並隨著你的經驗增加來預測不同的情況。

陸上的賽前準備工作

在你下水之前，你將有很多事情要做，陸上所進行的活動必須納入賽前準備和時間管理中。隨著所有這些活動的進行，你站著和走來走去的時間可能會超出你的預期。

在比賽前，主辦單位會在你的手臂、肩胛骨和手背上寫上你的比賽號碼。這些數字用於監管你的進度、向觀眾宣布你的位置，並告知你是否在比賽期間違反規則。

在重大比賽中，主辦單位會檢查你的指甲和腳趾甲的長度，因為很多運動員被抓傷和割傷過。如果主辦單位認為你的指甲或腳趾甲太長了，你會被要求修剪到可以接受的長度。大型比賽不允許佩戴首飾和手錶。另一方面，在業餘比賽中很少會監管參賽者有沒有戴首飾和指甲的長度。

在報到時，你還可能會拿到計時晶片，這是要繫在你的手腕或腳踝上。由於計時晶片在游泳時可能會脫落或甩動，因此請把計時晶片的帶子牢牢地黏住，以避免這些問題。

你可能需要參加賽前的簡報。根據情況，簡報區可能會擁擠且混亂，炎熱潮濕，或寒冷刮風。賽前說明很重要，尤其是提到由於天氣或意外的後勤安排問題而產生了賽道的變化時。要非常仔細地聽，如果有任何不清楚的地方，請提出問題。

在大多數比賽中，運動員的出發位置是隨機的；然而，有些比賽會根據時間、性別或其他因素來分配運動員的出發位置。要知道哪些參賽者出發時速度快，哪些參賽者的肢體動作大，以及根據水溫和狀況可以保持什麼樣的速度。

隨著比賽接近出發時間，主辦單位的人員往往會變得更加緊張，但在比賽開始前一兩個小時，你可能可以輕鬆地和他們私下接近。知道裁判是誰，這是你策略知識的一部分。詢問他們有關水溫的問題，確認轉折浮球的數量和位置。尋找那些幫助設置轉折浮球，還有明顯參與比賽運作的官員和救生

員。這些人通常是當地居民，經常參與公開水域游泳或海上運動，他們大多都非常了解當地的情況，並且會真誠地樂於分享賽道和海象的資訊。

如果是在海裡游泳，可以沿著岸邊走走，或是走到附近的碼頭或防波堤上面，從不同的有利位置觀察海浪狀況和水流。一旦你對情況有了很好的了解，就開始熱身，特別注意賽道上各個環節（如起點、轉折浮球和終點）之間的視線。

熱身的長度和時間取決於你的感覺和浮標的位置，尤其是最後幾個浮標。除了熱身之外，你還應該在心裡記下你在水中看到和感覺到的一切。請自己回答以下問題，並把這些資訊納入你的比賽策略：

- 相對於起點，第一個浮標在哪裡？
- 相對於終點，最後一個浮標在哪裡？
- 中途是否有浮標？
- 有多少轉折浮球？
- 轉折浮球是否有編號？
- 中途的浮標是作為選擇性的引導浮標，還是作為正式的賽道標記？
- 中途浮標的顏色是否與轉折浮球不同？
- 轉彎的角度是多少：45度、90度或180度？
- 是否有明顯的地標，可以讓你在水中時定位？
- 是否有哪個地方水是淺的？
- 沿著海堤、防波堤、碼頭或河流中較深的水道，水流是否更快？是否有任何沙洲或珊瑚礁會影響水流？
- 如果是的話，哪裡的水流最好？
- 風往哪個方向吹？
- 是否有海洋生物？如果有，是什麼類型的呢？
- 終點的觸碰感應板有多高？
- 比賽中還有哪些變數？

最後幾個轉折浮球和終點的位置很重要。一些長於5公里的比賽終點在水中，因此不需要擔心在終點處要採用魚躍式游泳或應付海底坡度的問題。一些比賽的終點是在浮動平台上設置精密的計時系統，而有的比賽則是兩個人拿著一根繩子來代表終點線。如果海浪很大或風很大，終點可能會稍微移動，尤其是當一大群人一起進入終點賽道時。

如果有終點賽道，請與主辦單位確認你是否必須游在終點賽道內，還是只要你好好地穿過終點線，就算沒有游在終點賽道內也是可以的。

補水和補給

比賽前的水分補充非常重要。在任何比賽之前，你的尿液應該是清澈的或只是淡黃色，這代表你的水分充足。

適當的水分攝入量和最有效的補水方式因人而異，需要時間和實驗來確定。在較長時間的泳池和公開水域訓練期間，嘗試不同的飲料攝入量來確定最適合你的方法。

在比賽前，確保你有充足的水分，並好好吃頓飯，但不要喝太多水或吃得太飽。在你第一次進行中距離游泳之前，你可能會感到特別緊張，因此在當天早上你可能沒有什麼胃口。至少要吃點水果或能量棒，讓你的身體除了昨晚晚餐之外，還有其他東西可以提供能量。

訓練建議

高海拔訓練

在高海拔地區訓練的目的，是引起身體的生理變化，提高你在海平面上的有氧能力，這些變化將包括提高你的攜氧能力和提高對缺氧的耐受度。

最佳訓練高度在海拔6,500至8,200英尺（1,981至2,500公尺）之間，高海拔訓練應持續至少五天，最好為期三到四個星期。研究顯示，高海拔訓練的效果因運動員而異，在一些運動員身上效果可以持續長達五週。其他研究顯示，高海拔訓練結束和比賽之間的理想間隔是一到兩週。

失眠

高達50%的人受到失眠的影響。在公開水域游泳世界中，失眠也是一個非常真實的問題，尤其是在比賽的前一天晚上。

儘管大多數耐力運動員在他們最辛苦的訓練階段都可以睡得很好，但許多人表示，他們在個人獨游和比賽前後都有睡眠問題。睡眠是從大量訓練中好好恢復的關鍵要素，無論運動員是學生、上班族，還是家長，在忙碌的日常生活中都該珍惜有好的睡眠品質。許多晨泳或週末長距離游泳的泳者經常覺得需要在一天當中或進食後小睡一下。

在比賽前一天，通常冷靜沉著的游泳運動員也可能變的緊張焦慮。一項全球調查，針對來自八個國家和各年齡層有經驗的中距離和馬拉松游泳運動員——從青少年到半百社團成員（Half Century Club，50歲以上完成世界重要馬拉松游泳大賽的游泳運動員）——顯示了在重要游泳比賽之前會有失眠的普遍現象。很明顯，大多數游泳運動員在公開水域比賽前一晚都睡不好。可想而知，解決辦法是在比賽前一週好好睡覺。

保持冷靜、沉著和鎮定

你可以想像比賽可能出現的所有問題，或者可能一切順利。如果你擁有建立在多年訓練基礎上的內在力量，並且相信你已盡一切可能，在身心上做好準備，那麼你會表現得很好。

但是，如果你是這項運動的新手，那麼在比賽的前一天晚上和比賽的早晨，會感到緊張是很自然的。還好，隨著你累積更多的經驗，賽前的緊張情緒會逐漸減少。

你可以透過多種方式處理緊張情緒。如果可以，請在比賽日之前，在一天中的不同時間在賽道游泳。根據日照量和水域狀況（而且沒有設置轉折浮球），賽道可能看起來可能略有不同，你希望在各種狀況下都能適應。此外，你可以在比賽日之前租一艘小艇或小船來研究賽道。如果有機會，用步行或騎自行車的方式遊覽整個賽道也很有幫助。

想一想比賽的所有變數，想像自己順利完成比賽，並享受挑戰。想像一下撞到東西（另一名泳者、木頭、海草、水母或垃圾），並深呼吸以冷靜下來。你可以做好心理準備，來建立信心。

為比賽日訓練減量

訓練減量是指在重大比賽之前的訓練期間，你要減少每天的游泳量和強度。減量的目的是在漫長的訓練季節後進行休息，以發揮最佳表現。每個運動員的減量期間都不同，可以從一到兩週不等。

在減量期間，減少每天的游泳量和強度；進行更多的公開水域訓練（公開水域適應）；微調你的補給、跟游和定位計畫（技巧訓練）；並了解更多關於賽道和競爭對手方面的資訊（策略知識）。

減量期間也是在比賽日之前增加碳水化合物和飲料攝取量的理想時間。如果你的比賽在海外或在國內很遠的地方，請購買額外的飲料（最好是粉末狀）和能量果膠，以便隨身攜帶。不要預設你可以在比賽舉行的地區購買到你喜歡的產品。

訓練建議

中距離訓練的生理狀況

在保持一定的速度下，你消耗的氧氣愈少，游起來就愈省力。因為用你最常訓練的那個速度來游泳會是最省力的，所以盡可能以比賽的速度進行訓練，以提高你在該速度下的效益。以比賽速度進行快游訓練，並結合速度增加的爆發力，你將提升自己的表現。

在比賽的不同階段，你需要迅速加速。把高強度的耐力與短時間內衝刺的能力結合起來，這是你必須在泳池和公開水域訓練中不斷努力的挑戰。

練習定位

在比賽前，從各種來源收集盡可能多的資訊。要假設水面碎浪和浪花

會使視線和定位變得困難，所以你要研究賽道地圖。在比賽期間，你將根據賽前知識，不斷地判斷自己的位置和前進方向。

資訊來源包括你知道自己會向右游或向左游的自然傾向、主辦單位船隻在賽道上的位置、你可以看到的遠處地標，以及在你左右兩邊泳者的相對數量。

因為在公開水域要定位時，可能是用猜測的，所以要碰碰運氣。例如，如果大約有20人在你的左邊游泳，但有超過80人在你的右邊游泳，則正確的路線很可能在你的右邊。同樣的，根據你的策略知識，考慮採取與之前游過該路線泳者相同的路線。

快速出發

在大多數比賽中，出發時的節奏很快。主辦單位的人員可能會倒數計時，也可能不會。若沒有倒數計時，很容易讓人措手不及。你可以在水中出發前，讓臀部靠近水面，來防止這種情況。

你可以練習在泳池的中間出發，來開始訓練的課表，而不是靠著池壁出發。例如，以1:30的速度進行一組10×100的練習時，每趟100公尺都從泳池中間的同一個位置出發。在休息期間，把踩水當作動態的休息。你也可以在訓練結束時，蹬牆出發來練習衝刺。

起點在碼頭、浮動平台、碼頭和岸上時

如果比賽從碼頭、浮動平台或碼頭出發，你可能會被預先分配一個隨機抽取的出發位置。因為裁判不希望施放錯誤的出發鳴響，所以槍聲會迅速響起。隨時準備好快速或意外的出發，不要以為錯誤的出發鳴響會把游泳運動員叫回來重新開始。

當25名以上的選手同時從浮動平台上跳入水中時，平台會因受力而反彈。把你的腳趾放在浮橋的邊緣，這樣你就可以輕鬆地跳下去，或者把一隻

腳放在後面，這樣如果浮動平台意外地搖晃，你就能保持穩定。

　　若從岸上出發，動作要快，但不要急。即使你沒有立即處於領先地位，或沒有在你想要的位置，在中距離比賽中總有時間追趕上來。

快速出發之後

　　快速出發之後，將立即形成一個一個的隊伍。保持冷靜，但要迅速調整自己的位置，以避免前幾個轉折浮球周圍發生人流堵塞。經過一段時間後，特別是在第一個轉折浮球之後，大家的速度會減慢。

　　你可以在泳池練習的第一組間歇項目時，練習快游來為快速的比賽出發做好準備。例如，如果你以2分30秒的速度游5 × 200，那麼第一趟200公尺要游得非常快，第二、第三和第四趟200公尺要穩定在一個速度，然後最後一趟200公尺用快游。

中段策略

　　中距離比賽是辛苦的項目，你可能會在一大群人中肩並肩地游泳（見圖7.1），大家划手的頻率也一樣，在整個比賽過程中要不斷地爭奪位置。肢體碰觸是這項運動的一部分，競爭對手可能有意或無意地不斷撞到你，或者有意或無意地轉向你。

　　在長距離的筆直賽道上，如果速度加快，在隊伍後面的泳者往往會被拉開距離。如果你不注意觀察和配合帶頭泳者的速度，很容易跟不上，所以盡可能緊跟在領先的隊伍裡面。若掉到領先隊伍和後面隊伍之間那種尷尬的落單區，那會令人沮喪。

　　為了在泳池訓練中模擬這種情況，可以在一組訓練的中間練習加快速度。例如，如果你與其他三名泳者一起游10×200，你可以按照特定的間歇時間（例如每趟2:45內）和速度（例如，每趟2:30）進行前五趟的游泳。然後，在完成最後兩趟200公尺之前，以更快的間歇時間（例如2:30）和更快的速度（例

圖 7.1
出發後會立即形成隊伍，
並可能導致在整個比賽過
程中發生肢體碰觸。
Dr. Jim Miller

如，每趟2:20）來游第六到第八趟，但你們泳道中的人只能落後前面泳者一到兩秒出發，這將模擬公開水域中的跟游。

觀察賽道上的裁判

在比賽期間，你可能會被戒護船、主辦單位人員的船、小艇和水上摩托車包圍。根據船隻的距離和風向，你可能會吸入船的廢氣。在前導船之後，最重要的船隻是載著裁判的那艘船。在比賽前，確認裁判是誰、裁判會在哪艘船上、裁判會穿什麼衣服，這樣你就可以認出誰有權在比賽中做出判斷。根據比賽的不同，可能會有一名主裁判和一名助理裁判，他們各自在自己的船上，還有轉彎裁判和補給站裁判，他們負責自己崗位周圍的區域。

有些比賽的船隻很少，也許只有少數安全小艇和漫遊的水上摩托車。在這些情況下，主辦單位的人員往往會跟隨領先的隊伍。如果你認為某場比賽中的船隻、主辦單位的人員或安全人員太少，在賽後請向比賽負責人和線上的游泳社群表達你的疑慮。

裁判的工作是維持秩序、發現運動員之間的潛在問題，在比賽期間發出警告、黃牌和紅牌，並確保運動員的比賽環境是安全的，這個責任壓力大且辛苦。就像水球裁判一樣，他們需要監督和裁決許多活動，在水面上和水面下的情況都要注意到。

在許多地方、國家和國際比賽中使用的通用規則規定：「如果裁判認為，參賽者、戒護船或參賽者所授權的代表，其行為被視為『違反運動精神』，裁判應立即取消該參賽者的資格。他／她必須立即離開水面，被安置到戒護船上，並不得再參加這場比賽。」(《世界泳聯公開水域手冊》，III.5.3.2)

聆聽哨聲

在比賽期間，你可能會聽到吹哨子的聲音。有些警告是為了引起選手的注意，提示選手，如果他們展開不當的接觸，應該要跟別人分開，或者警告無意中妨礙另一名選手的選手。

當游泳選手比賽時有激進的動作，裁判可以主動警告選手，避免爭吵進一步升級。在這些情況下，警告哨聲被當作一種預防性裁判。

當兩名或多名游泳選手發生碰觸，但無法將問題歸咎於任何一名泳者時，也會吹哨。裁判可能會吹哨子，來表示泳者應給彼此更多空間，以避免將來發生非故意的碰觸。

如果你不明白為什麼在比賽中吹哨子，可以在賽後隨時向裁判請求解釋情況。為了增加你的策略知識，要了解規則，熟悉裁判對這些規則的解釋，並知道誰是動作激進的選手。

偶然和故意的肢體碰觸

當非常積極的公開水域運動員參加比賽時，總會有偶然和故意的肢體碰觸。要接受肢體碰觸是這項運動的一部分，或者你可以乾脆游到前面或側面。在運動員意外撞上，或觸碰彼此，或手臂糾纏在一起時，會有偶然的碰觸情況。在擁擠的賽道下進行競爭激烈的比賽時，你可能會在比賽期間的某

個時刻被打到、碰到、拉扯、撞到、肘擊、堵住、刮傷、踢到或推擠，這可能讓你感到挫敗，或者至少是意想不到的。為防止其他泳者抓住或拉扯你的手臂和腿，在出發之前，可以在你的腳踝、小腿和肩部外側塗上一層薄薄的凡士林。

當偶然碰觸重複發生，或阻礙到某人的進展時，偶然碰觸就會變成問題。違規的泳者可能會被吹哨子警告，或收到黃牌。即使這個動作是無意的，或出於報復，也可能收到黃牌。

儘管裁判會忽略或沒看到泳者之間的某些肢體碰觸，包括當他們的視線被轉折浮球擋住或泳者距離較遠時，但裁判會透過發出警告、黃牌或紅牌來處理故意的碰觸，紅牌將導致泳者立即退出比賽。

你可以在游泳池的一條泳道上與其他兩名隊友並肩游泳，來模擬比賽時的碰觸。三人並排游完整個兩小時的訓練，這樣會讓你了解在10公里比賽中需要多大的注意力，以及與其他泳者在如此近距離游泳時，會有多少的壓力。在每組訓練項目游完之後，與你的兩名隊友交換位置。

如果你認為自己受到另一名選手的阻礙，而沒有聽到警告哨聲，請大聲喊叫，以引起裁判去注意違規的選手。

黃牌和紅牌

當裁判判定肢體碰觸是故意的，且違反運動精神（見表7.2）時，會給違規的選手發一張黃牌，並將該泳者的號碼寫在白板上讓大家看。裁判會把白板舉起一段合理的時間，讓游泳運動員有公平的機會看到哪名運動員收到了黃牌。在第二次違規時，該游泳運動員將自動獲得紅牌，並立即被取消比賽資格。

坦白說，很少會有經驗豐富的裁判把比賽監管得非常嚴密。在大多數情況下，很多碰觸的情況都沒有被裁判看到。但是，請記住，如果你經常主動碰觸到其他人，你可能在某個時候也會受到同樣的對待。

表7.2 違規信號

裁判的處分	原因
發出警告吹哨 （預防性裁判）	• 指出前方有不安全的情況 • 與另一名泳者游得太近 • 游得太靠近公務船 • 撞到另一名泳者 • 與另一名泳者手臂交纏在一起 • 觸碰或拍打其他泳者的腳
發出黃牌 （警告）	• 故意碰觸，並阻礙其他泳者 • 非故意的碰觸，阻礙到其他泳者 • 故意干擾（堵住或偏向其他泳者） • 歪歪扭扭地游泳，撞到其他泳者 • 游過另一名泳者的腿部或腰部 • 故意在公務船旁跟游
發出紅牌 （取消資格）	• 違反運動精神的行為（例如，打人、肘擊、踢人等） • 在水中行走或跳躍 • 拉住另一名泳者的腿 • 把另一名泳者推入水中 • 在選手接近終點時故意干擾 • 累積兩次黃牌的違規行為

公開水域的作弊行為

在公開水域比賽中，確實會發生作弊行為，儘管大多數情況是由於泳者無意中錯過了浮標，或在規定禁止跟游的比賽中跟游。如果你目睹了明顯的作弊事件，請在比賽結束後立即向主辦單位報告。儘管你可能想放手別管或忽略這種情況，但請把事件提請主辦單位注意。有些主辦單位的人員會感激你的舉報，而有些主辦單位的人員可能會對此置之不理。無論是哪種情況，如果不止一個人目睹了作弊行為，你的資訊可能有助於糾正這種情況。

你的資訊也將有助於未來比賽的改進。儘管這項運動非常公正，但主辦單位的人員很少，且浮標數量有限，這樣沒有監督的環形賽道通常會有更多的作弊事件被舉報。如果沒有運動員站出來幫忙，作弊的問題是無法完全解決的。

計時晶片

在奧運會和職業游泳比賽中，游泳運動員會佩戴兩個輕型計時晶片，兩邊手腕各戴一個。練習時可以用兩支防水手錶，來模擬佩戴計時晶片。參加比賽時需要攜帶防水膠帶和剪刀，因為你需要用膠帶把計時晶片的帶子固定好，這樣它們就不會在比賽中甩動。

計時系統

腕式計時晶片和水上的計時系統是歐米茄計時公司（Omega Timing）的創新，該公司自1932年以來一直負責每屆奧運會的計時工作。歐米茄計時公司開發了第一個半自動計時系統，用於1956年墨爾本奧運會，後來開發了用於1967年泛美運動會游泳池的最初觸碰感應板。計時晶片首次在2004年國際比賽中使用，更準確地替比賽計時和記錄終點的抵達時間，徹底改變了這項運動（見圖7.2）。現在有些廠商提供不同的計時方式，包括分段計時。

針對分段計時的分析顯示，女性傾向在比賽中平均配速，在中距離比賽的前段和後段之間的速度差異相對較小。然而，男性通常在上半場比賽速度較慢，但會在下半場比賽中表現出驚人的強勁實力。

圖7.2　2010年世界公開水域游泳錦標賽上的計時終點。

Dr. Jim Miller

提前幾步思考

你參加的比賽愈多，你就會對比賽中出現的各種情況愈熟悉、愈得心應手。重複會產生熟悉感，而熟悉感則能帶來信心。可是，一旦槍聲響起，要知道事情很少會按計畫進行。你能否保持彈性，適應比賽情況，對於你的成功和整體比賽的樂趣極為重要。

如果你的兩邊擠了很多選手，不要沮喪。冷靜地想一想，你可以在什麼時候、什麼地方擺脫被包圍的情況。也許你可以在轉折浮球後，或在補給站停留期間游進內側。也許你可以加速游200到400碼，並找到在競爭對手之間游泳的空隙。此外，你可以放慢幾下划水的速度，然後快速橫向越過競爭對手的小腿，從混戰的中間逃脫。在泳池或公開水域中練習螺旋式姿勢，嘗試熟練地滾過競爭對手的小腿。

就像優秀的西洋棋棋手，你需要在比賽中提前思考好幾個步驟，所以對賽道和競爭對手的策略知識是非常寶貴的，在隊伍中游泳的優勢有時候只是一個微小的差距和時機的問題。

利用轉彎的機會

轉折浮球有各種尺寸、形狀和顏色，游向和繞過轉折浮球始終是比賽的重要部分（見圖7.3）。就像泳池游泳中的第五個泳式（流線型水下蝶腰蹬牆出發）一樣，提前準備好有效率地轉彎，以充分利用公開水域的轉彎機會。在到達浮標前至少200碼來準備你的轉彎，當隊伍繞著浮標游動時，加快速度或繞過對手，以獲得最佳位置。

當數十名泳者繞過轉折浮球時，可能會發生幾次位置的變化。緊緊繞著轉折浮球游泳，同時保護你的頭部。你可以使用結合自由式和仰式划臂的扭轉動作，快速繞過轉折浮球。

你必須知道在你過了轉折浮球後所想要到達的位置，以便在轉彎前能做好定位的準備。很多時候你會想在你的競爭對手的內側，但有時你可能想在外側。（例如，如果先左肩轉彎，下一個轉折處變成右肩轉彎——或者相反——或者轉

圖 7.3
選手在2008年世界公開水
域游泳錦標賽上繞過浮標。
Dr. Jim Miller

彎角度大於120度。）

如果你被困在內側，沒有游泳的空間，你也可以採用水下轉彎的方式。當你接近浮標時，潛入水中，在水下繞過浮標的繩索。拉動或移動賽場配置的任何部分都是違規的，包括浮標和繩索，但你也許可以在水下繞著繩索扭動你的身體。在萬不得已的時候，你可以抓住綁在錨上的繩子，但你要明白，裁判若看到你的動作，可能會給你一張黃牌或紅牌。當你浮出水面時，轉彎後你可能比之前處於更好的位置，至少你可以避免與其他選手碰觸。

在泳池中練習這個水下動作。在教練的許可和隊友的配合下，沿著一條泳道的池底潛水，然後從隔壁的泳道浮出水面。在返回時，你和你的隊友可以做相反的動作。

快速補給的四個步驟

要從碼頭或浮動平台快速獲得補給，請使用以下四個步驟。這是比賽的一個特定環節，所以請與你的教練一起練習這個過程。

一．尋找和發現
二．到達和滾動

三．一口吞下，然後走人

四．翻身

▪ 尋找和發現

當你接近補給的浮動平台時，抬起頭來尋找你的教練。要考慮水面碎浪或湧浪，以及你與競爭對手和教練的位置關係。

如果你的教練穿著容易辨認的衣服，並大聲喊叫或吹哨子來引起你的注意，你會更容易看到你的教練。他應該為你準備好你所需要的水和食物，並在必要時準備一副額外的泳鏡和泳帽。另外，還應該提前準備一個額外的杯子或瓶子，以防餵食桿末端的杯子被打翻。

如果你周圍沒有選手，你的教練可以在你到達之前把餵食桿伸到水面上。國際規則允許在餵食桿的末端放置一面小旗幟，以幫助你找到它。

如果你周圍有幾名選手，你的教練應該只在你離補給的浮動平台還剩最後幾下划手時，向你伸出餵食桿。有時候，一大群泳者會不小心撞到你的餵食桿，導致你的飲料灑出來。如果你的教練在最後一刻把你的飲料放好，就可以減少意外發生的機會。

▪ 到達和滾動

當你到達補給站時，伸手從餵食桿上拿起杯子，同時翻身至仰面，並用力踢腿。始終保持前進，以保持動力。忍住不要讓身體垂直在水中和想去踩水。

請你的教練把餵食桿的末端放在水平面上，這樣你就可以很容易地拿到杯子，並立即翻成仰面。

如果你使用瓶子，把它插在餵食桿容器中，不要插太深，讓瓶子露出足夠的側面，方便你有空間抓住瓶子。如果你使用杯子，請將手掌放在杯子的頂部，然後把杯子從餵食桿容器中取出。手掌放在杯子上有助於保留好杯子內的大部分東西。

▪ 一口吞下，然後走人

如圖 7.4 所示，把杯口朝嘴裡傾斜，然後立即吞下裡面的東西。如果有一些飲料沒有倒到你的嘴裡，請不要擔心。如果你喝掉了杯子裡一半的東西，就可以算是成功進食了。在喝水時，繼續仰面踢腿，同時盡可能保持身體呈水平姿勢。

▪ 翻身

喝完杯子或能量果膠中的內容物後，立即把容器包裝扔進水裡，翻身成腹部朝下，重新開始游泳。沒有必要把東西扔回去給你的教練，因為你的教練、比賽志工或工作人員會從賽道上清除被丟棄的垃圾。

如果你使用能量果膠，請讓你的教練在把它們放在餵食桿上之前，先幫你打開。你或你的教練應預先剪開能量果膠的開口，以便你在水中可以快速食用果膠。能量果膠不會漏出來太多，開口弄大會比較方便。這將避免你必須得在水中掙扎才能打開能量果膠。你可能會感到疲倦、喘不過氣，或者覺得很冷，這會使打開包裝變得困難。

在游泳池和公開水域訓練期間練習這四個步驟，以便與你的教練時機的

圖 7.4
補給只需要幾分鐘，需要
教練和運動員之間的協調。
Dr. Jim Miller

掌握能完美協調。從你拿到杯子到重新開始游泳，整個過程不應超過5秒鐘。

攜帶能量果膠

你可能想在泳衣中夾帶能量果膠，這樣你就可以在方便的時候或者在比賽中錯過補給的時候服用。把它們放在泳衣中任何方便的地方。

因為果膠在加入4至6盎司（120至180毫升）的水後最有效，所以你可以把果膠與水混合。但即使不加水，果膠也能提供你需要的能量。另一種選擇是在你到達補給站之前，先食用果膠，然後讓你的教練為你提供水或你喜歡的飲料。

在比賽的後半段，補給站周圍的競爭情況可能會很激烈，可以趁機贏過別人，也可能耽擱到時間。如果你把能量果膠放在泳衣裡，你就可以在沿途的任何地方服用，並避免補給站的混亂。

練習用左手或右手都能單手抓住和擠壓能量果膠。把包裝握在手掌中，並將開口放在嘴裡。然後閉上嘴，用力擠壓。不要像擠牙膏那樣擠能量果膠，而是用手包裹能量果膠，用「彈出」內容物的方式，讓果膠快速噴到你的口腔後部。

你的教練必須在補給站快速和有效地與你溝通，「你排名第三」、「領先25公尺」或「表現不錯！」都是簡要傳達有用資訊的例子。如果你的教練問開放式問題，例如「你感覺如何？」或「你想要什麼？」，你幾乎沒有時間能回答。另一方面，如果你的教練察覺到任何需要醫療的緊急情況，例如，由於極冷或極熱，你一反常態地沒有反應，或其他看得出來的線索，那麼你的教練必須認真立即考慮讓你退出比賽。

有效的跟游

公開水域游泳運動員非常了解跟游有多麼有效，尤其是當他們游在前面泳者的腳後方時。SwiMetrics的游泳指標測試了公開水域的優秀選手在各種跟游位置下的速度，這些資料得出了一個毫不意外的結論。就像大雁列隊

遷徙一樣，游泳中的最佳跟游位置是靠近帶頭者，讓你的頭部位於帶頭者的臀部和膝蓋之間，尤其是當帶頭者以強有力的踢腿在快速游泳時。

此外，領先泳者的速度愈快，跟游的好處就愈大。

▪ 後方跟游與側邊跟游

由於SwiMetrics對跟游的研究是在泳池中進行的，因此結論主要適用於平靜的水面、沒有水流的直線賽道。儘管後方跟游（在領先泳者的腳後方）的好處是公認的，但後方跟游的位置也有其缺點。

後方跟游的一個缺點與頭部和身體位置有關。你的最佳頭部位置是直視下方，但要在後方跟游的位置，你必須以一定的角度向上瞄，才能看到前方的泳者，這會導致頭部和身體姿勢並不理想。

後方跟游的另一個缺點是抬頭的情況增加。如果水面高低起伏、水質不佳，或者賽道不直，你會更頻繁地抬頭來跟隨在前面的泳者。這是不理想的做法，因為它會導致你的臀部下沉，並使你的流線型姿勢受到影響。

側邊跟游位置有其好處，特別是在標誌明確或容易定位的賽道上（例如，在划船比賽的場地或有前導船護送的比賽中）。首先，它減少了需要抬頭向前看的次數，這將為你節省寶貴的體力，讓你可以在比賽的後半段更能運用體力。其次，透過側邊跟游，你可以在每次換氣時，用眼睛瞄前面的泳者來確定方向。

在後方跟游時，你偶爾會撞到前面泳者的腳或摸到他們的腳趾，這可能會引起報復行動。而在側邊跟游時，撞到前方泳者的頻率就會降低，而且容易避免。

在強風或浪花造成的惡劣條件下，最佳位置可能是在帶頭泳者擋住的那一側，而不是直接跟在後面。也就是說，如果波浪是從右邊過來的，那麼在帶頭泳者的左邊游泳通常更輕鬆。

當賽道中有轉彎時，尤其是180度轉彎時，在後方跟游通常會導致轉彎後，泳者之間的距離拉大，尤其是當你在隊伍中離帶頭者愈遠時。

與後方跟游相比，當你在側邊跟游時，你可以更容易看到帶頭泳者開始加速或最後衝刺。在後方跟游時，你可能會跟丟帶頭的泳者；即使這只是瞬間發生的情況，在比賽中也可能造成重大影響。

從心理上講，要超過你正在側邊跟游的選手通常會比較容易，超越正前方的選手則比較困難，尤其是當水質渾濁或水面起伏很大的時候。

側邊跟游的另一個優點是你可以選擇最佳的跟游側邊。當你接近轉折浮球或游到終點時，這招很有用。如有必要，你可以從側邊跟游，而不是直接在後面跟游，來保護更有優勢的位置。最後，與後方跟游相比，側邊跟游需要追上的距離更短。

在泳池和公開水域訓練中，當你以不同的速度游泳時，你可以在兩到三個訓練夥伴後面的不同位置練習跟游。你還可以與三到五名其他泳者列隊排成一條直線，在彼此的正後方以不同的速度游泳。第一位泳者最初帶領大家，然後慢慢拉開距離，游到隊伍的後頭。

伊琴科招式

縱觀體育史上，優秀的運動員創造了經典的動作。田徑場上有佛斯貝利跳高（Fosbury Flop），體操運動中有湯瑪斯迴旋（Thomas Flair），拳擊有邊繩攻擊，摔跤有卡列寧反拋（Karelin Lift）。

公開水域游泳則有一項以奧運金牌得主拉莉莎·伊琴科命名的技巧，叫「伊琴科」招式，她的跟游策略和到終點前的快速打水使她贏得了 2004、2005、2006、2007 和 2008 年的世界錦標賽冠軍。

在 2008 年奧運會上，伊琴科的特色是在比賽的大部分時間裡都在領先選手旁跟游，積極地保護自己在領先者腳後方的位置，這在兩小時的 10 公里比賽全程中是很難做到的。在最後一個轉折浮球附近，她開始使用大絕招。隨著終點逼近，距離終點不到 100 公尺，伊琴科奮力提高了她的划手速度和踢腿力度。她會從對手換氣方向的另一側超過她的競爭對手。

伊琴科的策略知識包括，知道競爭對手在比賽的主要部分和最後的衝刺時，喜歡用哪一邊換氣。

導航和定位訓練

要了解你在公開水域中是自然向右游，還是向左游，一個簡單的練習是閉著眼睛划臂 50 到 100 次。從岸邊出發，游到一個固定點。在你以不同的速度（慢速、中速、快速）游了 50 到 100 下之後，看看你是向左或向右偏移。重複這個實驗幾次，這樣你就會知道自己在公開水域中游泳的偏向。

與隊友一起練習繞著轉折浮球游泳。如果你在內側，就保護你的內側位置；如果你在外側，則嘗試從各種角度取得有利位置。如果你在比賽日之前無法進入水域，泳池公開水域訓練是一個有用的替代方法（請參閱第六章）。當你是這些訓練中的帶頭泳者時，要盡量防止跟游的泳者超越你。相反的，當你在這些訓練中跟游時，試著穿過你前面泳者之間的空隙，以模擬比賽中可能發生的情況。

為了模擬比賽狀況，請隊友在練習期間故意拉住你的腳踝、腳和手臂。請他們試著將你引向不同的方向，這樣在比賽當天這些情況就不會讓你感到意外。

提高你在公開水域的專注能力

準備中距離比賽的一個好方法是在泳池和公開水域練習期間保持心理上的警覺。不要漫不經心地游泳，而是想想你在訓練中的划水、配速和分段。需要專注的游泳訓練是為公開水域比賽的絕佳準備。

例如，嘗試在一定時間內（例如 10 分鐘）游完 800 碼。然後，將你游 800 碼的時間除以 2，並以更快的速度游 400 碼（即在 5 分鐘內）。然後，將你游 400 碼的時間除以 2，並以更快的速度游 200 碼。重複這個模式，直到游完 25 碼。

用質數來訓練

在程度最高的公開水域游泳運動中，絕對需要集中注意力。如果你游了兩個小時，表現都很好，但在關鍵的 30 秒內注意力不集中，那麼你的競爭對手就可能超越你。在一到兩個小時快速與激烈競爭的動態環境中，為了

做好高度集中的心理準備，可以嘗試以質數來制定泳池游泳的練習項目。

練習項目不要像通常那樣用1:30游10×100，而是完全由質數組成的計算數字。例如，用1:23游13×100，其中第三趟、第七趟和第十一趟的100快速游。不要在45秒或1分鐘整的時候重新出發，而是在需要你思考、計算、記憶和專注的間歇時間出發（例如，每50在37.5秒或42.5秒時出發）。

柔軟度訓練

有許多不同的陸上訓練和柔軟度課表可供選擇，可能會適合你的體型、年齡和個人目標。你的肩膀、下背部和腳踝應該是積極練柔軟度的重點。每次訓練前後都要伸展肩膀和手臂，以增加動作的幅度。對於下背部的柔軟度訓練，可以躺在地上，在保持仰臥的同時，雙腿伸直抬起，越過頭部。試著讓你的腳可以觸及地面。對於腳踝的柔軟度訓練，坐在地板上，把腳掌縮在臀部下方，盡量向後躺，背部挺直，腳背保持平貼地面。嘗試讓自己的背完全貼在地板上。

你會發現質數數字的課表需要高度集中注意力，並且需要一些時間來適應。但經過幾個月的練習之後，你在奮力游泳時的專注能力會提高，這正是你從中距離游泳想要達到的效果。

精進抵達終點的技巧

公開水域選手抵達終點的時間通常很接近，偶爾會有10名泳者在10秒內陸續抵達。因此，主辦單位會使用攝影機記錄選手抵達終點，並確認結果，因為每一秒、每一下划手和每一英寸的距離都很重要。

如果終點在水中，請直線游到最近的點。在終點的浮動平台上會掛著垂直的觸碰感應板，請用力觸摸或拍打，以確保你的抵達時間被正式記錄（見圖7.5）。在重要比賽中，身體通過了終點線並不能算正式完賽，一定要碰到感應板才可以。

圖7.5
在比賽前練習抵達終點的
拍擊技巧，這樣你就不會
游過終點線的架設區域了。
Ann Ford

　　有些比賽有彩色水道線作為渠道，將你引向終點賽道。盡量把握好你抵達終點的時機，讓你的前手在身體穿越終點線的架設區域之前，就觸碰到感應板。

　　在比賽開始之前，反覆練習觸碰到感應板以完成比賽。學習手伸出水面，恰恰好可以觸碰到感應板，所以最後一下划手的時機可能極為重要。

抵達終點的練習

　　與一群實力強勁的游泳運動員一起練習，可以提高你抵達終點的速度，並改善你的划水頻率。從不同的位置、角度和距離（25、50、100、200和400碼）與隊友比賽，以模擬真實的比賽狀況。

　　請你的教練錄下你的比賽影片，這樣你就可以在日後進行研究。看影片時，注意自己和對手的優勢、劣勢、動作和錯誤，以增加你的策略知識和信心。

緩游

　　強烈建議你在比賽結束後緩游。緩游自由式和仰式，這樣可以幫助你

更快恢復體力，特別是如果你很快就要參加另一場比賽。如果你不習慣游超過5公里的比賽，也可以考慮在賽後服用阿斯匹林，來減輕發炎的疼痛。

在全球，各種程度的公開水域選手的競爭力和所使用的競爭策略都在增加。過去屬於少數長距離高手的領域，現在吸引了更多有天賦和專注的運動員，以及愈來愈多的教練團隊。這些運動員和教練共同提升了這項運動的標準，並幫助這項運動的愛好者無論年齡、背景或能力，重新思考自己體能上的可能性。

CHAPTER 8

為馬拉松游泳做準備

　　世界上超過70%的地方都被水覆蓋，大地上點綴著美麗迷人的湖泊、海岸、海峽、河流和島嶼，所以人們最終開始參加馬拉松游泳也就不足為奇了。1875年，馬修·韋伯成為第一個成功從英國連續不停游到法國的人，引發了馬拉松游泳這項活動，他的這項壯舉讓耐力運動員認為不可能的事是可以做到的。

　　從最基本的層面上來看，馬拉松游泳是一項大膽的自我挑戰，泳者將自己置身於惡劣的環境中，並體驗在絕望和解脫之間的情緒起伏。馬拉松游泳運動員在連續游泳數小時後，清楚地記得他們在水中划的最後一下。在艱苦的困難條件下奮鬥後，當他們踏上陸地的第一步，會是從疲憊轉為欣喜的時刻。這種與公開水域愛恨交織的關係，雖然聽起來可能很奇怪，但卻創造了魅力，吸引耐力運動員前往世界各地的水道。

馬拉松泳者

馬拉松泳者往往是堅持不懈的人，他們在生活的其他方面也很成功。他們通常在沒有觀眾的場地中進行比賽，在遠離媒體關注的地方進行馬拉松游泳，並往往在荒涼的海岸線上取得最了不起的成就，只有他們的支援人員才能見證他們的勝利。但是他們會有很深刻的成就感，內心的滿足感賦予他們力量和振奮精神，這種感覺會伴隨他們一生。

在世界馬拉松游泳比賽中，最具代表性和知名度的水道是英吉利海峽。自1872年第一次有紀錄的嘗試以來，已有數千人嘗試過這段21英里（33.8公里）的游泳。然而，自1953年首次有人攀登聖母峰以來，成功泳渡英吉利海峽的泳者人數仍然不到攀登該山峰人數的一半。

截至2010年，共有1,189人橫渡了英吉利海峽，其中33%是女性，67%是男性，儘管女性橫渡英吉利海峽的相對比例長期下來是有所增加的（1990年代為41%）。

平均單程時間為13小時31分鐘，時間範圍從世界紀錄的6小時57分鐘到耐心慢游的26小時50分鐘。

英吉利海峽泳者來自全球63個國家，成功的泳渡者平均年齡為31歲，但他們的年齡從11歲到70歲不等，其中有50人是在50歲生日後橫渡的，並且成為半百社團的成員。隨著世界各地半百社團成員人數不斷增加（卡特琳娜海峽25人、直布羅陀海峽32人、澳洲羅特尼斯海峽175人、曼哈頓島馬拉松游泳51人），如今在馬拉松游泳界，年齡似乎不再是一個障礙。

馬拉松游泳需要最高程度的紀律，需要長時間的訓練，而且往往是在惡劣的條件下獨自訓練，但它也是一項強調團隊精神的運動，因為護航領航員、教練和支援人員扮演著重要的角色，並且伴隨著豐富的情誼和互相合作的氛圍。

馬拉松游泳運動員以最可感觸到的方式體驗大自然：被水包圍、被海洋生物環繞，在只穿著泳裝和戴著泳鏡的情況下，與不斷變化的環境互動。

難怪馬拉松游泳運動員往往能跨越國界和文化，形成深厚的友誼，他們共同擁有的經歷通常是很難忍受和難以解釋的。

馬拉松游泳運動員在游泳前會感到緊張，而在完成後則會有成就感。他們知道水母的刺痛和冷水的刺激；他們明白泳鏡漏水、刮除羊毛脂和吸入船隻廢氣等問題；他們體會到白天在平靜、清澈的水中很有力地游泳的感覺，以及晚上在波濤洶湧的水中迷失方向是多麼令人不安。

馬拉松游泳界會有相互合作的氛圍，這是因為他們有這些共同的經歷。運動員筋疲力盡地從水中出來，被惡劣的環境折磨到有些人幾乎無法站立，或說不出話來，但他們會互相微笑、看著對方、點頭、眨眼、擁抱和握手，這些動作充分說明了他們對彼此和戒護船上支援人員的相互尊重。

馬拉松游泳的歷史與展望未來

當馬修·韋伯在1875年首次橫渡英吉利海峽時，馬拉松游泳成為一項體育運動，但他的壯舉在36年內無人能及。1920年代，奧運獎牌得主葛楚·艾德勒橫渡英吉利海峽，成為第一位能與韋伯相媲美的女性，這項運動再次成為人們關注的焦點。艾德勒在回到紐約市後，受到了盛大的歡迎。

這項運動在經濟大蕭條和第二次世界大戰期間一度中斷，直到比利·巴特林爵士(Sir Billy Butlin)在1950年代贊助了橫跨英吉利海峽的職業比賽，因此提高了馬拉松游泳的知名度。

從1960年代到1980年代，麥可·李德(Michael Read)、琳恩·考克斯、凱文·墨菲(Kevin Murphy)和其他先驅遍歷世界，尋找新的地方來實現他們的夢想，並展現他們的才華。他們的壯舉引起了媒體的關注，並吸引了其他運動員加入這項運動。直至今日，泳者仍在尋找可以進行史無前例的泳渡活動地點。幸好，從馬拉松游泳運動員的角度來看，世界仍然相對未被探索，還有很多潛在的機會。

約翰·金塞拉是美國國家大學體育協會(NCAA)冠軍和奧運金牌得主，

而潘妮・迪恩博士則是一位身材矮小、但充滿活力的美國大學明星，他們在1970年代突破了人們認為可能的極限。他們刻苦訓練，堅持不懈地游了超過20英里(32公里)，開創了現代競技馬拉松游泳的時代。

在1990年代，比賽中首次允許貼近其他泳者跟游，精英選手們成群地游泳成為一種慣例，連續幾個小時在集團中游泳突然大幅改變選手的比賽方式。歐洲人在國際比賽中表現出色，因為跟游、定位、肢體碰觸和策略成為這項運動的重要環節。

21世紀初期，在全球各地有數千名泳者從事這項極端的水上運動，馬拉松游泳因此蓬勃發展。公開水域游泳的三冠王比賽每年都有新成員加入，

表8.1　七大海峽挑戰

七大海峽	障礙
英吉利海峽(21.8英里)	國際水道，水溫低(60°F)、強風、強勁的潮汐流、浪花、強勁的海流和天氣多變。
北海海峽(21英里)	波濤洶湧的海面、水溫寒冷(54°F)、強勁的海流、通常是陰天、雷雨，有大群水母(如果海面平靜時)，以及有難以準確預測的天氣和水域環境。
卡特琳娜海峽(20英里)	靠近海岸的深水通道，水溫冰冷(62°F)，有強勁的潮汐流、強風、海洋生物(鯨魚、海豚、鯊魚)。
直布羅陀海峽(10英里)	船隻交通繁忙、後勤安排障礙重重、大風、海面碎浪，以及異常強勁的潮汐和海流。
摩洛凱海峽(26英里)	太平洋中部的深水(701公尺)通道、海流異常強勁、大型湧浪、強風、浪花、高溫、溫暖的鹹水和豐富的海洋生物。
庫克海峽(16英里)	巨大的潮汐流、冷水(57-66°F)、強風、波濤洶湧、水母出沒、每六名泳者中就有一名會遇到鯊魚(儘管沒有人受到攻擊)，起點和終點都是岩石峭壁。
津輕海峽(12英里)	北太平洋波濤洶湧、風大的水道，擁有極強的水流、大型湧浪、涼爽的海水(62-68°F)和豐富的海洋生物，從鯊魚到成群的魷魚。

這個專屬頭銜必須完成英吉利海峽、卡特琳娜海峽和曼哈頓島馬拉松游泳比賽，目前有來自六個國家的41名游泳運動員擁有此頭銜。

七大海峽挑戰

七大海峽挑戰（見第三章）是游泳版的世界「七大峰」，已有近200名登山者登上了七大峰，但還沒有人完成七大海峽挑戰（見表8.1）[1]。

要完成七大海峽挑戰，泳者需要具備在非常寒冷和非常溫暖的水域中游泳的能力。這需要游泳運動員在身心上做好準備，以克服世界各地的各種狀況。就像七大峰挑戰一樣，七大海峽挑戰需要大量的計畫、時間、財務資源和體力，以及一支由熟悉當地情況的專家組成的跨國支援團隊。

位置和泳渡的時機	歷史
6月至9月，在英國和法國之間	自1875年首次有人橫渡以來，已有超過1,600次成功的橫渡。
7月至9月，在愛爾蘭和蘇格蘭之間	自1947年首次有人橫渡以來，迄今為止，在73次嘗試中，只有15次獨泳和5次接力隊伍成功。
6月至9月，在卡特琳娜島和加州本土之間	自1927年首次有人橫渡以來，已有199次成功的橫渡。
6月至10月，在西班牙和摩洛哥之間	自1928年首次有人橫渡以來，已有297次成功的單向橫渡。
全年可進行，在夏威夷摩洛凱島和歐胡島之間	自1961年首次有人橫渡以來，已有15次成功的橫渡。
11月至5月，在紐西蘭北島和南島之間	自1962年首次有人橫渡以來，至今已有67人成功泳渡77次。
7月至9月，在日本北海道和本州之間	自1989年首次有人橫渡以來，已有三名泳者和幾支接力隊伍完成了此項挑戰。

1　譯注：截至本書中文版編譯之時，全球已有21人完成「七大海峽挑戰」，見longswims.com/oceans-seven。

為什麼要參加馬拉松游泳？

在馬拉松游泳運動中，來自各行各業的運動員預計會碰上極長的距離、極端的溫度和極端的狀況（大型湧浪、強流和海洋生物），他們透過強大的心理專注力和堅強的性格，日復一日地挑戰自己的體能，使體能不斷地增強。

馬拉松游泳運動員通常是一群喜歡反思的人，在游泳時有很多機會反思自己的動機。有些人游泳是為了實現個人目標；有些人則努力創造紀錄，或獲得一定程度的名聲；有些人為慈善事業籌款；還有些人則努力推廣某個理念，但他們都具備堅定不移的熱忱來實現自己的目標。

滿腔熱忱

沒有熱忱，馬拉松游泳運動員就無法進行成功所必需的訓練，他們是真的享受在水中的時光和不可避免會面臨的挑戰。

訓練可能很嚴酷，而且始終在低調的情況下進行。泳者孤身走到海岸邊，在水中獨自游泳無數個小時，游完之後還會發抖和肌肉痠痛。他們堅持不懈的能力是他們最核心的特質，還擁有一種不同尋常的能力，可以專注於積極的事物，忽略他們所面臨的不適，並樂於做出犧牲。

熱忱有助於促使馬拉松游泳運動員克服痛苦、無聊和困難。在觸碰到地面、最後完成比賽時，用走的（或爬的）到岸上，那種極大的喜悅和滿足感是他們一生都會珍惜的感覺。

不凡的決心

馬拉松游泳運動員表現出的決心有多種形式：包括身體、情感、財務和後勤安排等方面。僅有身體上的耐力和性格上的堅強是不夠的，支持個人熱忱的財務實力和組成專業支援團隊的能力也同等重要。

身體上的決心是指需要連續游泳數小時，這種決心經常需要調整工作計畫、家庭活動、飲食習慣和睡眠時間。

情感上的決心則說明了馬拉松游泳運動員長期以來持續的精神集中，因為疲勞、無聊、緊張和不適在公開水域比在陸地上更為強烈。當公開水域的狀況變得辛苦時，運動員會很想停下來休息，離開水中，期待著改天再來練習。馬拉松游泳運動員明白，他們心裡努力的力量和對情緒的控制力能夠帶動身體來從事這項運動。

馬拉松游泳的經濟負擔很大，因為必須安排戒護船、支援人員、旅館住宿、餐飲和旅行。根據游泳地點的不同，包括資格賽、比賽本身的旅行費用、管理機構的費用、食物、訓練時間和裝備，總費用很容易超過一萬美元。

後勤方面需要安排一名護航領航員和支援團隊，還包括安排所有的旅行、補給和裝備，以及適時完成文件、簽證和醫療資訊的證明書。在馬拉松游泳前後，選手還要處理一些細節，例如賽前的宣傳、採訪、賽後的宴會或與自己選定的慈善機構的後續事項。

確認你的目標

實現目標的最佳方式是明確地設定目標，不僅是為了自己，也是為了他人。以書面形式清楚說明你的目標，然後制定詳細的行動計畫來實現這些目標。

設定馬拉松游泳目標的第一步是研究你可能感興趣的可能比賽和各種水域。詢問其他泳者，並加入線上的游泳論壇；在網上進行詳盡的搜尋，以了解水溫、最佳游泳時間、天氣狀況，以及人們在不同地點成功或失敗的原因；研究海圖，並閱讀有關以前比賽的故事，包括印刷品和網路上的資訊；與專家和之前參加過這些游泳活動的人交談。

你自己需要回答一些問題，例如：你想參加在馬拉松游泳界享有盛譽的獨泳，還是參加馬拉松游泳比賽？你是想做以前從未有人做過的事情，還是想參加馬拉松接力賽？

設定馬拉松目標的第二步是評估自己的能力。決定你可以進行冷水游

泳或溫水游泳、國內比賽或國外比賽、在平靜的湖水中游泳,還是在海中進行熱帶探險。確定你投入的程度和你可以用於訓練的時間,如果你想完成英吉利海峽,你有時間和機會去適應冷水嗎?

第三步是客觀地評估自己的潛力,這是對任何耐力運動員來說最重要的一步。你願意鞭策自己到什麼程度?當你致力於實現目標時,你可能會對你能游多遠和游多好感到驚訝。如果你現在可以游 5 英里,只要做好充分準備就可以游 20 英里。如果你有信心在 68°F(20°C)的水中游泳,只要有足夠的時間準備,你就能適應 60°F(15.5°C)的環境。如果你只在鏡面般的湖中游泳,你可以透過練習在高低起伏的深海中游泳。挖掘你的潛力,實現你目前認為不可能的事情。

在你選定地點或比賽後,第四步是制定行動計畫。決定誰將成為你的領航員、你的教練將扮演什麼角色,以及你將在哪裡訓練,和誰一起訓練。寫一份裝備清單,記下需要完成的工作、由誰完成,以及何時完成。

制定計畫後,第五步是通知其他人。不要不好意思分享你的目標,尤其是與馬拉松游泳社群的其他人分享。加入由馬拉松游泳運動員組成的線上社群網路,建立你自己的部落格或網站,把你的計畫、擔憂和期望告訴大家。馬拉松游泳運動員會支持你,讓你覺得自己是他們全球社群的一份子。他們願意分享他們的專業知識、印象和經驗,還知道成功的必要步驟,並會提醒你必須達到的里程碑。

選擇你的游泳項目

就像藝術家一樣，你在馬拉松游泳世界中繪製的畫布，完全取決於你的創造力。你的目標可以是完成一次前所未有的游泳，是世界上從未有人嘗試或完成的。雖然其他人的速度可能更快，但你可以成為某項泳渡的第一人。你還可以設立慈善游泳活動，讓其他人可以從你的壯舉中受益。

除了少數例外（例如，英吉利海峽、庫克海峽、曼哈頓島馬拉松游泳、直布羅陀海峽、卡特琳娜海峽、北海海峽），如果你獲得地方當局的許可，就可以進行任何馬拉松游泳，而不必得到既定管理機構的批准。除了在數量相對較少的馬拉松游泳組織之外，你可以在馬拉松的世界裡自由地做你想做的事。你可以參加多天分段的比賽，從前一天完成的地點開始出發；你可以穿防寒衣，也可以按照傳統規則或你決定的規則進行接力。選擇權在你手上。

為了能夠記錄過往歷史，重要的是透過記下全球定位系統的座標和獨泳或接力的情況（有穿或沒有穿防寒衣、在水中出發或結束、是否使用鯊魚籠，或有多少接力成員，以及每段泳程的長度）仔細記錄你的游泳過程。

設定你的目標，做好調查，然後開始訓練。

慈善馬拉松游泳

慈善游泳是幫助他人，同時實現自己目標的好方法。慈善游泳也可以提供強大的動力，有很多免費的線上工具可以幫助你以自動、可靠和透明的方式募集捐款。

競爭激烈的馬拉松比賽

表8.2中列出世界上最長的游泳賽事，有些比賽是有參賽標準的，其中包括專業的馬拉松比賽，你必須證明自己有能力以相當快的速度游泳。業餘比賽的標準沒有那麼嚴格，但仍然需要你證明自己有完成比賽的能力。

表 8.2　世界上最長的馬拉松賽事

名稱	地點	距離
埃爾南達里亞斯—巴拉那國際馬拉松 (Maratón Internacional Hernandarias - Paraná)	阿根廷	88 公里 (54.6 英里)
印度全國長距離游泳公開賽 (India National Open Long Distance Swimming Championship)	印度西孟加拉邦 (West Bengal)	81 公里 (50.3 英里)
聖塔菲—科隆達馬拉松游泳 (Santa Fe-Coronda Marathon Swim)	阿根廷	57 公里 (35.4 英里)
卡普里島—那不勒斯海灣馬拉松	義大利	36 公里 (22.3 英里)
橫渡曼福蘭莫剛湖國際游泳賽 (Traversée internationale du lac Memphrémagog)	加拿大魁北克	34 公里 (21.2 英里)
聖讓湖國際游泳賽	加拿大魁北克	32 公里 (19.8 英里)
奧赫里德游泳馬拉松 (Ohrid Swimming Marathon)	馬其頓	30 公里 (18.6 英里)
國際超越自我馬拉松游泳賽	瑞士蘇黎世湖	26.5 公里 (16.4 英里)
曼哈頓島馬拉松游泳賽	美國紐約	45.8 公里 (28.5 英里)
坦帕灣馬拉松游泳賽	美國佛羅里達州坦帕灣	38.6 公里 (24 英里)
英國長距離游泳協會溫德米爾湖雙向游泳賽 (British Long Distance Swimming Association Two-way Windermere)	英國溫德米爾湖	33.7 公里 (21 英里)
全印度海泳比賽 (All India Sea Swimming Competition)	印度西孟加拉邦	30.5 公里 (19 英里)
麥西尼亞灣國際游泳馬拉松賽 (International Swimming Marathon of Messiniakos Gulf)	希臘	30 公里 (18.6 英里)
艾德勒游泳比賽	美國紐約到紐澤西	28.1 公里 (17.5 英里)

名稱	地點	距離
美國25公里全國成人游泳錦標賽（U.S. Masters Swimming 25K National Championships）	美國印第安納州	25公里（15.5英里）
泳渡羅薩里奧港（Cruce del Puerto Rosario）	阿根廷	25公里（15.5英里）
聖文森基金會長島海灣泳渡賽（St. Vincent's Foundation Swim Across the Sound）	美國康乃狄克州到紐約	25公里（15.5英里）
烏爾基薩鎮—巴拉那泳賽（Villa Urquiza-Paraná）	阿根廷	25公里（15.5英里）
聖彼得堡到科特林島游泳賽（St. Petersburg to Kotlin Island）	俄羅斯	24公里（14.9英里）
艾瑟爾湖馬拉松泳賽（Ijseelmeerzwem Marathon）	荷蘭	22公里（13.6英里）
托羅尼奧斯海灣泳渡賽（Toroneos Gulf Crossing）	希臘尼基提（Nikiti）	22公里（16.1英里）
國際海峽泳渡馬拉松泳賽（International Marathon Swimming Beltquerung）	丹麥到德國	21公里（13英里）
奧萊亞公開水域泳賽（Travesia En Aguas Abiertas Por la Ruta de Olaya）	秘魯利馬	21公里（13英里）
長距離游泳挑戰賽（Distance Swim Challenge）	美國加州聖塔莫尼卡	20.2公里（12.6英里）
西礁島環游賽	美國佛羅里達州西礁島	20.1公里（12.5英里）
羅特尼斯海峽游泳賽	澳洲伯斯	19.7公里（12.2英里）
買拉克—沙巴克馬拉松游泳（Jarak-Šabac Marathon Swim）	塞爾維亞	19公里（11.8英里）
斐濟游泳賽（Fiji Swims）	斐濟巨浪島（Beachcomber Island）	18公里（11.1英里）

名稱	地點	距離
拉霍亞灣 10 英里泳賽 (La Jolla Cove Swim Club 10-miler)	美國加州拉霍亞	16.2公里 (10英里)
王國泳賽 (Kingdom Swim)	美國佛蒙特州曼福蘭莫剛湖	16.2公里 (10英里)
泳渡鹿溪湖 (Deer Creek Lake Swim)	美國猶他州查爾斯頓 (Charleston)	16.2公里 (10英里)
泳渡薩克區 (Swim the Suck)	美國田納西州田納西河	16.2公里 (10英里)
法羅斯馬拉松游泳賽 (Faros Marathon Swim)	克羅埃西亞	16公里 (9.9英里)
泳渡特里霍尼扎湖 (Lake Trichonida Crossing)	希臘	16公里 (9.9英里)
和平馬拉松泳賽 (Swimming Peace Marathon)	希臘到土耳其	16公里 (9.9英里)

分段游泳和接力賽

分段獨泳和任意選手人數的接力可以是任意距離，並在兩天或更長時間內進行。你要負責決定這些游泳活動的賽道、規則和後勤作業，以及籌資、宣傳和安全等問題。這些游泳活動可以順流而下、沿著海岸線，或泳渡湖泊，唯一的限制在於你的創造力，能否設計出有趣、安全又有挑戰性的賽道。

史無前例的游泳

你簡直可以在成千上萬個地方進行前所未有的馬拉松游泳，馬拉松游泳已經進入「地理大發現」時代，現代的冒險家們在更長、更冷、更偏遠的水道中挑戰自我。

獨泳和接力游泳都可以在許多公開水域中進行，許多人透過成為第一位完成某個項目而在馬拉松游泳界留名。國際馬拉松游泳名人堂 (www.

imshof.org）的檔案中，記錄了超過 200 名馬拉松獨泳運動員和數千次的游泳記錄，每年還會認證幾項新的游泳紀錄。要證明你自己的游泳紀錄，請安排一名獨立觀察員記錄你的游泳活動，並填寫一份正式的觀察員報告（見 www. openwaterswimming.com/docs/rules-regulations/wowsa-rules-regulations）

因為第一次的游泳活動沒有過往資料可以參考，所以風險程度更高，史無前例的游泳活動沒有相關資料，需要能真正開疆闢土的精神。如果你有信心可以游完這段距離，並應對各種情況，那麼請將重點放在後勤準備上，但有一個重要事項：因為在以前從未有人游過的水域中，任何事情都可能發生，因此明智的做法是安排不止一艘戒護船，以增加安全保障，特別是如果在夜間出發或結束。

安排訓練時程

準備參加大型馬拉松游泳需要進行 12 個月的訓練計畫，每個月逐漸增加你的訓練量和強度，並在最後幾次游泳訓練中，達到至少馬拉松游泳總距離的 60%。

對於英吉利海峽等游泳賽，你必須在 61°F（16°C）或更低溫的水中，完成 6 小時的強制資格認定游泳。對於曼哈頓島馬拉松游泳賽等比賽，你必須提前準備好文件，使自己能夠成為被選中的運動員之一。對於瑞士蘇黎世湖的 26 公里超越自我馬拉松游泳賽等項目，則必須及時報名。想要參加這些比賽的人非常多，而且人數一直增加，因此趕上時間向來很重要。

公開水域成功金字塔訓練理念（見第六章）的七個要素在馬拉松游泳訓練中很重要，但需要更加注重基本訓練、距離承受度和公開水域適應。如果你想游 25 公里，而你從來沒有游超過 5 公里，可能需要一個類似表 8.3 那樣的 12 個月訓練計畫，你可以根據自己的目標修改強度和距離長度。

表8.3 25公里馬拉松游泳的12個月訓練計畫範例

| 階段 | 時期 | 訓練重點 | 游泳量 | | 水溫範圍 |
			每日平均量（碼）	在公開水域中最長連續游泳的距離（碼）	
1	十一月	基本訓練 補給實驗	3,000	500	11-13.3°C （52-56°F）
2	十二月	基本訓練 補給實驗	3,000	1,000	11-13.3°C （52-56°F）
3	一月	基本訓練 補給實驗	4,000	1,000	10-12.2°C （50-54°F）
4	二月	基本訓練 公開水域適應	4,000	2,000	10-12.2°C （50-54°F）
5	三月	速度訓練 公開水域適應	5,000	3,000	12.2-14.4°C （54-58°F）
6	四月	基本訓練 速度訓練	5,000	5,000	12.2-14.4°C （54-58°F）
7	五月	距離承受度 技巧訓練	6,000	8,000	14.4-15.5°C （58-60°F）
8	六月1日至15日	距離承受度 技巧訓練	6,000	10,000	14.4-15.5°C （58-60°F）
9	六月16日至30日	距離承受度 針對特定比賽的訓練	7,000	15,000	15.5-17.8°C （60-64°F）
10	七月1日至15日	距離承受度 針對特定比賽的訓練	6,000	15,000	15.5-17.8°C （60-64°F）
11	七月15日至27日	賽前減量訓練 策略知識	5,000	10,000	18.9-20°C （66-68°F）
12	七月28日至八月1日	賽前減量訓練 策略知識	1,000	1,500	18.9-20°C （66-68°F）
八月1日，25公里游泳					18.9-21°C （66-70°F）

陸上練習

一個全面的陸上練習計畫可以增強你的游泳項目。然而，隨著你在水中花費更多的時間，除非你有幸成為全職的專業馬拉松游泳選手、正在休學術長假或其他原因可以完全自由地投入這項運動，否則你沒有足夠的時間和精力來繼續進行陸上練習。

對於大多數時間有限的人來說，要著重兩件事情：（一）核心力量，（二）柔軟度，特別是肩膀和腳踝。加強核心肌肉可以幫助你在公開水域保持更流暢的姿勢，在長距離游泳後半段或狀況惡劣時特別有用。強壯的核心也有助於減少一些泳者會感到的下背部疼痛。

這些練習可以類似於第七章中描述的練習，但頻率可以更高。

在公開水域訓練

理想情況下，你始終要與夥伴一起訓練。但是，如果沒有游泳夥伴，請在公開水域訓練期間平行並靠近海岸線、來回地游泳。或者，請朋友划小艇或立式划槳和你作伴。如果沒有護送人員，請找人在你平行於海岸線游泳時沿著海灘行走。

在兩點之間策畫一個訓練賽道（例如，一個碼頭和防波堤之間，或兩個救生員瞭望塔之間），並定期在這兩個地標之間計時，這樣你就可以用數字衡量自己的進步。購買內建溫度計的防水手錶，這樣你就能夠計時，並追蹤水溫。

為了打破單調的訓練，並保證心跳次數提高，你可以偶爾進出水中：從水中跑出來、跑到海灘，然後再返回入水。在單人馬拉松游泳結束時，你必須站起來，並離開水中，所以做一些進進出出的動作將有助於模擬這種抵達終點的方式。如果你不想離開水面，你可以每隔一定距離或預定的時間加快速度。

嘗試各種食物和飲料，看看哪種最適合你，並嘗試多種不同的混合和濃度。你的味蕾會受到你待在水中時間的影響，而你在水中停留的時間愈長，

飲料的味道就會發生變化。雖然馬拉松游泳運動員可能會給你建議，告訴你什麼樣的補給是有效的，但最了解你的身體的還是你自己，所以必須自己來做決定。

適應公開水域極為重要，特別是在預計水溫很低或很高的情況下。如果預期水溫為65°F（18.3°C），則在游泳前的幾個月內開始在55°F（12.8°C）的水中進行訓練。雖然不一定要在55°F（12.8°C）的水中游得很遠，但你能夠承受這種溫度將幫助你在65°F（18.3°C）的水中游更遠做好準備。根據經驗，如果你在比預期水溫低10°F（5.5°C）的溫度下開始訓練，你應該就做好充分的準備了。

過度訓練的好處

過度訓練在大多數運動中都是不理想的，但對於馬拉松游泳則可能有些不同。如果你的馬拉松游泳目標是25公里，那麼你應該進行30公里的訓練。如果情況變得惡劣，水溫比預期的要冷，或者受到海洋生物的干擾（例如，被水母螫傷），你所付出的額外努力將很有用。準備好比目標距離游得遠一點，你需要做好一切的準備。

想要成功，你需要日復一日、週復一週、月復一月地投入時間和精力。你可能會覺得自己所有的時間都花在了游泳、吃飯、睡覺和前往下一次的訓練路上，同時還夾雜著工作或上學的事情，但是這種不懈的努力將會得到回報。反之，如果你沒有努力付出，還希望在游泳過程中發生神奇的事情，那麼你的希望很可能會破滅。

在訓練期間，有時你會感到寒冷、痛苦和沮喪。你會想要離開水中，並結束訓練。你會完全筋疲力盡，懷疑自己怎麼可能再游100碼。但這種被惡劣環境打擊的感覺，正是你在訓練中需要經歷的。

日復一日的磨練是你學會克服這些障礙的地方。每次你超越以前認為不可能完成的任務時，你在心理和生理上都會變得更強大，並且準備更充分了。當你在馬拉松游泳的過程中感到寒冷和疲倦時，你的教練可以提醒你（你

也可以提醒自己）那些在訓練中度過的日子，當時你都能堅持到最後了。

在賽前逐漸減量訓練

游泳運動員在馬拉松游泳之前，關鍵是要有一段期間訓練減量和充分休息，這一點跟泳池的游泳選手是類似的。當你在減量期間減少游泳量時，同時也降低你的游泳強度。減量期間讓你有時間完成後勤計畫，並為你的馬拉松游泳提供充足的休息。最好在馬拉松游泳前兩到四個星期完成最長和最困難的游泳訓練，這樣你就有足夠的時間為最重要的一天恢復體力。

如果你嘗試在七大洋或其他情況經常變化的水道中游泳，你的游泳日期將取決於天氣和戒護船領航員的空檔。你的可行時機可能從幾天到幾週不等（如果是北海海峽，則可能是幾個月）。如果你在變化較小的水道中游泳，例如湖泊，你可以確定一個理想的日期，如果天氣不佳，還可以再加上一兩天作為備選的日期。

每年參加馬拉松游泳的次數

有些頂尖專業人士每年參加多達10次馬拉松游泳，但大多數泳者既沒有時間，也沒有資源花這麼多時間游泳。如果你計畫每年進行不止一次的馬拉松游泳，每次游泳後你的身體對馬拉松游泳的承受度都會增加。如果你投入訓練，並擁有財力和時間，那麼不管在哪個月份，都可以嘗試多次馬拉松游泳。

在陪同人員護送下直線游泳

在護送團隊的協助下，直線游泳相對容易。與你的戒護船平行游泳，並完全信任你的領航員和支援人員。如果你同時有一艘船和一艘小艇協助你，就游在它們之間，通常你要跟在船中間位置的領航員進行眼神交流。你的小艇人員可以從船上運送食物給你，並且應該與你保持眼神交流。

在馬拉松比賽中要直線游泳可能比獨泳更容易，尤其是當每個人都被

分配了戒護船的時候。當然，船的數量愈多，意味著愈有可能吸入船的廢氣，這會使你咳嗽或引起胃部不適。如果你開始吸入廢氣，請立即告訴你的領航員，並改變自己的位置或讓領航員移動船隻。

為了保持直線路徑和良好的划水動作，你必須持續地集中注意力，尤其是當你在夜間游泳，或者如果海浪高漲時。在惡劣的條件下，大船的船長在以你的游泳速度行進時，會更難讓船隻保持在直線方向上。如果你不斷向左或向右漂移，你的支援人員必須小心地移動船隻，把你帶回最佳的導航路線上。一個有能力的船長會為你提供直線和穩定的路線，但你也有責任讓自己始終配合戒護船。

在波濤洶湧的水中游泳

在波濤洶湧的水中，要游得好需要經驗、耐心和毅力。在馬拉松游泳中，要有心理準備會在某個時候遇到水面碎浪。出現這種情況時，盡量保持平衡。如有必要，用你的腿來維持重心，但不要讓雙腿下沉，而產生額外的阻力。當小小的水面波浪拍打你的手臂時，請保持高手肘和流線型的身體姿勢。

有時海浪會從你身後襲來，有時會從側面沖擊你，有時會正面撞擊你。如果你兩邊都能換氣，這種雙邊換氣和在划水時朝後換氣的能力將幫助你避免吞進水。

快速游泳

在馬拉松游泳過程中，你可能會遇到水流或必須游進巨大的海浪中。在這些情況下，你可能需要游得更快，以避免潮汐出現變化，或者有機會碰上湧浪，快速打腿，利用大海的力量推動自己前進。雖然耐力是馬拉松游泳的基本要素，但速度以及抓對踢腿時機，沿著浪壁進行人體衝浪，也能為你的成功發揮作用。

你可以透過在泳池中進行間歇訓練，來保持或提高你的速度。在泳池

訓練期間，你可以進行困難的有氧訓練組合，來提高心跳，而不是單純地游泳。例如，不要直接游2,000公尺，而是以快速間歇的方式游10 × 200，或者10趟的200 + 50的快泳，即以正常速度游200公尺後，快速游50公尺。

在公開水域中，以慢、中、快三種速度交替進行，以打破單調的訓練。即使在海洋或湖泊中，也可以把一些速度訓練與耐力訓練結合起來。例如，把你的訓練依距離分段（1公里慢速 + 2公里中速 + 3公里快速），或依時間分段（5分鐘慢速 + 10分鐘中速 + 20分鐘快速，然後再重複）。用中速和快速游泳時，加快你的划水節奏和踢腿，這樣你的心跳就會增加。

你可能會覺得冷，尤其在公開水域不踢腿的話。在泳池和公開水域訓練中，加強腿部的訓練項目很重要。踢腿可以產生推進力、節奏、平衡和溫暖，這比放任雙腿拖在身後要好得多，因為那樣會產生不必要的阻力。

當你建立有氧的體能訓練時，始終專注於划水的效率，不要養成壞習慣。如果你可以略微提高划水技巧和效率，就會節省大量的精力和時間。如果你每分鐘划水70下，並以13小時31分鐘的平均時間游過英吉利海峽，你將划水約56,770下。即使稍微提高一點划水效率，乘以56,770下划水，也會明顯縮短游泳的時間。

限制抬頭

在馬拉松游泳期間，你不必抬起頭來定位。你可以正常地用側面換氣，並根據你的戒護船或小艇來定位。在長距離的項目中，頻繁的定位只會讓你失望和沮喪，經常定位並不能讓你更早抵達終點。你只需低下頭，直線游泳，同時相信你的領航員和支援人員會告知你的位置和進展。

計算划水次數

如果你不使用全球定位系統設備，以提供精確距離和時間數據，就很難確定你在公開水域游泳的速度，但是你可以透過計算每分鐘划臂次數，來估算你的配速。快速的泳者可以長達數小時，保持高達每分鐘划臂次數85下，

而年長的泳者通常在每分鐘划臂次數為55至65的速度下游泳更舒服。

如果在馬拉松游泳期間，你的每分鐘划臂次數比平均下降超過10下，你的教練和工作人員就應該知道你已經累了，或出現了一些問題，例如失溫或肩部受傷等。在任何年齡，大多數訓練有素的馬拉松游泳運動員通常每分鐘划臂次數可以保持在平均水準的5至10下以內。也就是說，如果你的正常每分鐘划臂次數是75下，則訓練自己在全程保持至少每分鐘65下的配速。

保持穩定的配速

在長距離游泳中，配速是很重要的。根據你的游泳能力和可能遇到的情況，保持穩定的配速。你的教練可以確認你的每分鐘划臂次數，然後用白板每15或30分鐘告知你的配速。如果你的支援人員提供準確的距離和時間數據（例如，3小時內游6英里），你可以估計游完的時間，並決定如何把自己的速度調整到最好。

協調你的支援團隊

無論你是根據既定的規則進行馬拉松游泳，例如英吉利海峽，還是在既定的管理機構之外，進行馬拉松游泳，你都需要與幾個人合作，而且每個人都有不同的角色和職責：教練、領航員、官方觀察員和支援團隊。重要的是，你要帶頭，決定如何做出決定，以及由誰做出最終決策。對於誰擁有決策權，若產生誤解，可能會導致問題。

事先確定在極端情況下會發生什麼事情。你願意鞭策自己到什麼程度？如果你的人身安全受到威脅，誰來做決定？如果看到鯊魚怎麼辦？如果你開始嘔吐怎麼辦？如果你錯過潮汐怎麼辦？如果接力隊員生病或受傷，怎麼辦？

還需要做出許多小決定，例如，誰來準備你的飲料？你應該多久停下來補充水分？你會在戒護船的哪一側游泳？如果水況發生變化，你是否願意

從船的一側換到另一側游泳？誰來記錄你的游泳日誌？表8.4顯示了一個決策矩陣的範例。

表8.4 決策矩陣

	泳者	領航員	教練	觀察員	支援人員
游泳日期	✓	✓			
出發時間		✓			
補給時間表	✓		✓		
補給選擇	✓				
補給準備	✓		✓		✓
泳裝和泳帽的批准				✓	
羊毛脂準備			✓		✓
文件檢查		✓			
海洋生物觀察		✓			✓
醫療健康文件		✓	✓		
路徑導航		✓			
支援泳者					✓
小艇輪換			✓		✓
小艇準備			✓		✓
配速	✓		✓		
計算划手次數			✓	✓	
正式時間				✓	
紀錄保存			✓	✓	
向國際馬拉松游泳名人堂遞交文件	✓			✓	
相機或錄影機			✓	✓	✓
在白板上寫字			✓		
加油打氣		✓	✓	✓	✓
緊急程序，包括緊急求救		✓			
引擎問題		✓			✓
從水中拉出（非自願或自願）	✓	✓	✓		
完成或登陸		✓	✓		✓
游完後恢復體溫			✓		✓
聯絡媒體	✓		✓		

馬拉松游泳觀察員的職責

如果你在既定管理機構的主持下游泳，官方觀察員將負責確認嚴格遵守所有規則。觀察員將完成一份書面報告，成為你游泳的正式紀錄，裡面記錄了所有事件、你的游泳進度、潮汐情況、水和天氣狀況、補給時間表，以及出發和結束時間。

如果你的游泳是史無前例的，或者不受任何既定機構的管理，請招募一名公正、注重細節的人作為你的觀察員，並以書面、照片和影片的形式記錄你的游泳。由兩個人來組成觀察員團隊是理想的方式，這樣他們可以每兩到四小時輪流工作。如果你的團隊在游泳期間可以上網或使用手機，他們可以經常在你的部落格或線上社群（例如臉書或推特）上發布最新資訊，這樣你的家人和朋友就可以在網上或手機上追蹤你的進展。

在你游完後，國際馬拉松游泳名人堂、世界公開水域游泳協會或金氏世界紀錄可以正式接受和登記你的文件。國際馬拉松游泳名人堂保存著世界各地嘗試過的馬拉松游泳（包括成功的和不成功的）的檔案，記錄不成功的游泳也很有幫助，因為這會累積全球水道的馬拉松游泳資訊。

選擇護航領航員

根據其他泳者的推薦，以及你和領航員之間是否有舒服的個人化學反應來選擇你的護航領航員。你的領航員必須技術熟練、知識淵博，是資深的執照船長和具備豐富的護航領航員經驗。他必須了解水流、潮汐和你要挑戰水道的特殊情況，以及如何在惡劣的條件下，在夜間以每小時1至3英里（1.6至4.8公里）的速度連續行駛幾個小時。這種能力需要出色的航海技巧、極大的耐心、不間斷的專注，最重要的是，要有幫助你實現目標的熱情。這種條件的組合很難找到，因此尋找合適的搭檔是你成功的關鍵。

如果你參加的是曼哈頓島馬拉松游泳賽等競技游泳活動，主辦單位會提供經驗豐富的領航員。隨著七大海峽挑戰愈來愈受歡迎，你必須提前預訂領航員，有時甚至要提前數年預訂。反之，如果你要進行史無前例的長距離

圖 8.1
適當的馬拉松訓練需要時間、專注、決心和專門的支援團隊。
Dr. Jim Miller

游泳或為期數日的分段游泳，找到稱職的領航員可能會更困難。你可以在當地碼頭、漁港和游艇俱樂部或上網尋求建議，與幾位人選交談，花費時間和精力去選擇合適的領航員，這一點是非常重要的。

選擇支援人員

好好選擇你的支援人員。你的船可能相對較小，可能只能容納那些擔任特定角色的人。如果有朋友或志工真的想參與，但船上沒有空間，你可以分配陸地上的工作給他們（例如，在終點幫忙、準備游泳後的派對、與媒體合作，或在網站、部落格或線上社群提供即時的更新資訊）。

你的支援人員應至少包括一名接受過適當急救訓練的人員。整個團隊的人應該能夠適應在移動非常緩慢的船上坐上幾個小時，這種情況會放大每一個波浪和海浪。因為有些成員會暈船，所以在游泳開始前給每個人提供暈船藥，除非他們因為接受其他的藥物而無法服用暈船藥。在你游泳期間暈船的人，會造成干擾，要不然就是無法幫助到你。

決定支援團隊在你游泳期間要採取什麼行動。你會介意他們在途中吃

飯或睡覺嗎？如果他們吃東西，能在你的視線範圍內吃嗎？如果他們睡覺，請確保在惡劣的條件下、夜間或接近終點時，有足夠的人在看著你。暈船的支援人員應該禮貌性地離開你的視線。

在所有情況下，要求並期望你的團隊可以讓你看到，並提供支持。當他們在你游泳的過程中逐漸形成一個團隊時，他們可以為你歡呼、注意漂流物或垃圾、準備你的食物，並分擔划小艇的任務。

當你停下來補給時，你的教練應該完全擁有發言權，並成為第一個與你交談的人，你要能夠清楚地聽到教練的建議。在你的教練說完之後，你的支援團隊可以提供鼓勵。擁有正面、喜愛馬拉松游泳的氛圍和挑戰的船員，這一點非常重要。

當你身體疲憊，對自己的進展感到沮喪時，你需要能夠幫助你發揮潛力的人，而不是那些會同情你的困境，並建議你退出的人。

如果你在游泳期間看到或遇到海洋生物（例如，鯊魚、海龜、僧帽水母、水母、海豚、魚群、海蛇或蝠鱝），請立即告訴你的支援人員。他們可能看不到你在水下能看到的東西。如有必要，你的領航員可以啟動船的引擎，來嚇走海洋生物。如果有任何海洋生物嚇到你，請靠近戒護船和你的小艇。當你在海洋中或晚上在湖中感到緊張時，靠近其他人總是會讓自己感覺更好一些。

在晚上，你的支援團隊必須特別警覺。把螢光棒或圓盤燈綁在泳衣或泳鏡上，以便你的支援團隊可以看到你。你的領航員還可以在船上掛上螢光棒，這樣你就可以更輕鬆地看到船，因為你可能不希望船上照射出明亮的光線傷害你的眼睛，同時也能避免在夜間吸引海洋生物。你的小艇人員還可以把螢光棒夾在他們的衣服上，並在小艇上掛上螢光棒，讓你和船上的每個人都能更清楚地看到小艇。你的教練和小艇人員應該隨身攜帶哨子，以備不時之需。

當你考慮退出時，你指定的教練應該評估你的情況，幫助你在最終決定爬上船之前，重新考慮你的情況和目標。一旦你觸摸到任何人或你的戒護船，則意味著你正式結束游泳。因此，家人向來不是你的教練最佳人選，有

時他們的愛會使他們忽略你的目標。當他們看到你在冷水或惡劣條件下受苦時，他們自然希望你放棄。在這種時候，教練的溫和勸說和警惕的目光可能會對你更好。

當然，當你的領航員或教練認為有危險的情況時（例如，你的失溫或周圍潛伏著鯊魚），他有最終的決定權，他能夠冷靜地當機立斷是非常重要的，這也是在馬拉松游泳過程中，你的領航員以及教練、小艇人員和支援人員必須隨時預備好立即採取行動的主要原因。

傳達你的馬拉松游泳目標

在獨泳馬拉松游泳或接力活動中，你可以選擇自己的支援團隊進行護航。相比之下，在比賽期間，主辦單位可能會為你分配一名工作人員。無論是哪種情況，請提前與你的支援團隊討論你的目標、背景、擔憂、後勤、速度、換氣模式、賽道策略、比賽策略、補給時間表、偏好，以及緊急步驟。當面解釋，並提前以書面形式向他們提供這些資訊，以避免任何誤解。

如果你的領航員不會說你的語言，那麼傳達你的目標就顯得尤其重要。提前透過電子郵件發送你的目標，並在游泳前準備好紙本，交給你的支援團隊。如有必要，可以使用自動線上翻譯工具，準備好英語和領航員母語的翻譯。雖然線上翻譯並不完美，但尚可接受的翻譯總比沒有好。

在你開始游泳、接力或比賽之前，把你的詳細指示護貝起來，並裝在活頁夾中，交給你的支援人員。這為他們提供了防水的文件，上面記錄了你希望得到的幫助，並以易於查閱和記憶的格式呈現。

教練的價值

你的教練是一個身兼數職的特殊角色。理想情況下，你的教練是一位高明的激勵者，他也會注意你的人身安全，擁有分析和改進游泳技巧所需的知識，並協助制定訓練和後勤計畫。

你的教練必須靈活地適應不可避免的情況，無論是在訓練期間（例如受

支援團隊的游泳目標範例

56歲的三冠王麥克・米勒（Michael Miller）來自夏威夷檀香山，他替從紐約到紐澤西17.5英里（28公里）的艾德勒游泳比賽設定了以下目標：

1. **目標**：在6小時以內完成比賽。

2. **背景**：在大學時期是競技游泳選手，已完成了摩洛凱海峽、英吉利海峽、卡特琳娜海峽和曼哈頓島馬拉松游泳。

3. **擔憂**：低於56°F（13.3°C）的水溫讓我擔心，因為我整年都在夏威夷訓練。

4. **後勤準備**：將在7月抵達，並住在靠近終點的出租公寓裡。

5. **速度**：我的平均每分鐘划水頻率為60下。如果我覺得冷，我可能會放慢速度，但我的每分鐘划水次數不應低於56下，除非我的肩膀開始疼痛。

6. **換氣**：我主要向左邊換氣，但必要時可以雙邊換氣。我希望戒護船在我的左邊，小艇在我的右邊，保持不超過15碼（13.7公尺）的距離，並保持眼神接觸。我想游在靠近船身中間的地方。

7. **補給**：我計畫在前2個小時每30分鐘停下來一次；然後每20分鐘停下來一次，直到結束。我會在前六次補給時喝溫熱的電解質飲料，然後在最後喝沒氣的百事可樂，我所有的補給都在船上貼上了標籤，我不想在每次補給時停下來超過30秒。

8. **策略**：我計畫保持穩定的速度，不要被風或水面碎浪干擾，我每小時的進展應該不會有太大的波動。

9. **教練**：我的教練負責我的補給、划水次數和定位決定。

10. **緊急情況**：如果我要求退出，請給我機會重新評估。把船開遠一點，讓我的教練跟我說話。但如果有任何失溫的跡象，請立即把我拉出來，並開始恢復體溫的過程。

11. **其他**：我的教練會拍攝很多照片和影片，比賽網站將追蹤我在整個比賽中的進展。

傷)，還是比賽中（例如被水母螫傷）。你的教練必須了解你的長處和短處，以及你的能力和極限，還有公開水域游泳安全的所有方面。

你的教練最重要的價值之一，就是幫助你建立成功的信心，並保持對這項運動的渴望和興奮。好的教練可以扮演很好的聽眾，在你無聊、沮喪和失望湧上心頭時，他會用積極的回饋和有用的建議，幫助你回到正確的軌道上。

經驗豐富的教練將始終誠實地與你交流。如果你的訓練不足以實現你的目標，你的教練將公正地評估你的努力和所選目標的難度。

優秀的教練會在漫長的幾個月訓練中激勵你，根據你的喜好準備補給，並了解你的平均和最高每分鐘划臂次數。當馬拉松游泳的過程變得困難時，你與教練之間的信心和信任往往是成敗的關鍵。

在你游泳期間，請你的教練經常透過手勢和用白板寫下資訊與你交流。資訊可以包括你的每分鐘划臂次數、下次補給的時間、水溫（如果你需要這項資訊）、預計到終點的距離，或一些激勵話語。

如果你沒有個人教練，請與顧問一起工作。這個人可以是有馬拉松游泳經驗的人，也可以是對你游泳活動區域非常瞭解的人士。顧問可以讓你誠實地了解你的訓練和長期目標，同時還可以根據他們自己的馬拉松游泳經驗，檢視你的訓練排程、後勤安排、計畫和補給。他們可以描述要尋找什麼類型的護航領航員，以及需要什麼樣的訓練。

相關資訊

根據英吉利海峽游泳與導航聯盟的規定，泳者在獨泳時，可以有一名配速員在水中陪同，但配速員要等到第四個小時後才能加入。配速員最多可以在水中陪伴一小時，但必須至少間隔兩個小時後才能再次加入。配速員可以與獨泳運動員並排游泳，但不能在其前面游泳。在卡特琳娜海峽，配速員最多可以在水中停留三個小時。

在馬拉松游泳比賽中，有其他人下水和你一起游泳會讓你感到安慰。如果你有配速員的話，你的教練可以決定什麼時候讓配速員和你一起下水是好時機。如果你在晚上游泳時感到不自在，這是你使用配速員的好時機。

心理因素

自行車手和跑者在陸地上有無數的視覺和聽覺線索，而馬拉松游泳運動員實際上是盲目地游泳，在很多情況下看不到陸地，完全由支援團隊引導前進，且常常在夜間進行。在這種環境下，泳者的心態成為驅動身體的強大動力。

在馬拉松游泳或訓練期間，你的精神狀態可能會有所轉換，從作白日夢到全神貫注於周圍的每一個要素。有些運動員會作白日夢、有些會唱歌、有些會幻想、有些會數划水次數、有些會祈禱、有些會發呆，還有人會在整個游泳過程中做很多這樣的事情。這些都是幫助你變得更平靜、更堅強、更有活力、更專注的方法，並且可以幫助你把注意力從眼前的問題上轉移開來，例如惡劣的環境、寒冷的水、放棄或減速的誘惑。

你可能希望專注於你的划水動作，或者什麼都不考慮，或者什麼都去想。當你享受水的觸感和下面的景色時，你會有充足的時間。在公開水域游泳提供了一個獨特的機會，可以同時集中注意力和不集中注意力。你可能非常了解心裡內在發生的事情，而沒有察覺外在發生的事情，或者相反。

潮汐、水流或水面碎浪的變化可能會令人沮喪，尤其當你一開始是在平靜的水中游泳。在水中待了幾個小時後，你可能會變得沮喪和氣餒，因為你逐漸在對抗惡劣的天氣。在練習中為這種挑戰做好準備，反覆地訓練。如果你在練習中感到疲憊和沮喪，但還是堅持留在水裡游泳，那麼你就不太可能會提前退出比賽。

請與其他馬拉松游泳運動員交流他們的經歷，以及他們如何克服自己的困難，你還可以閱讀其他人在書籍和網上顯示的英勇事蹟。

生理因素

　　與其他耐力運動員不同，馬拉松游泳運動員必須連續數小時完全浸泡在水中。由於水的鹽度，這樣長時間浸泡會導致獨特的問題。

　　如果水比你訓練準備的情況還要鹹，你可能會面臨牙齦、舌頭和口腔腫脹的問題。如果發生這種情況，請在補給站用淡水混合漱口水，定期沖洗口腔。

　　反覆吞入水，尤其是鹽水，會導致嘔吐，從而導致脫水。盡可能在波濤洶湧的水中訓練，尤其是在風很大的時候。學會在換氣時，利用腋下空間，朝更後方轉頭，以防止換氣時水流入口中。

抵抗水流

　　長距離游泳已經很困難了，但如果再加上水流，就會變得更加艱難。面對水流時，最好的策略是接受現實的樣子。不要緊張，用你的精力來保持正確的姿勢和有效的划水動作。即使只有微小的進展可能會令人沮喪，但要專注於前進。積極的想法會帶來積極的進展，即使在面對水流時，只是保持在原地。

　　在河裡游泳時，你的護航領航員可能會引導你前往河流較淺處，以對抗迎面而來的水流，因為水通常在較深的水中流動得更快。在海域、海洋或海灣游泳時，你的教練和領航員可能會指示你逆著水流的對角線游泳，以減弱水流的總力量。在競爭激烈的比賽中，當全體參賽者或你周圍的泳者都在對抗水流時，要在其他泳者後面放鬆和跟游。

失溫

　　失溫是一種嚴重的情況，可能由於持續暴露在冷水、冷空氣或兩者中而導致。隨著水溫下降和游泳時間的增加，失溫的可能性也會增加。疲勞、寒風和相對較低的體脂肪率也會增加失溫的機率。

當你的核心體溫降至95ºF (35℃) 以下時，就會發生失溫。這是一種嚴重的醫療狀況，你的教練和領航員必須了解和辨識 (見表8.5)。

表8.5 失溫的徵兆和階段

失溫的階段	徵兆和症狀	基本治療
輕度失溫		
核心體溫為96-99°F（35.5-37.2℃）	顫抖和游泳能力下降。	用毯子和保暖衣物來恢復體溫，避免暴露在風中，並給予溫熱的飲料。
核心體溫為91-95°F（32.8-35℃）	顫抖、發抖、思考能力受損和口齒不清。	相同的治療，但恢復體溫可能需要更長的時間。考慮洗個熱水澡，並密切觀察。
中度失溫		
核心體溫為86-90°F（30-32.2℃）	顫抖的速度減慢並停止，因為心智功能減慢，泳者變得困惑，並且動作僵硬。	用毯子、毛巾和暖和的衣物保暖，防止體溫進一步流失。尋求醫療幫助。
嚴重失溫		
核心體溫低於86°F（30℃）	血壓下降，心律不整，危及生命。	在迅速送到醫療機構的期間，避免體溫流失。

相關資訊

現代馬拉松泳者在努力適應寒冷的水溫時，曾經居住在智利南部火地島 (Tierra del Fuego) 地區堅韌的雅加人 (Yahgan)，卻不需要穿衣服，就能在比格爾海峽 (Beagle Channel) 沿岸和合恩角 (Cape Horn) 群島這種荒涼的環境生存下來。

雅加人用動物脂肪覆蓋身體，大部分時間生活在寒冷的氣溫下，因此演化出比一般人更高的新陳代謝率。

雅加男子乘船出海捕獵海獅，而雅加女性則常常在各種天氣下潛入冰水，捕捉南美寒冷水域裡茂盛海帶床中的貝類和魚類。雅加人認為，婦女統治了大海，而大海是他們生存的關鍵。在意見分歧時，他們由女性主導。

輕度失溫的跡象包括顫抖、不穩定的划水動作或划水次數明顯減少；嚴重的失溫會導致認知改變、行為異常、口齒不清或冷漠呆滯。如果你出現任何失溫的跡象，除了你的教練或觀察員之外，你的領航員有權力和責任立即將你從水中拉出來。儘管你可能想全力以赴，但這並不值得冒生命危險。這意味著即使你非常接近終點，也要把你拉出來。

　　如果你出現失溫的跡象，應立即幫你擦乾，並穿上保暖衣服，戴上保暖的帽子，並盡可能把你放在避風處或靠近暖氣的地方。如果你被拉出水面時離岸邊很遠，醫療救援仍然遙遠，你的教練可以和你一起進入睡袋，把體溫分享給你。可以提供溫的、而非燙的飲料，如果你在發抖，可能需要用吸管來喝東西。在嚴重的情況下，由於醫療問題複雜，需要溫水浴、先進的保暖技術和醫療救援。

　　當然，預防是最好的選擇，透過幾個月的勤奮訓練是適應冷水的最佳方法。儘管有幾個管理機構限制使用氯丁橡膠或雙層泳帽，但耳塞在各地都是可以接受的。安全必須是你的首要任務。

補給的頻率和類型

　　為了達到最佳表現，每15到20分鐘快速補給一次，補給順序與第七章中描述的中距離游泳相同。補給要快速而有紀律，不要把時間拖得太長。如圖8.2所示，在補給站停留時可以喝飲料或補充能量，以及短暫聽取教練提供無法在白板上傳達的資訊。

　　請你的支援人員在補給期間，不要問你問題或與你交談。你與支援團隊交談的每一分鐘都會讓你的游泳時間拉長一分鐘。如果需要伸展身體，則根據需要進行伸展。如果你需要放鬆片刻，那就放鬆吧。但是，不要無意義地聊天。如果你想在下一次補給時換一種口味或特殊的食物，請在補給站時告訴你的教練。

　　在訓練中嘗試不同的補給模式、類型和數量，以確定如何在馬拉松游泳

圖 8.2
志工和教練在比賽期間使
用餵食桿。
Dr. Jim Miller

期間把身體能量保持到最好。即使在泳池裡也要練習補給，習慣每15到20分鐘補給一次。當你長距離游泳時，你的身體需要學會接受各種食物和飲料。在合理的範圍內嘗試各種東西：能量飲料、香蕉、切片的桃子、巧克力和餅乾。大多數的泳者偏好有味道的飲料而不是水，但並非所有人都如此。在游泳池、淡水和鹽水中，測試你的補給，對其他泳者有效的東西不一定適合你。

大多數游泳地點通常都提供瓶裝水，但一般不會提供專業的營養飲料和能量果膠。為避免外文的標籤和法規而引起困擾，事先計畫，並攜帶自己的補給。

你的整體飲食習慣也會影響你的訓練和體力恢復，和在馬拉松比賽當天的表現。在良好的飲食方面並沒有什麼特別的祕訣，請遵循以下健康飲食的建議：

- 每天吃多種食物。
- 多吃顏色鮮豔的水果和蔬菜，而不是主要吃顏色單一的食物。
- 經常適量進食，以避免飢餓。

- 喝足夠的飲料以保持水分，避免口渴。
- 吃得夠多來維持你的肌肉量。
- 在練習後的頭兩個小時內進食。

補給的溫度

當水和空氣變冷時，你可能更想要溫熱的飲料；當水和空氣溫暖時，你可能更想要冰涼的飲料，改變補給的溫度有助於穩定核心體溫。在加熱能量果膠時，請把包裝放入熱水的保溫瓶中。相反的，若要提供冰涼的補給，可以把飲料冷藏或冰鎮，但不要在裡面加入冰塊，你不會想在公開水域被冰塊嗆到。

賽前的早餐和零食

即使你平常不吃早餐，在游泳之前也最好吃些有營養的東西。如果你只依賴前一天吃的晚餐，你可能無法充分發揮你的潛力。如果你平常會吃早餐，那麼就照常吃，除非你還想多喝一些水、果汁、茶或咖啡。

如果你平常在早餐時喝咖啡，請不要在比賽當天更改賽前的菜單。但是，如果你平常喝的咖啡不多，請不要在游泳的那天早上開始喝咖啡，維持你平時吃的和喝的東西即可。在比賽前的最後 90 分鐘內，飲料應僅限於水和你偏好的特殊飲料。

在水中排尿

經過數小時的游泳後，自然而然會覺得想要在公開水域中排尿。對於某些泳者來說，一開始可能會有困難，但是你可以練習減少踢腿，同時用力和放鬆骨盆的肌肉，這樣你就可以邊游泳邊排尿。你可能可以毫不費力地排尿，也不會明顯改變你的泳姿。你可能需要集中注意力，同時放低臀部，讓雙腿拖曳，並放鬆下半身。你也可能必須完全停下來，讓身體垂直來排尿。

由於水溫很冷或附近的支援人員有男有女，你可能根本尿不出來。

你的膀胱最多可容納500毫升的尿液。通常，當尿量達到200至250毫升的範圍時，你就會有尿意。但是，如果你處於失溫的早期階段，你可能會出現排尿的困難，因為你的膀胱和腎臟已經開始停止運作。在冷水中排尿通常需要更專注。

相反的，你會發現在溫暖的水域游泳時，排尿會更容易。膀胱脹滿讓人游泳起來不舒服，會影響你的樂趣或速度，尤其是當你的游泳距離增加時。如果你的膀胱已滿，你可能無法再進食或喝太多水，這對馬拉松游泳不利，所以儘管去解放吧。

馬拉松游泳是現代社會最具挑戰性的冒險活動之一。就像前幾個世紀的探險家一樣，你可以冒險進入未知世界，在異國他鄉游泳。在海洋和湖泊中，你會領悟到在生理和心理上可以鞭策自己到什麼程度。對於許多人來說，馬拉松游泳是他們一生中最緊張、最深刻和最難忘的成就之一。這是一項複雜的活動，需要許多其他人的團隊合作，但也完全取決於你日常的投入程度，以及比以往都更深挖掘自我潛能的能力。盡情享受這段旅程吧。

Great North Swim, Dave Tyrell

CHAPTER 9

不同賽事的比賽策略

公開水域游泳除了是人類與自然的對抗,無論是在區域、全國比賽,還是國際大賽中,參賽者之間的競爭氣氛也很激烈。有些人只想順利完賽,而其他人則想勝出,大多數選手則處於兩者之間。奧運選手、職業馬拉松游泳選手和競爭激烈的鐵人三項運動員擁有各種不同的比賽策略,他們在爭奪獎牌名次、獎金和榮譽時都會使用這些策略。

公開水域的挑戰

在陸上耐力運動中,運動員受益於各種視覺和聽覺資訊,這些資訊幫助他們了解自己所處位置、前進的速度,以及自己相對於競爭對手的位置。相比之下,在公開水域中你將面臨更少、且不太準確的感官線索,來幫助你做

出即時的策略和定位決策。你可能需要定位線索（例如，怎樣是最好的路線？）、相對排名的資訊（例如，誰游在最前頭？）和配速數據（例如，我每公里的速度是多少？），但這些資訊通常不存在、不完善或會誤導人。

因為在公開水域比賽期間，你很少能獲得準確的資訊，可以考慮採用三管齊下的策略方法，來彌補資訊不完善的問題：

- 遵循公開水域游泳的兩條黃金法則。
- 了解人性。
- 賽後進行表現評估。

公開水域游泳的兩條黃金法則

在公開水域比賽中，經常會發生意想不到的事情，尤其是在有好幾個轉彎和有數百或數千名參賽者的比賽中，像是泳鏡被打掉、雙手沾滿凡士林、不小心碰到別人的手肘、轉折浮球的位置無預警地改變等等。

那些參與、欣賞和享受這項運動的人會遵循公開水域游泳的兩條黃金法則：

一． 預期意想不到的事情。
二． 保持靈活。

如果你預期會有意想不到的事情，你將在比賽中保持冷靜，在心理上將超越競爭對手。在比賽前，要保持輕鬆，但相信經過數月的辛苦訓練和策略規畫後，你已經準備就緒。比賽開始後，很多事情都可能發生，而且將會出錯，例如被水母螫傷、踩到岩石和撞上浮標，這些只是意外狀況的幾個例子而已。這些情況對任何人來說都很挫敗，並且會暫時破壞你的注意力或自信心。

在公開水域中比賽時，意外事件可能不斷發生，打亂你的注意力、節

奏和信心。當這些情況發生時，保持正確的划水動作，繼續注視你的競爭對手或支援人員，並專注於你的位置和定位方向。最重要的是，盡情享受，並接受挑戰。

如果你在心理上做好準備，預期會發生意外情況，所有因天氣、人為錯誤或賽道配置變化而造成的情況，你幾乎都能夠適應。

特別是，水溫和天氣的變化會引起你在公開水域中的挫折感，例如，水溫可能在一夜之間突然下降幾度。遵循黃金法則的泳者明白水溫可能會有變化，並做好在各種條件和溫度下游泳的心理準備。有些運動員會帶不同的泳衣來參加比賽，以應對各種可能的情況；而其他運動員只是帶著「預期意外」的心態，他們不會擔心，不讓壓力影響他們的表現。

有時候，意外的天氣或作業問題會導致賽道配置發生未經安排或未經通知的更改。雨和霧會降低能見度，浮標可能會飄離開繫泊的位置，計時系統及備用系統偶爾也會出現故障。如果你接受這些挑戰，你就能在競爭中取得優勢。

了解人性

出了海岸線，人性不會因此改變。事實上，在公開水域中變得更可預測人性。

大多數泳者覺得，在公開水域中乾脆跟隨前面的泳者會更容易，而且風險更小。就像魚群一樣，泳者天生就有集體行動的本能。在公開水域中，泳者無需使用語言或陸地上常用的肢體語言線索和指示（例如，指出方向、點頭或微笑），就能明顯影響彼此。

運用你在陸地上對人性的了解，來在公開水域獲得優勢，例如自我應驗預言、榜樣和意想不到的結果等，這些都是你需要了解的概念，它們會給你有效的提示，讓你預期在公開水域會發生的事。

▪ 公開水域中的自我應驗預言

自我應驗預言是一種信念或期望，它會影響事情的結果，或個人或群體的行為方式。例如，如果大多數游泳選手認為比賽中海流是朝著特定方向流動的，那麼這種集體信念就會影響參賽者的方向。同樣的，如果游泳選手預期比賽開始時速度會很快，那麼他們的集體想法最終將導致快速的出發速度。

如果你想直接影響參賽者的集體思維，可以在比賽開始前與你遇到的每一位泳者分享你的見解和發現。如果你很想這麼做，可以在檢錄處、熱身期間和比賽開始前，與許多其他泳者交談，例如告訴他們水流從北向南流，而且聽說速度會很快；或者提出評論和建議，例如，「救生員說浮標附近的水流會變強，你覺得呢？」或「去年贏家是緊貼海岸線游的，看起來是個好辦法，但我不確定。」向幾個主要競爭對手提出建議或傳遞資訊，無論你的資訊是否正確，你可以在一定程度上影響參賽者。你可以把這些資訊包裝成不是你自己的建議，而是在傳遞給大家的消息。

▪ 公開水域中的榜樣

榜樣的概念已經是一種日常用語了，在公開水域游泳運動中，它相當於帶頭的泳者，因為人們會模仿榜樣的行為，所以帶頭泳者對全體參賽者的速度和導航方向都有很大的影響。

能夠預測帶頭泳者將在比賽中做哪些事，會是很有用的。在比賽前，詢問最厲害的游泳選手在比賽中會做哪些事和可能會採取的路線。有了充足的資訊，你就可以進行適當的計畫，並準備替代策略，來發揮你的優勢。例如，如果你知道衛冕冠軍在終點處會靠近碼頭，那麼這可能是最好的策略。

▪ 公開水域意想不到的結果

公開水域比賽經常發生意想不到的結果，例如，在接近終點時，排名第二位的游泳選手可能利用大浪進行人體衝浪，因而領先；或者因為前導船造

成帶頭泳者定位錯誤，使第二名超越第一名。無論是哪種情況，都可能導致第二名的選手由於大家都沒有想到或預料到的結果而後來居上，贏得比賽。以下的例子說明了意想不到的結果：

- 賽道上有多股水流，你可以因為採取比競爭對手更好的定位選擇而受益。
- 你不小心撞到另一名泳者，他對你報復，因此拿到黃牌（警告）或紅牌（取消資格）。
- 你是第一個進入補給站的人，但被後面追上來的參賽者給堵住了。

在公開水域意想不到的結果是由多種因素造成的，其中包括：

- 不準確或不完善的資訊
- 缺乏經驗、認知、判斷或理解
- 自欺欺人（例如，泳者認為他們朝著正確的方向前進，但實際上並非如此）
- 沒有考慮到公開水域中的人性

公開水域游泳的混亂特質使這項運動讓一些泳者感到興奮。隨時都有可能有人因為某種情況而贏得比賽，而比賽時的情況往往是不可預測的。混亂的情況可以在比賽開始時看到（例如，在正式出發前，就有泳者跑入水中）；也可以在比賽中途看到（例如，轉折浮球因流錨後移動）；或在終點時都可以看到混亂（例如，一大群人在穿越過波浪破碎的地方後，一起抵達終點）。

以下是導致意想不到結果的一些原因，以及減輕這些後果的方法：

- **無知**：因為不可能預測公開水域的一切情況，泳者有時會使用不完整的資訊，所以做出錯誤的決定。為了抵消這種情況，在整個比賽過程中要注意你周圍發生的事情，包括後面和前面的情況，並不斷地處理這些資訊。

- • **錯誤**：對海象分析錯誤、在隊伍中的位置欠佳，或者採用過去可能有效、但不適用於當前情況的策略，都可能導致你或你的競爭對手做出錯誤的決定。為減少這種可能性，請朋友錄下你游泳的影片，並進行賽後回顧，以加深你對比賽中可能情況的了解。

- • **眼前利益**：在競爭激烈時，短期需求可能會凌駕於長期利益之上。例如，你可能會選擇在比賽進行到一半時不去補給，因為你認為那樣會使自己落後。然而，最終這個決定可能會導致你無法在比賽尾聲時奮力衝刺。解決辦法是平衡眼前的情況和比賽後期可能發生的情況。

- • **適得其反的預言**：有些人因為害怕某些後果，而在問題真正出現之前尋求解決方案。例如，如果你擔心比賽尾聲時，你可能會在波浪破碎的地方放慢速度，但是當你游過碎波帶時，海浪可能會消失。為避免這種情況，下定決心，不要預測問題，而是在整個比賽過程中，隨著情況的發展，把握機會。在終點出現碎波的情況下，憑直覺迅速做出決定。如果你發現碎波平靜了，就快速游向終點。賽後你可以分析你所做的事情，並從中吸取教訓。

賽後進行表現評估

請朋友錄下起點出發、終點抵達和盡量錄下你的比賽過程。攝影鏡頭應該聚焦在你身上（也許從碼頭或其他高處拍攝），這樣你就可以在比賽結束後回顧自己的表現。第十章有一套全面的問題庫，你可以在賽後用來評估自己的表現。透過觀看自己的影片，並誠實評估自己的表現，你可以快速了解自己的優點和缺點，以及如何才能盡力改進自己。

給新手的建議

如果你是這項運動的新手或無法與最快速的選手競爭，某些策略可以使你游起來更加愉快和成功。本節中的建議可以幫助你達成目標。

起點出發

在公開水域比賽中，對某些人來說是困難或有壓力的部分，可能會讓你興奮不已，反之亦然。然而，公開水域比賽的起點出發，尤其是有大規模參賽者的比賽，通常幾乎所有人都會感到緊張。

—— • 如果你擔心在比賽中弄丟泳鏡，可以先戴泳鏡，再戴上泳帽，讓泳帽來蓋住泳鏡帶；或者戴兩頂泳帽，讓泳鏡帶夾在第一頂泳帽和第二頂泳帽中間，這樣可以緩解一些焦慮。

—— • 新的泳衣或防寒衣務必在比賽日之前已經穿過，並穿著練習過幾次的游泳。不同的泳衣和防寒衣會在不同的地方產生擦傷。

—— • 如果你在比賽的起點時感到緊張，可以與其他選手聊天，向他們詢問賽道、規則和比賽的資訊。大多數游泳運動員在被人請教時，都會樂於分享他們的策略知識。如果有選手非常好勝，而且口風很緊，你可以改向異性或不同年齡組或組別的泳者詢問，他們可能不會把你視為競爭對手。

—— • 無論是從岸上，還是水中出發，都要站在人群的兩側或後方。沒有必要站在數百名經驗豐富的泳者中間，在出發時就在擁擠的人群中被推撞，然後在第一個轉折浮球周圍的混亂中被猛撞。

—— • 在出發時，稍微拖延一下時間，讓人群消散一些。周圍的人愈少，你就會游得愈愉快。

—— • 如果在海泳出發時有波浪，而你沒有在高低起伏的水域中累積足夠的經驗，請花點時間穿過海浪。當你出發時，抬頭游泳。深吸一口氣，當浪花沖到你身上時，潛入水底幾秒鐘。在你感覺到海浪的衝擊力量從你身邊掠過之後，快速浮出水面，在你穿過碎波帶時，尋找下一道海浪。繼續游泳，潛入水中，並觀察下一波海浪，直到你進入更深的水域，不再有碎浪。

—— • 在比賽開始時奔跑進入水中，在淺水區把腿抬高，跑動時小腿要往外

開，以最短的抬腳路徑跨過水面，能盡量用跑的就用跑的。當水深到大腿的一半時，跑步就會變得吃力，則要改為潛入水中，開始游泳或用魚躍式。在開始做魚躍式時，雙手伸直，超過頭頂，然後向前潛入水中。當你到達底部時，用手抓住或按住底部，並把腿縮進身體下方；然後以一定角度向前推進，並從水底蹬出來。當你浮出水面時，吸一口氣，判斷你是否可以再重複一次魚躍式。如果水還很淺，就繼續做魚躍式，直到水深到可以用正常的速度游泳為止。

—— • 當你離海岸愈來愈遠時，你可能會遇到相當大的湧浪。用你的前手刺穿浪頂，游過湧浪，你不必每一次碰到湧浪都要潛得很深。

從大自然學習公開水域游泳

候鳥的飛行隊形提供了在公開水域跟游的好處。當候鳥遷徙時，牠們會以V字形飛行，原因如下：

▪ 以V字隊形飛行比單獨飛行的效率高71%。

▪ 當一隻鳥暫時落後V字隊形時，牠會感受到更大的空氣阻力，並迅速回到隊伍中。

▪ 當帶頭的鳥在前頭飛累時，這隻鳥會退到V字隊形的末端，由另一隻鳥帶頭。

▪ 當候鳥以V字隊形飛行時，牠們會嘎嘎叫來鼓勵帶頭的鳥，使整群鳥能夠以相同的速度繼續飛行。

▪ 當一隻鳥疲倦、受傷或生病，並離開V字隊形時，其他鳥也會離開隊形，與較慢的鳥一起飛行，以幫助和保護牠，直到速度較慢的鳥康復或死亡。

定位

有些泳者天生具備公開水域所需的天賦，他們在大多數情況下都感到自在，並且喜歡惡劣環境下的挑戰；其他人則必須努力提高自己的定位能力，然後戰戰兢兢地進入水中。

- 如果你在比賽中感到困惑或偏離賽道，可改用蛙式，抬頭游幾下，或停下來，一邊踩水，一邊環顧四周。花點時間重新確定自己的位置，觀察賽道和整體參賽者的情況，包括你的前面和後面。尋找你前面的安全人員，選擇最多的泳者所游的路線。
- 如果在你的左右兩側，以及前後方都有泳者，那就代表你的游泳方向是正確的。享受這種體驗，跟著大夥一起游。
- 如果你擔心自己太偏左或太偏右，那就向前看，向前方選手們的中間位置靠攏。群體智慧相當於大量泳者的集體決策，大家得出相同的結論。在大多數比賽中，大部分游泳運動員都朝著正確的方向游泳，因此你通常可以跟隨大家游泳，處於有利的位置。
- 如果你真的擔心自己游錯了方向，可以停下來揮動手臂向主辦單位或安全人員示意。當他們乘著船、小艇或立式划槳過來時，詢問他們下一個浮球在哪裡，或應該往哪個方向游泳。在你尋求意見後，負責的人員會留意你。
- 如果你累了，可以游一點蛙式或仰式。深呼吸，放鬆，慢慢來。無論水是太冷，還是太熱，這些替代泳姿都可以幫助你喘口氣、放鬆，並評估情況。

跟游

對於有些人來說，與一大群人一起游泳很自在，尤其是在你不熟悉的賽道中游泳；而有些人喜歡單獨游泳，或遠離主要的隊伍。如果你屬於第一種人，則跟游將在大多數比賽中發揮作用。

- 如果你因為撞到泳者的腳而覺得在對方的身後不自在，可以稍微靠近他的側面，或在後面保持遠一點的距離。如果有人在你面前歪來歪去地游泳，或忽快忽慢，則要給自己更多的空間，避開這個人。有效的跟游可以讓游泳變得更輕鬆，但對於不熟悉的人來說，壓力也會更

大。在游得較快的泳者後面跟游，效果會好過於在游得較慢的泳者後面跟游。如果你不去擔心跟游的問題，你就能更容易按照自己的划水節奏和自己的定位路線。

—— • 如果你被擠在泳者之間，並感到幽閉恐懼，要刻意加速或減速游泳。如果你加速前進，你可能會游到空曠的地方，或者會碰到前面的人群。你身後的泳者會感到不耐煩而繞過你游泳。當泳者從你身邊經過時，朝向隊伍和全體參賽者的外側，讓自己有更寬闊的空間。

—— • 如果有人在你身後拍打你的腳讓你困擾，則斜向或橫向游開，即使是幾公尺或幾下划手也行，問題通常會自行解決。或者，你可以使用輕鬆的仰式或蛙式，等始作俑者超過你，然後你就可以在寬闊的水中暢游。如果跟游的選手跟著你，並繼續拍打你的腳，用力踢幾下腿，以表示你的不滿，或者乾脆停下來，讓他們有空間繞過去。

浮球轉彎處

如果你不想在浮球轉彎處被撞到或踢到，請離浮標夠遠，以避開人群。然而，如果你已經被困在人群中，那麼就抬起頭，繞著轉折浮球游泳（見圖

圖 9.1
繞過轉折浮球時，要像圖
中的泳者一樣向前看。

Ivan Torres

9.1）。泳者偶爾會繞著轉折浮球做一些剪式踢腿，而無意中踢到其他人。如果你的頭露出水面，你就可以避免被別人踢到。

　　繞過轉折浮球後，抬頭看看，評估自己的方向。花點時間重新恢復你的方向感，這樣你就能對自己的方向有信心。

補給

　　如果你預計游泳時間超過一個小時，在泳衣中放一包能量果膠，前提是你可以帶著能量果膠游泳也不會覺得不舒服。把能量果膠貼在背部的某處，讓包裝的一端露出游泳衣外。泳衣邊緣的鬆緊帶可以固定住能量果膠。如果你在途中補給，攝入的能量會發揮神奇的作用，讓你又有了前進的力量。

　　有經驗的泳者知道要預期會發生意想不到的事情。公開水域會發生各種事情，而你希望能夠把意外的情況處理到最好。

裝備發生問題

—— • 如果你的泳鏡在比賽中掉下來，請立即停下來，環顧四周。不要驚慌，你的泳鏡很可能就漂浮在附近的某處。透過踩水，轉動身體360度，

慢慢地觀察你所在的區域。由於許多泳者造成的激烈動作和混亂，你的泳鏡可能會在水面下。

—— • 如果你的泳鏡弄丟了，那麼在頭埋入水中時閉上眼睛，等換氣時再睜開來。幾千年來，人們一直沒有戴泳鏡游泳，所以你也可以在短距離內這樣做，儘管這可能會讓人不舒服，或者你可能是戴著隱形眼鏡游泳。

—— • 找到泳鏡後，花點時間來戴好，不要一急就戴上充滿水的泳鏡游泳。在你第一次參加公開水域游泳之前，在游泳池的深處練習一邊踩水，一邊戴上泳鏡。

—— • 如果你的泳帽掉了，請繼續游泳。下次最好的方法是預見會有這種情況，並用髮夾來固定泳帽。有了髮夾，至少你的頭髮會是一團好整理的東西，而不是亂七八糟的。如果你在比賽前幾天沒有用洗髮精或潤髮乳洗頭，泳帽會戴得更緊貼。

海洋生物

在公開水域，我們是訪客，所以不要對你在海洋環境中看到或遇到的東西感到驚訝。如果你撞上海草或看到海洋動物，你可能會被嚇到。盡量保持冷靜，慢慢換氣。如果你開始恐慌或過度換氣，請停下來踩水，直到你可以控制換氣。如果你會害怕，可以向安全人員揮手示意，在公開水域與其他人交談可以幫助你平靜下來。

如果你被僧帽水母或水母螫傷，毒液會讓你痛上一陣子。除了堅強地忍耐等待上岸之外，你沒有什麼可做的了。把注意力集中在身體的其他部位，並知道其他泳者也可能被螫傷。比賽結束後，用白醋或 StingMate 等市售產品塗抹在傷口上。如果你對水母過敏，請提前先告知主辦單位，以便他們準備好立即來幫助你。

當接近終點時，許多泳者會感到腎上腺素激增，或者至少感到如釋重負。但只有當你完全回到陸地上，一切才算結束。

接近終點

—— • 如果終點附近有大浪，而且你不喜歡人體衝浪，那就慢慢來。經常抬起頭，檢查是否有來自兩邊襲來的海浪。如果你被海浪的大小嚇到，就停下來，或潛入水中，等海浪通過。如果你真的很害怕，可以停下來，揮動手臂，等待救生員或安全人員幫助引導你穿過海浪。

—— • 當終點處的碎波很大時，要不斷觀察可以讓你人體衝浪的浪；如果你不習慣人體衝浪，那就要注意你該避開的浪。這些是你超越比你快的人的最佳機會。

—— • 如果比賽地點有海浪，在你所有公開水域訓練中練習人體衝浪。如果碎波很大，在比賽前仔細觀察海浪崩潰的情況，並在熱身期間練習幾次乘浪游泳。

—— • 如果終點在岸上，當你站起來開始跑過淺水區和上岸時，你的心跳可能會加快。當你接近岸邊時，放慢速度，讓你的心跳降低，以替上岸的短跑做準備。除非你很拚，並且想快速完賽，否則沒有必要用跑的。

—— • 當你站起來開始走路、慢跑或跑步時，把泳鏡摘下，這樣你就可以看得更清楚，除非你戴著光學度數的泳鏡。每一步都要穩穩地走著，低頭注意看一下沙灘，避免踩到洞、石頭和貝殼。在終點處歡呼的人群面前摔倒可能會很丟臉，但你最不希望的是受傷。

培養冒險精神

如果你正在進行你的第一場比賽，事情可能比你想像的更困難或更有趣；你心臟跳動的速度可能比你預期的要快；比賽可能比你想的更擁擠，距離可能比你預期的要更長；這就是耐力運動吸引許多人的原因。你有多堅強？你能鞭策自己到什麼程度？你如何處理意外情況？公開水域游泳給了你深入挖掘的機會，提供了一個誠實的挑戰，讓你與惡劣的環境對抗。享受這趟冒險，並曉得許多其他人也遇到和克服了類似的障礙。

如果你對第一次公開水域游泳感到緊張，可以去海灘或湖邊放鬆一下，

不用有任何訓練的打算，玩得開心就好。享受大海的空氣或湖泊的寧靜，看看小孩在水中玩耍，想像一下在比賽日你將與志同道合的運動員享受同樣的環境。

給中階和高階程度泳者的建議

即使你經驗豐富，賽前準備也涉及許多後勤問題、裝備檢查和做好身體熱身。

熱身

—— • 如果有游泳池，即使是旅館的游泳池，你也可能想在前往比賽場地之前下水一下。

—— • 如果水很冷，你還沒有完全適應水溫，就改變你正常的熱身運動。多做伸展運動或進行短距離慢跑；喝溫熱的飲料，並保持溫暖直到比賽開始。你可以把比賽的前半部分當作熱身。

—— • 如果水比預期的要冷，請慢慢進入水中，以適應空氣和水之間的溫差。把水潑在你的上半身、臉部和頭部。注意力集中在你溫暖的核心部位，而不是冰冷的四肢。在淺水中上下跳動或潑水在身上，直到你感到夠舒適，可以開始在冷水中游泳。有些人喜歡就直接跳進水裡，面對突然的冷水。

—— • 如果水溫較高，會擔心過熱，則縮短正常的熱身時間。在溫暖的條件下，更容易快速做好準備。完成熱身後，補充水分，並在陰涼處保持舒適。或者，你也可以喝一杯冰的飲料，穿上濕襪子，把冰塊放頭上，然後戴上泳帽或帽子，或者把手放入冰水中，暫時降低核心體溫。

—— • 早點到達會場。在熱門的游泳活動中，停車可能很麻煩。你還希望在其他參賽者到達之前，有時間決定把自己的物品放在哪裡。給自己預留時間，沿著岸邊或碼頭隨意走走，觀察海象。

—— • 隨著比賽接近開始時，主辦單位的人員和志工都會感到壓力。但是在比賽開始前一兩個小時，你可以輕鬆地與親切的主辦單位人員和志工私下接觸。在更放鬆的氛圍中，詢問他們水溫和海象。

—— • 在熱身期間，確認前幾個轉折浮球和最後一個轉折浮球到終點之間的相對位置。如果比賽的起點和終點在岸上，請查看地上是否有洞、石頭和岸邊坡度等情況。游到前幾個浮標處，確認方便識別的地標來幫助你。

—— • 仰面漂浮30秒，查看水流的情況，或是否會導致你漂移。或者，摘下泳鏡，把泳鏡放在水面上，然後觀察其漂浮的方向和速度。

—— • 詢問之前參加過比賽的選手，詢問情況是否與過去相似，以及他們所游的時間長短，讓你了解自己會在水中停留多長時間。

裝備

—— • 如果比賽強制要戴泳帽下水，請與主辦單位確認你是否必須戴著泳帽完成比賽。如果在較溫的水裡游泳，而且你是短髮，可以把泳帽鬆鬆地戴在頭上。一旦你開始游泳，泳帽就會自然掉下來，或者你可以故意把它弄掉。如果你擔心會亂丟垃圾，可以把泳帽摘下來，塞進泳衣裡。

—— • 在你的小腿下部、肩膀上方和上臂處塗一層薄薄的凡士林。凡士林可以防止競爭對手反覆抓住你的腳踝、拉扯你的腿，或撞到你。

—— • 如果水很冷，請戴上矽膠耳塞，以盡量減少體溫流失。

—— • 在某些比賽中，主辦單位會檢查你手指甲和腳趾甲的長度，也不允許戴首飾或手錶。準備好把指甲剪到合理的長度。

—— • 如果你的視力不佳，請買一副度數泳鏡或光學泳鏡。度數泳鏡比市售的光學泳鏡更貴，但這兩種泳鏡能幫助你在水中盡可能地避免迷失方向。大多數運動員在陸地上跑步或騎車時都需要配戴隱形眼鏡或眼鏡，因此在水中使用有度數的泳鏡是有道理的。

—— • 在有霧和陰天的比賽日使用透明泳鏡；在晴天則使用有色泳鏡。至少有兩副淺色和深色的比賽用泳鏡，以備不同氣候條件下的使用。在比賽日之前的最後幾週，在練習時輪流使用你的泳鏡，這樣你就能有把握所有的泳鏡都可以正常使用。

—— • 在整個泳池游泳訓練過程中，請始終讓泳鏡蓋住眼睛。在泳池訓練期間，許多泳者經常會在訓練項目的空檔，把泳鏡拉到額頭上。相反的，請戴好泳鏡，並學會在游泳時靠著細微地移動臉面肌肉，來調整泳鏡。或者，當你快速側翻或仰面時，學習調整泳鏡，而不會損失太多前進的動力。如果你在泳池訓練期間不斷摘下和調整你的泳鏡，你將無法學習如何在公開水域比賽中即時調整泳鏡。

出發

隨著開始倒數計時，選手之間的緊張情緒自然而然地增加了，場內的緊張氣氛可想而知。數百（或數千）名運動員會甩動手臂、伸展身體、煩躁不安，並移動到出發的位置。在最後幾分鐘，要注意避免在泳鏡或手上不小心擦到凡士林、防曬霜或羊毛脂。為最壞的情況做好準備，隨身攜帶小手巾或衛生紙，來清除泳鏡或手上被自己或對手沾到的軟膏、防曬霜、乳霜或羊毛脂。

▪ 水中出發

—— • 在水中出發時，通常所有運動員都必須觸碰一根沿著水面的繩子。繩子通常不是直的，因為選手用一隻手握住繩子，同時向前踩水，試圖獲得一點優勢。在這種情況下，裁判會要求運動員出發不要犯規，但坦白說很難做到。即使起跑線不是直的，對某些運動員有一點小優勢，比賽還是照樣開始。在這種情況下，裁判很少會叫回全體參賽者，或取消在出發時獲得些微優勢的選手的資格。

—— • 在起跑線上要站在可以利用到水流優勢的地方。要有心理準備，即使

在水中，大家都還是會有相互推擠的情形。如果你想避免這種肢體接觸，請遠離那些動作最激進的泳者。

▪ 岸上出發

—— • 在公開水域游泳世界中，從湖岸或沙灘出發是大家最喜歡的（見圖9.2）。岸上出發的範圍從柔軟的沙灘，到平坦、堅硬的湖岸邊緣。

—— • 當你跑入水中時，在淺水區盡可能抬高大腿，能用跨步的方式跑多遠就多遠，然後用魚躍式，到了深水區後再開始游泳，因為用跑步和姿勢正確的魚躍式總是比用游的快。

—— • 如果有水流，讓自己處在可以利用水流的地方。但是，你還需要考慮參賽者的多寡、比賽的競爭程度、海浪的多寡，以及到第一個轉折浮球的距離。

—— • 有些狂熱的選手把每個人都視為他們前進道路上的障礙，這種競爭者，無論是男性還是女性，都是動作粗暴、不顧一切的。他們不會因為從你身上游過去、拉扯到你，或與你手腳糾纏而道歉的。你可以從人群的側邊出發，或排在這種人的後面，來避開他們。最好在他們後

圖9.2
眾多參賽者從典型的海灘
岸邊出發。

Michael Zoetmulder

面跟游，或者乾脆讓他們游在你前面。如果你一心想要報復，比賽帶來的樂趣和清楚思考更重要策略行動的能力都會大打折扣。

—— • 如果你不介意站在隊伍的前面，可以從那些不苟言笑的泳者的側面或後面出發，他們始終在觀察賽道，並在起跑線上爭奪好的位置，所以可以從這些公開水域的勇士身後出發。他們不會讓任何人擋到他們的路，因此你可以在他們身後跟游，繞過第一個轉折浮球。如果你跟在他們後面游泳，會更容易應對混亂的局面。

—— • 如果有其他的分組在你之前出發，請注意較早分組中的泳者的起點和出發的情況，以及他們繞著前幾個轉折浮球游泳的位置和方式。

—— • 根據你的技巧和經驗，出發時最糟糕的位置是夾在一大群泳者的中間。如果可能的話，在你入水之前就要避免被困住。

面對湧浪、海浪、浪花和水面碎浪

—— • 一旦你過了碎波帶，迅速開始你的游泳節奏。如果有湧浪、浪花或水面碎浪，不要忘記正確的划水技巧。即使有水面碎浪，也要盡量保持流線型，以減少阻力。用你的腿來鎮重（配重），但要讓臀部浮起來和腳背下壓，盡可能想像自己好像在游過一個假想的圓柱體。

—— • 準備公開水域比賽的最佳方法是在公開水域練習，或進行泳池公開水域訓練（見第六章）。找一個游泳夥伴，在有風的下午在公開水域練習。

—— • 在比賽中，如果你感覺到湧浪、浪花或水面波浪在你身邊移動，要抓住機會。加快你的踢腿，並拉長划水的距離，充分利用海浪的力量。利用高手肘時的腋下空間，朝後換氣，以避免吞到水。

跟游和定位

—— • 如果速度與你相似的對手游得很直，而且具有很高的定位能力，則可以在他們的側面跟游，並大大減少你必須定位的次數，如圖9.3所示。正常地朝一邊換氣，跟隨他們的定位路線，把體力保留給最後的階段。

- 目光向前、向兩側和向對角線看，以擴大你的視野。始終注意你與競爭對手的相對位置。

- 如果你的競爭者在跟隨你，你就可以控制比賽和隊伍的方向。把隊伍引向一個方向，使你更靠近轉折浮球，或使你處於可以利用海浪的最佳位置。如果你跟游一名泳者，對方主要向一邊換氣，那你就要游在他不會轉頭換氣的那一側，這樣你就可以在不被發現的情況下，進行策略移動。

- 在經驗豐富的泳者的臀部、膝蓋或腳下跟游，讓你借用他們的力量，並把必須抬頭的次數減到最少。當你接近終點，或游泳—自行車轉換區時，你可以利用競爭對手跟游和導航，同時讓自己處於有利的位置，超越競爭對手。

- 即使你不是固定雙邊換氣的人，偶爾也要雙邊換氣，才能了解自己左右兩側發生的情況。雙邊換氣的能力使你在換氣時，可以隨時背向陽光、海浪、水面碎浪或戒護船排放的廢氣。

圖9.3
無論是跟在其他選手身後，還是側邊，跟游都是公開水域中一項不可或缺的游泳技巧。

Ivan Torres

- 當碎波很大時，雙邊換氣在海中游泳時很有用。當你接近碎波時，注意你左右兩側是否有波浪。在正常換氣週期中，比平常更往後看一些。

- 如果你看到海浪來襲，計算好時間，以便你可以用人體衝浪的方式到達終點。如果波浪在你跟上之前，就從你身邊掠過，請在波浪經過你時用力踢水，以獲得一些動力。如有必要，把腿踢得更快，並加快划水速度，以便跟上波浪。反之，如果你需要放慢速度，才能跟上波浪，那也是值得的。但是不要放慢速度，然後完全錯過跟上波浪的機會。你在比賽日之前練習人體衝浪所獲得的經驗，會在這些情況下派上用場。

抵達終點

- 為了游得更快，大多數人必須提高游泳效率，不然就是要加快節奏。在公開水域的比賽期間，踢得更快來加快你的節奏，這會比提高你的效率來得容易做到。此外，加快踢腿速度也有助於讓雙腿為抵達岸上終點時做好準備。

- 一直游泳，直到手碰得到水底為止。然後站起來，開始像出發時一樣，朝岸邊做魚躍式。當你到達淺水區時，把腿抬高，小腿要往外開，以最短的抬腳路徑跨過水面（見圖9.4），而不是腳直接穿過水中。

圖9.4　當水位接近膝蓋高度時，開始跑向岸上的終點。

Michael Zoetmulder

—— • 如果你跟上一道朝向終點的波浪，盡可能長時間地進行人體衝浪。用力踢水，並繼續乘著這道浪，直到你進入非常淺的區域，這時用跑的會比用人體衝浪的方式更快。即使你人體衝浪的角度偏離終點線，也要保持在波浪中。遠離海灘終點的地方著陸是可以接受的，因為你在陸地上用跑的還是比競爭對手用游的更快。

—— • 快速抵達終點的訓練需要練習，最好是在公開水域練習。但是，如果你無法到公開水域的場地，可以偶爾在泳池邊做池邊撐上岸的練習。

碰到離岸流時的定位方式

離岸流是強勁而狹窄的水流，通常以垂直於海岸的方向朝外海流去，它們是由於波浪作用在岸邊附近堆擠造成的。雖然離岸流可能很危險，但具備海洋經驗和好勝意識的游泳高手可以利用它們，在比賽開始和結束時得到好處。

在海泳出發之前，特別是當有相當大的浪時，觀察起點和終點附近的海浪和水流情況，仔細檢查是否有沙洲、碎浪、平穩的水面和激流。離岸流在靠近碼頭和沙洲的深處，或在波浪崩潰的淺處流動。在沒有波浪崩潰，並且有明顯的水流流向外海的地方尋找離岸流。利用這些區域離岸流的力量和速度，在比賽開始時獲得超越競爭對手的優勢。若想快速出發，可以利用離岸流到達第一個浮球。

反過來說，在返回終點的路上，則要使用相反的策略。如果有明顯的跡象，要避免游進離岸流，並避開更深的水道。游向較淺的水域，或可以跟上波浪的地方。

難度最高的競賽活動

即使是速度最快、經驗最豐富的老手，也不一定能在比賽中做出最佳的選擇。公開水域游泳是在動態環境中進行的，自然環境和競爭對手的情況

都在不斷地變化，因此通常會導致領先位置的變化、定位錯誤和整場比賽中各種策略的操作。幸運的是，除非已經到了比賽的後期，不然通常是有可能從策略錯誤中追趕上來的。

隨著比賽的進行，策略錯誤所帶來的代價也會增加。前半段的失誤固然會耗費你一些時間和精力，但後半段的失誤則會讓你無法獲勝。

你可能會遇到波浪、水流、糟糕或過於簡略的賽道設計、水面碎浪、船隻廢氣、肢體碰觸、海洋生物，或眾多晃動劇烈的競爭對手，他們有意或無意地不斷在變化。環境可能令人生畏、困惑和沮喪，但成功需要你在整個比賽過程中保持分析能力和冷靜。

公開水域游泳的比賽策略與自行車手和馬拉松選手使用的比賽策略一樣多變而且微妙，但有以下重要區別：

- 泳者的動作比陸上運動員慢。
- 公開水域中的策略會受到天氣因素的明顯影響。
- 與陸地上的動作和計謀相比，在公開水域進行的動作和計謀更難看到。
- 對於能力相當的運動員來說，即使只有小幅領先，在公開水域也很難被超越。

由於這些差異，作為公開水域泳者，你……

- 有更多時間準備應對競爭對手的策略。
- 可以根據海象和天氣情況來預想一些策略。
- 對於競爭對手的行動，可以反應的時間會更短。
- 在比賽結束前，彌補錯誤的機會較少。

採取行動

在公開水域中，反應時間非常重要。你必須預測競爭對手的行動，並

迅速做出反應。為此，你必須不斷觀察，並適應周圍所有人和事物。當你採取行動時，要果斷地游泳，包括改變速度、方向和位置。

改變速度

選手速度的變化很容易被人發現，你可以看到競爭對手在加快踢腿或划水的節奏。當你試圖跟上時，你的心跳會加快，而你和競爭對手之間拉開距離，這也是速度變化的跡象。

觀察你前面或後面隊伍的速度變化是比較困難的。以下內容將幫助你發現你前面的人群的速度變化：

—— • 請記住，戒護船或小艇跟隨一群泳者時，會以與泳者相同的速度行駛。觀察戒護船的情況，因為它更容易看到。如果戒護船稍微遠離你，你可以假設前面的隊伍已經加快了速度。
—— • 不要游在隊伍的後面，而是讓自己游在隊伍中間靠側邊的地方，這會是更好的有利位置，讓你觀察前面的情況。
—— • 偶爾觀察前面隊伍的最後一名泳者，注意距離是否突然拉開，或他們的打水踢起了水花，因為濺起來的水花變多，通常表示速度正在加快。

如果你所在的隊伍開始和前面更快的隊伍拉開，你可以選擇：堅持目前的速度，並留在較慢的隊伍中；或者衝刺趕上，讓自己緊隨在更快的隊伍後面。

改變方向

方向的變化可以從細微到突然，如果水面平靜平坦，則相對容易察覺方向的變化；而如果海面波濤洶湧或有湧浪，則難以發現。要注意這兩種情況：細微的方向改變會是緩慢而漸進的，而突然的方向改變可能會讓你措手不及。

經驗豐富且實力堅強的游泳選手可以掌握微妙的方向變化，他們可能

會在你一下接著一下划的游泳過程中，慢慢地進入你的活動空間，逐漸讓你稍微向左或向右移動，然後就偏離了最佳的直線路徑。他們會讓你處於不利的情況，而你甚至沒有意識到這一點，直到為時已晚。在長長的直線路徑上，這裡給你撞一下，那裡給你推一下，然後角度一偏，競爭對手就把你給犧牲掉了，而對方自己巧妙地移動到一個更理想的位置。

反過來說，當你在長長的直線路徑上，與其他人肩並肩游泳時，你可以讓競爭對手稍微偏離最佳路線，然後突然向下一個轉折浮球傾斜10或20度。用一兩下划臂，你就可以提前500碼佈局好優勢。因此，你可以用更好的角度繞過轉折浮球，並領先一個身位。

當你人體衝浪超過競爭對手時，你也可以改變方向，這是公開水域游泳中最戲劇化的巧計。

改變位置

改變位置通常需要你在隊伍中迅速改變策略。你可能會被一群泳者包圍，所以想要擺脫這個處境；你可能想游到競爭對手的右邊，因為對方主要用左邊換氣。為了改變位置，可以突然放慢速度，但只持續一兩下；然後快速地穿過競爭對手的小腿，接著立即用力踢腿，並換回到更快的速度，完成你的計謀。

如果競爭對手領先，但想放棄，他們可能會放慢速度，同時回頭看你。你可以接受並帶頭，或者同樣放慢速度，保持你的相對位置。或者，你可以自信地衝到領先位置，並在50至100碼內加快速度。隊伍會跟上的，這是人性。在隊伍相應地加快速度跟上你之後，可以突然放慢速度，看著你的競爭對手無意中超過你，而你又回到了新帶頭者後面原來的跟游位置。

如果比賽是環形賽道，水流朝一個方向流動，你將有許多機會採取行動或做出反應。一般來說，當水流或水面碎浪衝擊參賽者時，隊伍會聚集在一起。相反的，當泳者受益於順流時，每個人都游得更快，此時參賽者通常會趨於分散。

當你逆流游泳時，處於隊伍後面的位置並不差，因為從隊伍前面到後面的差距往往較短。反之，在順流游泳的時候，如果你在隊伍的後面，那麼你和帶頭者的差距就會大得多，也更難追上。

當有水流、波浪、白頭浪或急流時，請牢記以下的一般規則：

—— • 在順流游泳時，你應該緊跟帶頭者（游在隊伍中間或更近的位置）。

—— • 在順流游泳時，有機會拉開參賽者之間的差距。

—— • 在逆流游泳時，游在隊伍後面是可以接受的。

—— • 在逆流游泳時，不要在領先位置上加快速度。

—— • 繞著轉折浮球轉180度的方向時，若迎面而來的是逆流，此時隊伍會很快靠攏，排名靠前的選手的領先優勢將會縮小。

—— • 繞著轉折浮球轉180度的方向時，若迎面而來的是順流，此時選手之間的距離會很快拉大，排名靠前的選手的領先優勢將會擴大。

—— • 繞著轉折浮球轉90度的方向時，若迎面而來的是逆流，由於大家都在尋找最佳路線，參賽者分布的範圍會沿著賽道橫向散開。

比賽期間可能會發生數百種的情境和狀況。圖9.5列出了海泳中的12種常見情況，這些是你在各種賽道配置上，順流或逆流游泳時可能會遇到的情況。

在特殊或惡劣情況下的策略

公開水域比賽中可能會出現許多不同類型的情況——從鯊魚的出現和擁擠的戒護船，到突如其來的雷雨和大霧。

在極端情況下，例如出現鯊魚或雷雨時，應立即離開。在危及生命的情況下，蠻幹冒險是沒有什麼用的，這不僅是為了你自己，也是為了那些替比賽或獨泳活動支援的志工和工作人員。

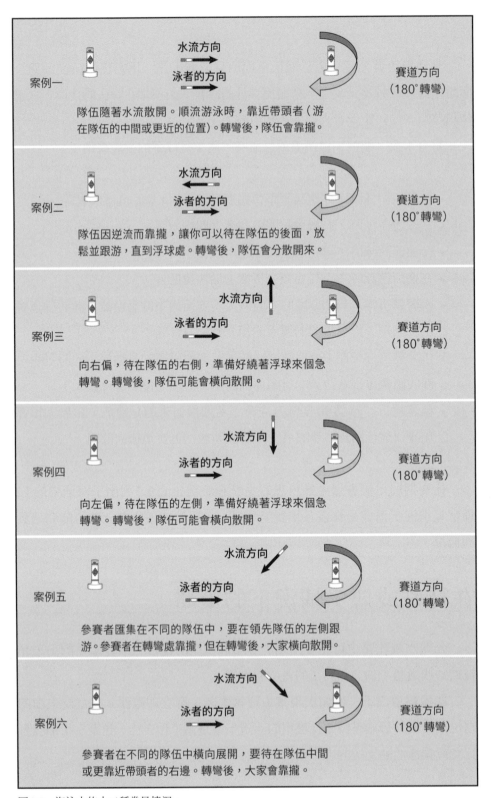

案例一   水流方向   泳者的方向   賽道方向（180°轉彎）

隊伍隨著水流散開。順流游泳時，靠近帶頭者（游在隊伍的中間或更近的位置）。轉彎後，隊伍會靠攏。

案例二   水流方向   泳者的方向   賽道方向（180°轉彎）

隊伍因逆流而靠攏，讓你可以待在隊伍的後面，放鬆並跟游，直到浮球處。轉彎後，隊伍會分散開來。

案例三   水流方向   泳者的方向   賽道方向（180°轉彎）

向右偏，待在隊伍的右側，準備好繞著浮球來個急轉彎。轉彎後，隊伍可能會橫向散開。

案例四   水流方向   泳者的方向   賽道方向（180°轉彎）

向左偏，待在隊伍的左側，準備好繞著浮球來個急轉彎。轉彎後，隊伍可能會橫向散開。

案例五   水流方向   泳者的方向   賽道方向（180°轉彎）

參賽者匯集在不同的隊伍中，要在領先隊伍的左側跟游。參賽者在轉彎處靠攏，但在轉彎後，大家橫向散開。

案例六   水流方向   泳者的方向   賽道方向（180°轉彎）

參賽者在不同的隊伍中橫向展開，要待在隊伍中間或更靠近帶頭者的右邊。轉彎後，大家會靠攏。

圖9.5 海泳中的十二種常見情況。

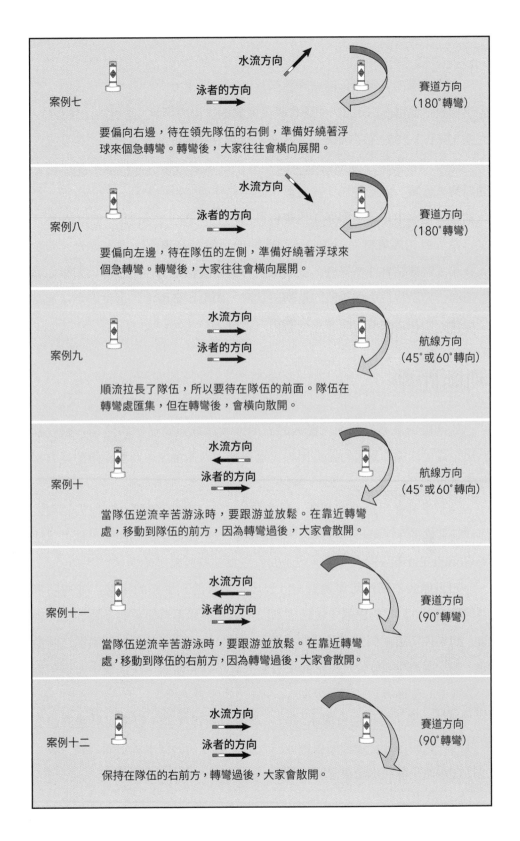

案例七

水流方向

泳者的方向

賽道方向
（180°轉彎）

要偏向右邊，待在領先隊伍的右側，準備好繞著浮球來個急轉彎。轉彎後，大家往往會橫向展開。

案例八

水流方向

泳者的方向

賽道方向
（180°轉彎）

要偏向左邊，待在隊伍的左側，準備好繞著浮球來個急轉彎。轉彎後，大家往往會橫向展開。

案例九

水流方向

泳者的方向

航線方向
（45°或60°轉向）

順流拉長了隊伍，所以要待在隊伍的前面。隊伍在轉彎處匯集，但在轉彎後，會橫向散開。

案例十

水流方向

泳者的方向

航線方向
（45°或60°轉向）

當隊伍逆流辛苦游泳時，要跟游並放鬆。在靠近轉彎處，移動到隊伍的前方，因為轉彎過後，大家會散開。

案例十一

水流方向

泳者的方向

賽道方向
（90°轉彎）

當隊伍逆流辛苦游泳時，要跟游並放鬆。在靠近轉彎處，移動到隊伍的右前方，因為轉彎過後，大家會散開。

案例十二

水流方向

泳者的方向

賽道方向
（90°轉彎）

保持在隊伍的右前方，轉彎過後，大家會散開。

如果戒護船靠得太近而讓你感到危險，停下來並向船長和工作人員大聲說出你對這種情況的不滿。如果你吸入戒護船排出的廢氣，請告知比賽官員。大喊「廢氣！」或「移開船隻！」大多數比賽官員會理解，並遵從這些要求。

如果戒護船擋住你的視線，讓你看不到遠處的轉折浮球或終點，請向開船的人大喊，大聲告知比賽官員。如果你在碼頭附近游泳，但仍有漁民把魚網設置在水中，請立即通知比賽官員。

當天氣和海象特別不佳時，往前面的位置游有兩個好處。首先，安全人員和主辦單位會保持警覺，並試圖引導帶頭隊伍走最佳的路線。如果你靠近前面，你將獲得這種導航的幫助。其次，如果比賽取消，選手的名次通常是根據他們在比賽取消時在水中的相對位置。

判斷距離

如同職業高爾夫選手，優秀的公開水域游泳運動員應該能夠一眼就判斷出距離。無論你是平行於海岸線，還是繞著碼頭游泳，判斷距離的能力都非常有用。

為了學會做出最好的判斷，首先要研究一些實證資訊。在你去湖泊或海洋練習之前，了解碼頭或防波堤的距離或救生員站之間的距離，你可以使用 Google Earth 或線上海圖，或詢問救生員這些距離是多少。

如果你知道碼頭離岸邊有 400 公尺，那麼游到碼頭的尾端，並在腦海中勾勒出 400 公尺的距離，包括從水面上看和從岸邊看起來有多遠的腦海畫面。如果你知道兩個救生員站的距離是 200 公尺，那麼就在兩個站點之間游泳，加深腦海中 200 公尺在水面上看起來有多遠的畫面。在比賽中，這些刻在腦海中的畫面會對你有所幫助。

此外，要了解你在公開水域一分鐘內的划臂次數，包括以舒適的速度游泳和快速的游泳。讓你的教練或隊友數一數你在公開水域中的划臂次數，包括在水面平靜和水流湍急時。

判斷位置

重要的是，不僅要知道自己相對於競爭對手的位置，也要知道距離下一個轉折浮球、補給站和終點有多遠。在點到點的比賽中，要問半程標誌在哪裡，或者在環形賽道上，要問兩個轉折浮球之間的距離。在熱身期間，請主辦單位的人員在賽道上提供這些資訊。如果無法獲得此資訊，鼓勵主辦單位為未來的比賽指定（或提供）半程浮球。半程浮球可以是與其他浮球不同的大小、形狀或顏色，或者以獨特的方式編號。成功的賽事主管一向總是很重視游泳運動員的寶貴反饋，因此他們會聽取你的要求。

使用水下清晰可辨的電纜或珊瑚、中途浮標或地標（例如樹木、建築物或橋樑）來引導你。如果水很清澈，你可以看到水下的珊瑚礁、海洋植物群或海草床，此時觀察植物群飄動的方向，這樣你就能知道水流的情況，並可以沿著最佳路線，到達終點。

在比賽過程中，當不同的隊伍採用不同的路線前往下一個轉折浮球時，總會形成個別的隊伍。一般來說，隊伍往往會在轉折浮球處靠攏，然後在浮球之間再次散開。

如果你在公開水域迷失方向或感到困惑，要知道在一大群人之中時，參賽者通常能夠相當好地做到集體定位。要調整好位置，讓自己左右兩側的泳者人數大致相等。在絕大多數的游泳比賽中，這種策略將引導你在賽道上找到一條相當不錯的路線。

在起點和終點處用魚躍式

在比賽開始和結束時做魚躍式，或跳入海洋或湖底，對於實力堅強的公開水域游泳選手，這是絕對必須掌握的技巧，因為跑步和魚躍式的移動速度會比游泳快得多。

把腿抬高，小腿要往外開，以最短的抬腳路徑跨過水面。跑入水中，

直到水位達到大腿中間的位置。毫不猶豫地以淺角度向前俯衝，雙臂以流線型的方式放在頭前。當你的身體進入水中時，踢蝶腿或自由式踢腿，直到你的手碰到水底。在快速把雙腿收進身體下方時，按著水的底部。雙腳站穩，以45度角蹬離底部。踢水朝向水面時，保持流線型，用魚躍式來前進，直到水深到可以游泳為止。

在快到終點時，一旦手可以碰觸到底部，就開始魚躍式。在手碰觸到底部後，將雙腿收回到身體下方，並以稍微超過水面的微幅角度彈起。手臂伸直，雙手重疊在你前方，保持流線型姿勢，直到你再次碰觸到底部。按住底部，推動身體，收起雙腿，然後再次躍出底部。如此反覆操作，直到用跑的會比魚躍式更快。

由於水的深度可能會時深時淺，因此有時可能要在最終到達夠淺的水域之前，交替進行魚躍式和游泳，等水夠淺後，你可以直接跑到終點或游泳—自行車的轉換區。

利用在浮球轉彎的機會

在公開水域游泳中，你需要在各種情況下（即獨自一人、與幾名泳者一起或成群結隊的人群中），在浮球處用左肩和右肩進行不同角度的轉彎，包括以下情況：

- 45度和60度急轉彎
- 90度直角轉彎
- 120度廣角轉彎
- 180度迴轉轉彎

用雙腿快速進行45度和60度的急轉彎，以及180度的迴轉轉彎。在密集的隊伍中，用剪式踢腿和強而有力的交叉划臂，來改變方向，並與競爭對

手拉開距離。

在大多數情況下，只需扭動身體，就可以進行90度直角轉彎或120度廣角轉彎，然後改變方向。在90度轉彎時，需要強而有力的交叉划臂動作，而在120度轉彎時，稍微的交叉划臂就足夠了。

轉折浮球的大小也可能會影響你的轉彎方式。在大的轉折浮球處，不太需要使用剪式踢腿和交叉划水。對於較大的浮球，通常更容易轉彎，只需照常游泳，並在必要時扭動身體。

因為其他游泳運動員也可能在45度、60度、90度和180度的轉彎處使用剪式踢腿和交叉划臂來改變方向，因此你很可能會與競爭對手纏住手臂，並撞到手、腳、腳跟，膝蓋和手肘。如果你在轉彎處維持抬頭的姿勢，你就不太可能被踢到頭。如果你的手臂與其他泳者的手臂纏在一起，應立即放鬆肩膀和放下手臂，解除糾纏，並重新開始划水。如果你和對方試圖用蠻力來擺脫彼此的糾纏，你們都會感到洩氣，並失去寶貴的時間、精力和位置。

公開水域的轉彎類型

以下是在比賽中繞過轉折浮球的一些方法：

- 向你游泳的方向扭轉

- 交叉划水，加上剪式踢腿

- 螺旋式轉彎

- 水下轉彎

螺旋轉彎是公開水域中最優雅和最困難的轉彎方式。要把動作做正確，請用最靠近浮球的手臂進行轉彎前最後一下的自由式划水，然後划一下仰式划手翻成仰面，然後在繞著轉折浮球扭轉身體的同時，划一下自由式划手，翻面回到腹部朝下。在比賽中執行這個轉彎技巧之前，請在訓練中多次練習這個動作。在競爭激烈的情況下，螺旋式轉彎很容易讓人迷失方向。當你周

圍有其他泳者時，最重要的是完成螺旋式轉彎，然後朝著正確的方向前進。

水下轉彎是另一種激進但不常用的替代方法。在競爭激烈的比賽中，如果你在人很多的隊伍裡，尤其是當你被擠在內側時，你可以大吸一口氣，潛入水中，到對手的下方。當你在水面下繞著轉折浮球踢水時，抓住固定轉折浮球的繩索，胸有成竹地從另一側重新浮出水面，手臂快速划動，用力踢水。當你浮出水面時，這個動作將使你能夠擠進擁擠的隊伍中。當你似乎從水底憑空冒出來時，你的競爭對手往往會放慢速度，並看著你浮出水面，這讓你有機會重返隊伍中更有利的位置。比賽中有許多轉彎的方式和合適的技巧，要取決於轉彎的角度和方向，以及你是在周遭人少，還是人多的情況下轉彎。表9.1列出了轉彎的類型和你在轉彎時應該使用的最佳技巧。

以人體衝浪方式到終點

在競爭激烈的海洋競賽中，人體衝浪是重要的技巧。當你游向終點，並跟上一道沖向海岸的波浪時，利用它帶你順勢前進。即使海浪崩潰的角度稍微偏離終點，也要盡可能地運用人體衝浪，以獲得最長的滑行距離。你可以稍微向左或向右偏一點，而不是直接衝向岸上終點。在遠離浪花的地方進行人體衝浪，以獲得更長的滑行距離。

人體衝浪需要巧妙的時機，把握波浪，一旦感覺到波浪湧過來，就需要用力踢腿。當海浪要開始蓋過你時，要加快你的速度。在你被波浪推進後，稍微側身，一隻手向前伸，類似超人動作，掌心向下來破水。不要讓浪完全蓋過你；繼續用力踢水，以保持略微領先於波面。如果波浪的弧形環繞著你，並開始要蓋過你，前面的手臂維持向前伸展，開始用另一隻手臂快速划動，盡量留在這道浪之中。在海浪消散或掠過你之後，繼續游泳，並尋找下一道海浪，或者如果水的深度夠淺，就用魚躍式到達終點。即使波浪把你推到離終點線稍遠的地方，運用波浪也會讓你更快地到達岸邊。

如果你不是經驗豐富的衝浪者，或不喜歡海浪，就讓海浪從你身邊經

表9.1 各種情況下的轉彎方式

轉彎類型	踢腿動作	手臂划水動作	換氣方式	注意事項
45或60度急轉彎	使用強而有力的剪式踢腿。	使用強勁的交叉划手。	必要時抬頭看，或做水下轉彎。	可能纏到別人的手臂和碰上無影腳。
90度直角轉彎	稍微使用剪式踢腿。	手臂交叉划水。	正常換氣，或進行水下轉彎。	可能纏到別人的手臂和碰上無影腳。
120度廣角轉彎	繼續正常踢腿。	採用螺旋式轉彎，或用輕微的交叉划水動作，來扭轉身體。	正常換氣	在內側時，肢體碰觸的可能性偏小。
180度迴轉轉彎	使用強而有力的剪式踢腿。	U型迴轉，改變方向。	必要時抬頭看，或做水下轉彎。	在隊伍中，發生肢體碰觸的可能性很高。
水下轉彎	採用流線型的自由式或蝶式。	快速划動手臂，重新浮出水面。	沒有換氣	可以重新出現在競爭對手的路徑上。
左肩轉向	右腿向外推，以改變方向。	右臂越過中心線，以改變方向。	正常	可能需要抬頭，以避免碰撞。
右肩轉向	左腿向外推，以改變方向。	左臂越過中心線，以改變方向。	正常	可能需要抬頭，以避免碰撞。
單獨轉彎	正常踢腿。	正常划手。	正常	無需注意換氣事項
在周圍人數稀少的情況下轉彎	如果在隊伍內側，則使用剪式踢腿。如果在隊伍外面，則正常踢腿。	如果在隊伍內側，則大幅度的交叉划水。如果在隊伍外側，則小幅度的交叉划水。	正常	可能會被別人的無影拳腳打到。
在周圍人數眾多的情況下轉彎	使用剪式踢腿，或潛入水下，來獲得優勢。	加快划水節奏和／或潛入水下，來獲得優勢。	要麼抬起頭，要不然就潛入水下。	在隊伍中，發生肢體碰觸的可能性很高。

過吧。當白色水花淹過你時，雙臂向前伸直。繼續踢腿，保持流線型姿勢。讓波浪的力量推動你前進。波浪過去後，繼續游泳，並向後看，尋找下一道波浪。

五個基本比賽階段

公開水域比賽有以下五個基本比賽階段，每一個階段都是為下一個階段在做準備：

- 熱身
- 出發
- 中段
- 最終的相對位置
- 接近終點

熱身

熱身是你蒐集情報的最好機會，也是你補充策略知識的最後機會。除了確認水溫和水流外，還要檢查起點和終點附近的底部坡度。設置方向和轉折浮球的是主辦單位，所以要向他們提問，並了解情況。與以前參加過這項活動的人交談，充分補充水分，並在肌膚的摩擦處和與其他泳者的潛在碰觸點（例如腳踝和外肩）上塗抹潤滑劑。制定你的比賽策略，並想像你要如何執行該策略。

出發

熱身為出發定調。根據你比賽前獲得的情報，可以選擇待在最激進泳者彼此交鋒的陣地、策略性地待在兩側以利用橫向水流，或者待在隊伍的後方，以舒適、無壓力的方式出發。

開始倒數計時後，預計你的競爭對手會向前挪動。主辦單位會試圖讓所有人排好，但這並不一定做得到。由於許多公開水域賽事的起跑線並不是完全筆直的（例如，海岸線、水中的繩索或沙灘上畫出來的線），一定會有少數游泳運動員試圖取得優勢。當幾名運動員向前移動時，所有人也會相應地向前移

史上最精采的比賽策略

1963年，在密西根湖舉行的60英里（97公里）比賽中，第一名的獎金為15,000美元。那個年代最優秀的職業馬拉松游泳運動員都來了，包括埃及的阿卜杜拉提夫·阿布海夫（Abdel-Latif Abou-Heif）和美國人格蕾塔·安德生（Greta Andersen）和泰德·艾利克森。在起跑槍響之後，就立刻展開了激烈的策略競爭。

比賽進行了3小時15分鐘，阿布海夫和安德生並列領先，安德生發現自己夾在阿布海夫和他的戒護船之間。阿布海夫轉了90度，從安德生正前方直接游向他的船，打斷了安德生的划水節奏。2分鐘後，安德生也如法炮製，以牙還牙，報復阿布海夫……然而當時水溫只有66°F（18.9°C），比賽還剩下超過85公里。

游泳比賽從下午一直持續到晚上，安徒生和阿布海夫試圖加速並甩掉對方。他們來來回回，互不相讓，同時遙遙領先於其他競爭對手。經過13小時50分鐘的拉鋸戰，阿布海夫終於掙脫束縛，在夜幕降臨之際一舉奪得領先。

同時，艾利克森和他的團隊想出了一項大膽的計畫，以追上阿布海夫1英里（1.6公里）的領先優勢。晚上10點左右，艾

利克森的戒護船察覺到了機會，於是關掉了船上所有的燈。艾利克森決定在完全黑暗的環境中游泳，希望能在出其不意的情況下，趕上阿布海夫。

在漆黑的夏夜裡，艾利克森在危險中靠近自己的戒護船游了7個小時，悄悄地、慢慢追上了阿布海夫，阿布海夫被騙以為自己仍然遙遙領先於競爭對手。艾利克森在支援人員的專注幫助下，他一下接著一下划水，像著了魔一樣游泳。

接近天亮時分，但仍處於黑暗中時，艾利克森戲劇性地把差距縮小到不到0.25英里，可惜意外發生了，這時一根繩子意外地纏住了他的戒護船螺旋槳。令人失望的是，這浪費了他寶貴的時間。凌晨四點，比賽官員突然發現了艾利克森，並通知他的團隊人員，出於安全考量，他們必須把燈打開，所以計策失敗了！阿布海夫突然意識到艾利克森就在附近，並對他的絕妙策略感到憤怒。

被激怒和受到刺激的阿布海夫逐漸拉開了距離，以34小時38分鐘的成績獲勝，但艾利克森在密西根湖上整晚的勇敢和前所未聞的努力顯示，在最高等級公開水域比賽中，策略已經被運用到了極致。

動。如果你的競爭對手向前挪動，你也跟著做。如果你的競爭對手提早出發了，那就和他們一起走。

如果主辦單位看到大家都太急於向前移動、移動得太快，或仍不理會主辦單位叫人要往後退的要求，通常會提前幾秒鐘開始比賽。早點讓比賽開始，這樣做比試圖宣布起跑犯規更安全，因為很少會宣布有人搶跑。

中段

你在出發時的行動為比賽中段定調。如果你有個好的出發，並且處於很好的位置，那麼中段很可能會順利進行。有了好的出發，你的信心就會大增。相反的，如果出發時不理想，你可能會有要追回的壓力。在最壞的情況下，你可能需要耗費大量精力來追回時間或距離，但由於中段是比賽中最長的部分，你有足夠的機會從任何錯誤中追趕回來。要有耐心，並採取幾個小步驟來追趕。

你能否在比賽中75%的階段成功，主要取決於三個因素：

- 良好的跟游和節省體力的能力
- 良好的定位能力
- 有氧能力

如果你的體能好，可以跟上競爭對手，就緊跟在他們後面，為比賽的後半部分保存體力。如果你的有氧能力比對手更強，就在不耗費所有能量的情況下加快速度。你可以先領先，或反覆加速，然後放慢速度，藉此推動比賽速度。

良好的定位能力在一定程度上，是你在熱身和整體比賽經驗中所獲得的智慧結果。你的競爭對手在哪裡？下一個轉折浮球在哪裡？節奏是太慢、恰到好處，還是太快？你應該改變在隊伍中的位置嗎？

在比賽中段，你可以為最終的相對位置的階段保留體力，或加快速度。

當你保留體力，並且速度舒適時，你就是在遵循「策略性節奏＋快速抵達終點」的計畫，在這種情況下，最後的時間往往比一般完賽的時間還慢。相反的，如果你和其他選手都加快速度，則你正在遵循「快速節奏＋策略性抵達終點」的計畫，這個計畫更有可能游出快速完賽的時間。

▪ 策略性節奏＋快速抵達終點

如果在出發時節奏緩慢，並繼續保持舒適，泳者將會有信心自己能在比賽中表現出色。隨著比賽的進行，參賽者不會感到疲倦，反而會急於加快速度，而選手可能會進行多次短暫的加速。在節奏較慢的游泳中，你的競爭對手將進行愈來愈多次短暫的加速。

如果你在隊伍前頭附近的理想跟游位置，則保持這個位置。如果你發現自己並非在最佳的位置，則在每一圈或每一公里的過程中，努力逐漸改變你的位置。在整個比賽中，透過一連串連續動作，往前移動，並發起攻勢。在轉折浮球附近，或當你的競爭對手放鬆警惕時，改變你的相對位置。使用這種計畫時，慢節奏的比賽會以快節奏的方式結束。當最後的衝刺來臨時，你會衝到最前面。

▪ 快速節奏＋策略性抵達終點

相反的，你可能會發現自己處於一場長時間的耐力測試中，所有選手都在接近他們的有氧極限游泳。因為你的心臟繼續快速跳動，通常接近最大速度，隨著你努力與競爭對手抗衡，乳酸就會累積起來，所以這種類型的比賽可能會感覺很漫長。

當快節奏的比賽接近尾聲時，每個人都筋疲力盡，無法顯著加快速度。從一開始就設定快節奏的高昂代價，通常是在比賽尾聲時，會出現一些變化。在這種比賽的後段時，相對位置必然還會變化，所以繼續跟游，耐心等待。

最終的相對位置

決定最終的相對位置發生在比賽最後25%的階段，這時的策略錯誤會導致失敗。相反的，出色的策略選擇可以讓你獲勝。最終的相對位置在最後一個轉折浮球之前就要開始準備了。在許多賽道中，在最後一個轉折浮球附近獲得內側或第一名領先的位置，會大大增加獲勝的機會。

最終的相對位置是指在比賽的後期階段，游泳運動員試圖做出決定性的突破，並保持這種速度到終點。雖然第一個決定要加快速度的游泳選手可能不會獲勝，但他是最終決定排名的催化劑，在這個過程中，具備比賽經驗和有氧能力的選手會脫穎而出。

如果你在比賽中段時，跟在其他泳者身後游泳，那麼在決定最終相對位置的過程中，沿著他們的臀部或肩膀向前移動。如果你在比賽中處於領先地位，而隊伍在跟隨你，要讓自己占在有利的位置，以便對可能發生的任何激進策略做出反應。如果你與競爭對手的划水動作同步，並且肩並肩地游泳，你可能想要巧妙地讓他們偏離通往終點的最佳切線。

在決定最終的相對位置時，只有一名競爭者在你的一側，這樣對你才有利。如果你被困在游泳選手之間，你的選擇就會受到限制，在你接近終點時，你不僅會被推擠，還會減少你進行策略操作的能力。

保護自己不會與別人肢體碰觸

有些選手會不必要地撞到和抓到對手的腳、腳踝、小腿、手臂和肩膀。在大多數業餘比賽中，賽道上沒有裁判，或是裁判很少，因此違規行為往往不會被發現，攻擊性的游泳行為也不會被舉報。即使有人目擊，違反運動精神的行為也可能很難歸咎是誰的錯，因為事情發生得太快，距離太遠，而且無法確認意圖。

在大型比賽中，會有認證的裁判員乘船出海，規則會更多、且統一執行，但你仍然需要花費大量精力來保護自己。以下是一些方法，可以阻止最激進和不擇手段的泳者，無論他們的行為是否有意：

- 水下划水的動作要比平常做的更大。
- 游泳時雙臂抬起、張得大開，用手指關節輕敲競爭對手的後腦勺。
- 連續快速地踢腿，產生大量混亂的水流和水花。
- 突然緊急停下來，導致身後惱人的泳者直接撞上你的腳。保持腳背下壓，這樣你的對手就會被你的腳底板打到。
- 故意纏住或撞到對手抬高的手臂，打斷他們的動作。
- 游到非常靠近，甚至直接游向惱人的泳者。

這些類型的防禦動作並不是為了傷害任何人，而只是為了保護你的空間，保護你不被過於激進的對手侵犯到你的空間。拳打、拉扯、用肘部猛擊別人臉部或身體、拉扯參賽者的腳踝或小腿來讓自己前進、用腳後跟踢人和抓傷別人是絕對不允許、不恰當、違規的，在任何情況下都不鼓勵這樣做。然而，由於在競爭激烈的公開水域比賽中偶爾會發生一些粗暴的動作，最好還是做好準備。

游泳運動員有意或無意地讓其他人偏離賽道，在規則範圍內爭奪優勢，偶爾也會因此犯規。如果這樣符合你的好勝精神，則不要迴避肢體碰觸。另一方面，如果你不喜歡與別人有肢體碰觸，天生也不喜歡報復，那麼只要稍微遠離好鬥的競爭對手，給他們空間，自己去享受這項運動其他方面原本的挑戰。

接近終點

接近終點通常很緊張刺激，因為你和你的競爭對手都會全力以赴。你的肺部呼吸急促，心臟感覺要爆炸了，乳酸在肌肉裡堆積，胃像是在打結。不像在泳池游泳時，你只需頭埋下去，奮力游泳就好，在公開水域中若要取得成功，需要你不斷思考和制定策略，直到最後一刻。

如果你通過碎波帶，請向後看，並嘗試跟上一道海浪，即使這需要你稍微放慢速度。如果你跟上波浪，繼續踢腿，並盡可能乘著浪頭到更遠處。

如果你只落後對手一兩下划手的距離，繼續努力游泳和用魚躍式，快速衝向終點，要知道大多數人在訓練時，沒有準備好快速從水平的游泳姿勢轉換為垂直的站立姿勢。

在主要的國際比賽中，終點可以是水面上方的旗幟或感應板。在你碰到旗幟或感應板的那一刻，你的正式完賽時間會被記錄下來。即使你的頭或身體都越過了終點線，只有當你用手碰到觸碰感應板才算正式完賽。因為終點高於水面，所以你必須向上伸出手才能完成比賽。用手掌觸碰或拍打感應板，並在感應板上停留幾秒鐘，尤其是在激烈的比賽中。

與隊友合作

在公開水域游泳時，能見度很差，不像在騎自行車，所以與隊友合作非常困難。由於其他競爭對手眾多和能見度有限，在公開水域通常很難找到你的隊友，即使你們一起出發也是如此。如果你確實找到了你的隊友，在公開水域一起合作會給你們帶來明顯的優勢，超越其他能力相同但單打獨鬥的競爭對手。

如果你選擇與隊友一起合作，首先確認以下事項，清楚地決定你們的目標：

- 你們一起游泳，是為了能有共同的經驗嗎？
- 你們一起游泳，是為了讓你們其中一人贏得總冠軍，還是贏得你們這個歲級的冠軍？
- 你們一起游泳，是為了幫助你們其中一人完成比賽，還是創下最佳紀錄？

然後確認以下情況，再來決定你們的應變計畫：

- 如果你們走散了，怎麼辦？

- 如果其中一名隊友累了，怎麼辦？
- 如果其中一名隊友開始游錯方向，怎麼辦？

回答完這些問題後，決定你們是否要跟游，以及如何互相跟游。考慮以下問題：

- 每人要帶頭游多長時間？
- 你們會在前後跟游，還是在側面跟游？
- 你們會每兩分鐘、每十分鐘或用其他間隔時間來交換位置嗎？
- 你們要如何互相暗示該換位置了？
- 接近終點時，該怎麼做？

這裡有一些技巧可以幫助你和你的隊友在比賽中待在一起：

- 從隊伍的側面或後面開始，這樣更容易待在一起。
- 戴上同色的同款泳帽。
- 手臂上塗上顏色鮮豔的氧化鋅，這樣如果你們游散時，可以很容易地看到或找到對方。
- 在出發時先並排游泳，直到第一個轉折浮球，因為此時參賽者開始沿著賽道趨於分散，所以要一起游泳會變得比較容易。

突圍

為了能夠在比賽中的任何時機突圍，你需要練習變換速度。在比賽日之前，練習在公開水域突然加快速度。在泳池訓練和公開水域訓練中，練習加快速度。提高踢腿的速度，並增加划水的節奏，以加快速度。

如果你在公開水域衝刺進入和衝出轉彎處，你可能會驚訝地發現自己

可以追上競爭對手很大的距離。在公開水域中，在轉折浮球附近的精采轉彎
可以徹底改變比賽的局勢。

　　在公開水域比賽中，你的視線有限，而且競爭情況不斷變化，你需要做
出一連串的策略。當比賽進行時，你可能不知道你所做的決定是對還是錯；
你只能從自己相對於競爭對手在賽道上的位置，來得知這些策略的影響。隨
著你學到的東西更多，你會發現自己犯的錯誤會更少，並做出更好的決定，
但完美的策略比賽仍然是你值得追求的目標。

CHAPTER 10

鐵人三項訓練和快速完賽

　　你不需要護照就可以海泳，但海岸線是一個明顯的邊界，標誌著公開水域世界的起點，在那裡的規則和期望與陸地世界有很大的不同。如果你看不到海底，那麼公開水域的賽道基本上是深不可測的，會帶來令人著迷或不知所措的經驗，有時兩者兼具。

　　人類走路和奔跑已有數千年歷史。你可能從小就開始騎腳踏車了，但鐵人三項賽的第一個賽段卻讓許多人感到擔憂；在游泳項目中，技術比耐力更重要，游泳的效率高比擁有更高的最大攝氧量還有利。在騎自行車和跑步時，你可能能夠忍受不適，但在公開水域中，大自然絕對是占據上風的。

對公開水域的恐懼

對於許多人來說，會對公開水域已知和未知因素會感到恐懼，這一點不可否認，也是一個挑戰。在「公開水域游泳每日新聞」網站上（擷取日期2010年1月1日，www.dailynewsofopenwaterswimming.com）進行的一項全球線上調查中，詢問游泳運動員和鐵人三項運動員對公開水域游泳的最大恐懼，可以選擇多個反映現實情況的選項（例如，許多人害怕鯊魚和水母），結果如下：

- 鯊魚：總票數的39%
- 水母和魟魚：27%
- 污染：24%
- 看不見的東西：21%
- 冷水：18%
- 波浪、海流和潮汐：17%
- 偏離賽道：12%
- 未能完成比賽：12%
- 鯊魚、水母和魟魚以外的海洋生物：11%
- 沒有害怕的東西：9%
- 泳鏡脫落：8%
- 其他：7%
- 競爭對手的肢體碰觸：7%
- 看不到底部：4%
- 海草或海帶：4%
- 所有事情都怕：2%
- 泳鏡沾到凡士林或羊毛脂：1%

雖然人類的體型不像海洋動物那樣適合游泳，但我們是有浮力的。儘

管我們不是海洋生物，但我們有可以產生推進力的手和腳，還可以培養足夠的耐力來進行長距離游泳。然而，許多人對離岸水域感到不安。有些人看到的是一個美麗的世界，而有些人看到的是一個充滿風險的世界。

你可以按照自己的方式和時間表，在公開水域中感到安心自在。以下一些方式可以幫助你抑制最初的恐懼：

- 下水之後，游到你碰不到底的地方，然後返回岸邊。重複這個動作。
- 在淺水區與岸邊平行游泳。
- 讓朋友分別在你左右兩邊一起游泳。
- 穿蛙鞋游泳。
- 在朋友划小艇的陪同下游泳。
- 先在平靜的湖中游泳，再去挑戰水面高低起伏的大海。

如果你非常緊張，第一次嘗試時只游一小段距離，在你可以站起來的區域游泳。下次嘗試時，游到腳踩不到或看不到水底的地方。第三次嘗試時，與岸邊平行游泳。在每次練習中逐漸增加距離，明白自己可能會始終忐忑不安。

需要團隊合作

公開水域的鐵人三項運動員很少是孤軍奮戰的。從岸上或從船上看，公開水域的鐵人三項運動員就像一排勤勞的螞蟻或排成一列的康加舞舞者。他們本能地調整自己的方向，以配合前面泳者的路線。在出發時，鐵人三項運動員在公開水域奔跑和潛水，努力發揮自己最大潛力。但是，一旦越過海岸線，就有一股看不見、但不可否認的磁力，吸引他們緊緊靠近周圍的競爭對手。

除了因為參賽人數規模龐大之外，這種共同的心態和集體能量也有助

於鐵人三項運動員在公開水域中形成大型集團。所有鐵人三項運動員都會盡力跟上，並與前面的運動員保持方向一致。如果隊伍向左偏移，他們也向左。如果隊伍向右游，他們就向右游，因此單打獨鬥的鐵人三項運動員的力量會倍增，這樣為那些對自己的能力不太有信心的人提供保護和鼓舞。但在這個穿著防寒衣的群體中也有異類，那就是領袖型泳者。

領袖型泳者

領袖型泳者對公開水域充滿信心，他們具有豐富的經驗，展現對公開水域技術和技巧的掌握。他們了解水流、海浪和風的影響，並像經驗豐富的水手一樣在瞬間做出決定。他們知道何時何地要開始做魚躍式來進出水裡，可以毫無問題地確定適合的速度，或沿著自己的定位路線前進。

領袖型泳者像鱷魚一樣，在賽道上平穩地游泳，優雅地抬起頭來定位，從起點開始，一直到游泳至自行車轉換區都能自信地游泳。他們像鯊魚一樣，分析情況，然後對游泳賽段採取攻勢，而不是小心翼翼地前進。一旦進入水中，他們就會對自己和自己的決定充滿信心。

向領袖型泳者學習

如果你是鐵人三項的新手，請找到這些領袖型泳者。和他們交朋友，向他們學習。領袖型泳者不只速度是最快的，他們各有不同的年齡和速度，他們是專注、認真的運動員。他們在出發時明顯輕鬆和從容自如，與那些在公開水域表現出緊張的新人和經驗不足的人截然相反。他們冷靜地拿出裝備，有條不紊地準備好配備；他們的手不會發抖，平穩地在身上塗抹皮膚潤滑劑和防曬霜。他們不一定會奪冠，但會散發出平靜的專業精神和不為所動的姿態。

領袖型泳者會集中注意力，不會分心。他們不會像大風天裡的風向儀似的，在比賽前漫無目的地四處走動，一遇到分心的事物就分神。無論在比

圖 10.1
自信、體能、經驗和速度
讓選手在賽段之間平穩轉
換，抵達岸上終點。
Ann Ford

賽中是以世界級的速度，還是休閒的步調在進行，他們的任務是不慌不忙地從 A 點到達 B 點。有人速度很快，有人速度很慢，但他們始終對自己選擇的路線充滿信心。

成為領袖型泳者

與只專注於一項運動的泳者不同，鐵人三項運動員把訓練時間分配在三項運動上，其中騎自行車和跑步理所當然是優先準備的項目。陸上項目要優先考量，這意味著花在游泳上的每一個小時都需要有特定的目的。因此，把「公開水域成功金字塔」納入你的整體鐵人三項訓練計畫極為重要（見第六章），這一點需要策略規畫。

儘管每個人在參與鐵人三項運動時，都有不同程度的經驗，但以下是成為領袖型游泳運動員的六個步驟：

一．參加基本的游泳課程。
二．參加競賽游泳訓練計畫，在美國通常可以加入美國成人游泳訓練計畫（U.S. Masters Swimming program）。
三．找一個公開水域的游泳團體。
四．在公開水域中得心應手。

五．參加公開水域比賽。

　　六．參加鐵人三項比賽。

▪ 基本的游泳課程

　　在經驗豐富的游泳教練的指導下，學習划水技巧的基礎知識。看影片、參加訓練班、訓練營和閱讀相關書籍。能夠以冷靜、周全的方式游泳，需要耐心和時間；要游得好和游得自信通常需要多年的練習；要做到適當的身體滾動、良好的手部加速、筆直的划手路徑、適當的換氣技巧和有效的定位技術需要時間和反覆的努力。每個鐵人三項運動員需要不同的時間來掌握這些基本技能。

▪ 競賽游泳訓練計畫

　　開始參與有組織的游泳訓練計畫。美國18歲以上一流的運動員會參加美國成人游泳訓練計畫（U.S. Masters Swimming，簡稱USMS，網站 www.usms.org），這些活動把重點放在鐵人三項運動員和其他多項運動的運動員，並由具有公開水域經驗和興趣的教練指導。在此類計畫下進行訓練的好處將是立竿見影的，且會持續帶來進步。

　　USMS是一個全國性組織，為18歲以上的成人舉行泳池和公開水域比賽、訓練營和研討會。全美有692支USMS游泳隊，擁有超過54,950名活躍成員，歡迎各行各業的泳者加入。各地游泳俱樂部在泳池和公開水域提供循序漸進的訓練、卓越的指導，以及與同好建立友誼，包括鐵人三項運動員和競技、非競技和健身泳者。隨著你慢慢進步，優秀的教練將繼續督促你縮短間歇時間，並提高你的期望成績。在美國以外，也有其他類似的成人游泳訓練計畫的組織，提供指導和架構，讓你改進公開水域的游泳技巧。

▪ 公開水域的游泳團體

　　鐵人三項俱樂部和成人游泳隊經常組織正式和非正式的公開水域游泳

團體，你可以加入這類團體，與隊友一起到岸邊去。如果你感到緊張，你可以在最初幾次用小艇護送其他的泳者。第一次先護送你的隊友，然後在你的下一次訓練中與他們一起下水，你將受益匪淺。如果你的速度沒有隊友快，可以穿蛙鞋。蛙鞋將幫助你跟上速度較快的泳者，當中會有人是領袖型泳者。等之後當你在公開水域更加自在時，你可以不穿蛙鞋游泳。如果你想穿防寒衣，就穿上你的防寒衣，當水溫變高時，你會更有把握，偶爾也試著不穿防寒衣進行公開水域練習。

■ 在公開水域中得心應手

要提高你對公開水域游泳的自在程度，有一種方法是邀請游泳或鐵人三項隊伍中的領袖型游泳運動員喝咖啡或吃飯。詢問他們有關訓練、早期經驗和裝備選擇的問題；詢問他們過去游泳的細節；了解他們如何為比賽做準備、如何在游泳時保留腿部的體力，以及如何拿捏踢水的力道，才可以保持流線型和平衡的姿勢，以盡量減少在公開水域中的阻力。

你可以考慮去參加公開水域游泳訓練營，或聯繫經驗豐富的公開水域游泳教練，他們在線上提供相關服務（www.openwaterswimming.com）。如果直接加入公開水域游泳社群對你來說有點太嚇人了，可以聯繫在網路上那些經驗豐富的公開水域或鐵人三項教練，或者有許多鐵人三項訓練營可以參加，在那裡你可以與其他新手一起自在地學習。以下幾個網站提供大量入門課程和訓練營的資訊，他們有知識豐富的教練可以帶你一步一步地在公開水域中自在地游泳。SlowTwitch（www.slowtwitch.com）、世界公開水域游泳協會（www.openwaterswimming.com）、Team in Training（www.teamintraining.org）和Beginner Triathlete（www.beginnertriathlete.com）

■ 參加公開水域比賽

在你第一次參加鐵人三項比賽之前，可以考慮參加一場公開水域比賽。全美有900多場賽事，全球有3,600多場比賽，要在你家附近找到一場比賽

是相對容易的。在這些公開水域比賽中，和朋友一道參加，最好是與你實力相當的人，或者是喜歡在你身旁一起游泳的領袖型泳者。

有了夥伴，你可以專注於游泳，更容易克服緊張。早點去賽場，觀察並吸收比賽的一切狀況；試著在比賽日的歡鬧氣氛中感到自在；整理好你的裝備，塗上防曬霜和皮膚潤滑劑，穿上你的防寒衣，然後勘查賽道。接著耐心等待，享受這次的體驗，在賽前和賽後與他人交流。在第一次參加鐵人三項比賽之前，從你的第一次經歷中盡可能地學習，因為第一次需要更多的準備。

▪ 參加鐵人三項比賽

在參加鐵人三項比賽之前，為自己設定目標，並寫下來與你的教練和隊友討論。你的目標應涵蓋以下三個要素：

—— • **成果**：完賽、達到特定目標時間、超越朋友，或在你的年齡組中取得名次。
—— • **你的表現**：取得快速的轉換時間，或保持一定的划水節奏或配速。
—— • **過程**：保持高手肘和流線型的兩拍打水。

設立可以衡量、務實和具有挑戰性的目標。然後，在比賽結束後，回顧你的成果、表現和過程。但是在比賽當天，享受當下，沉浸在競爭和興奮中。

游泳賽段的基本建議

第一次的鐵人三項比賽會讓你體驗到感官上的震撼，盡量保持冷靜，記住那些會讓游泳賽段、自行車賽段、跑步賽段和轉換成功的所有小細節。在游泳之前、期間和之後，請記住以下幾點：

— • **塗抹潤滑產品**：在清晨大量塗抹防曬霜，然後在出發之前，在所有可能擦傷的部位重新塗抹防曬霜和皮膚潤滑劑，但不要在寫上編號之前塗抹（因為凡士林會讓黑色墨水溶解開來）。

— • **輕鬆脫下防寒衣**：在你的腳踝和手腕上塗抹皮膚潤滑劑，這樣你的防寒衣在最後就更容易脫下來了。

— • **不要聽見太多的聲音**：如果水很冷，可以使用矽膠耳塞，這也將幫助你在出發前忽略現場活動和人群中無關緊要的噪音。

— • **帶上備用物品**：每樣東西都多帶一副，尤其是已經用習慣的泳鏡。給你所有的裝備編號。

— • **從人群中獲取力量**：你可能會緊張，但請記住，即使不是大多數的運動員，在你周圍也有很多運動員和你有同樣的感覺。好好享受這個社群、情誼和挑戰。

— • **運用智慧，好好地出發**：如果你的速度不快，或競爭力不強，請從隊伍的兩側或後方出發。如果你很快，就不要在賽道上浪費任何時間。

— • **在自行車賽段追趕**：如果你想在限定時間內完成游泳賽段，並盡量保留體力，就讓游得快的人先走吧。在起點處跟隨衝刺的人群，觀察帶頭者前進的方向。

— • **應付轉彎處**：準備好在轉折浮球周圍會發生一些碰撞。如果你想減少在大群密密麻麻隊伍中的混亂和拍打，可以繞大圈一點，避開人群，並抬起頭來游泳。

— • **跟隨帶頭者**：跟隨其他泳者，除非你知道他們偏離了賽道，或知道他們不知道的事情。如果你迷失了方向，停下來，抬起頭來看看周圍情況。

— • **跟在後面游泳**：游在競爭對手的身後，或剛好游在他們的臀部旁邊，以利用他們產生的水流。如果你跟在別人後面，你就可以透過不用時常抬頭來節省體力，所以讓其他人在賽道上引導你。

— • **舒適的防寒衣**：根據水域條件選擇合適的防寒衣。如果你的防寒衣太

厚，你可能會在游泳賽段就開始覺得太熱。如果你預計游泳時間超過 45 分鐘，可以在防寒衣裡塞一個能量果膠，並在游泳過程中食用。

—— • **適應環境：**很少有開放的水域會像游泳池一樣水面平靜，所以要在比賽日之前習慣公開水域的情況，可以在風大的日子到海灘或湖邊訓練。如果你在惡劣的條件下覺得暈船，抬起你的頭，遠眺岸上固定的物體。閉上嘴巴，盡量不要吞下任何水。

—— • **墨菲定律：**事情不一定會按計畫進行。要在心裡預測會有問題，並知道如何在游泳賽段中解決這些問題。如果你覺得緊張，舉手向安全人員揮手示意。你不必退出比賽；先與他們交談，試圖讓自己能夠放心，然後再做決定。

—— • **利用湧浪：**如果你感覺到周圍的波浪湧現，就用力打水，並拉長划臂的動作，以利用波浪的動能。如果你不會人體衝浪，就謹慎地通過碎波，或向救生員求救。

選擇正確的划水頻率

對於你的游泳賽段，你的划水頻率（以每分鐘划臂次數為單位）可以低於 60 下，或你覺得最舒服的頻率。你可以穿著防寒衣，用相對較慢的心跳速度舒適地游泳。把你雙腿的力氣留給騎自行車和跑步，讓你的腿慢慢地上下擺動，速度與划臂同步（每次划手都踢一下）。如果你實力很堅強，可以把每分鐘划臂次數提高到每分鐘 70 次以上，要知道你的心跳也會相應增加。但是，你的踢腿可以保持穩定的兩拍打水。

在開始要快速划水之前，慢慢來，先打好紮實的基礎。對划水技巧的重視和掌握，會比有氧能力來得更重要。隨著你的經驗增加，在練習中提高划水的頻率，以學習如何保持更快的速度。在公開水域中，可以用不同速度游泳是絕對必要的能力，這就像騎自行車和跑步時的情況一樣。當你想擺脫被圍困或應付對手的舉動時，你的加速能力會很有幫助。在泳池中練習這些不同的速度和划水頻率，使它們在比賽中成為自然而然的反應。

準備好游泳—自行車轉換

從游泳賽段到自行車賽段的轉換稱為T1，當中需要做很多準備工作，包括準備好你的裝備、記住T1轉換區，以及在你的手觸及海底或湖底時，能夠順利地移動到騎自行車路線。

在T1轉換區以合理的方式擺放好你的裝備。可以嘗試不同的擺設安排和組合，找出最適合你的方式。在換上自行車裝備之前，先練習擺放裝備、脫下防寒衣和游泳用具；練習在過程中要有耐心。漸漸地，你將提高轉換速度。你或許還可以使用以下的一些技巧：

- 比賽前一晚，使用檢核清單，確保你沒有忘記任何東西。
- 賽前在你的關節周圍塗抹皮膚潤滑劑，這樣你就可以在T1轉換區輕鬆快速地脫掉防寒衣。
- 忘掉在游泳賽段期間可能發生的肢體碰觸。當你上岸後，那個賽段就結束了。
- 用水清洗腳上的沙子、泥土或小石頭，最好用托盤裝水來清洗。
- 把你的泳鏡放在不會被壓過或遺忘的地方，要帶著你的泳鏡保護盒。
- 準備一條毛巾，可以擦乾身體和一般用途。
- 把你的裝備放在井井有條、小範圍的區域，這樣你就不必伸手去拿東西了。
- 不要在轉換區推擠或阻擋他人。
- 游完後，使用墊子或毛巾鋪在地上，避免站在炎熱的路面、碎石或泥土上。
- 在坐上自行車前，扣好安全帽。

以適當的速度游泳

大多數鐵人三項運動員會在游泳賽段上控制穩定的速度來游泳，儘量減少能量消耗，並盡可能避免乳酸堆積。實力堅強的鐵人三項運動員，或者那

些強項是游泳的運動員，可能會在游泳賽段中消耗更多的能量來取得優勢。你自己的個人目標將決定你在第一個賽段的速度。

實力堅強的鐵人三項運動員的划水頻率更快，這更容易在專業的游泳選手身上看到，他們明白在公開水域游得更快需要提高划水節奏。透過更快地划動手臂，你每分鐘可以產生更大的推進力，進而讓你克服相對增加的阻力。無論你的手臂划動頻率是慢還是快，迎面而來的水流和水面碎浪的阻力都是固定的，與划水頻率無關。但是如果你利用前面泳者的尾流有效地跟游，你可以稍微減緩你的划臂節奏，並保持更長的划臂距離。

完成游泳賽段

完成鐵人三項游泳賽段的一個好方法，是超越一些競爭對手來增強信心。當你在游泳賽段超過其他運動員時，你會感到腎上腺素飆升。當你到了自行車賽段時，你可以倚賴和運用這種正面的感覺。一下接著一下地划水，等你在游泳尾聲超過別人時，你的信心就會建立起來。當你游泳超過別人時，你會覺得自己的訓練和犧牲都達到了明確的目標。

從心理上講，大多數運動員在追逐別人時比被人追逐時更有控制感，這一點在公開水域尤其如此，因為你的視野是有限的。反過來說，如果你被別人超過，你可能會有相反的感覺，除非你是故意放慢速度。

如果你被超過，你可能會認為自己的技巧出現問題，或者你可能會注意到肌肉疼痛或心跳加快了一點等情況。負面的想法可能會開始削弱你保持專注和冷靜的能力，所以這時要做出關鍵決定，在超過你的泳者身邊跟游，加快你的速度；或保持穩定的速度，並開始把心思轉換到你的自行車賽段，思考你的配速和自行車賽段的策略。

領袖型泳者的優勢來自於他們的態度，這種心態對你來說也同樣適用，與游泳速度無關。即使你不是游得很快，你仍然可以成為一名領袖型泳者，按照自己的步調和自己的極限狀態進行比賽。

約翰・法納根轉型成鐵人三項選手

約翰・法納根來自檀香山，是兩個孩子的父親，也是一名全職游泳教練，後來才接觸了鐵人三項比賽。他和從事這項運動的許多人一樣，相信自己在30多歲時已經充分發揮了運動員的能力。

在他過去輝煌的泳池游泳生涯中，他曾是夏威夷的高中游泳冠軍，也是奧本大學（Auburn University）1997年國家大學體育協會冠軍隊伍的一員，35歲時的法納根比以前更強壯、更快速，不斷尋找新的方法來提高自己的體力和速度。

但他並非一開始就踏上鐵人三項的道路。法納根最初從東南聯盟（Southeastern Conference）的泳池比賽，然後轉向世界各地的海泳比賽。他代表美國參加了四年國際公開水域比賽，在2001年世界10公里錦標賽中獲得第四名，這是他最佳的成績。退役五年後，他試圖入選2008年奧運代表隊，但遺憾地落選了。但是當他發現轉換跑道可以讓他平衡工作、家庭和新的運動項目時，這激發了他的好勝心。

在他的頭兩次鐵人三項世界錦標賽中，法納根在2.4英里（3.9公里）的游泳賽段上創造了兩個歷史前十名的成績（2008年的47:02和2009年的47:42），不過他與參加比賽的其他三項鐵人選手最相似的，是他的時間管理技巧和強烈的獲勝慾望。

賽後分析

在你完成第一次鐵人三項後，對自己的表現進行賽後分析。回想一下你在岸上與誰站在一起，與誰一起游泳，以及你的配速。在一張紙上畫出你與其他選手游泳時的隊伍形狀，並畫出在游泳賽段中估計的定位路線，分析你在比賽中的配速和位置。詳細、確實的賽後分析將幫助你成為一名經驗豐富的水中運動員。

以下是你賽後分析中需要考慮的問題，把答案寫在你的訓練日誌中，或與你的教練或隊友討論。

要回答的問題：

一． 你是否使用了適量的皮膚潤滑劑？

二．你有沒有哪裡擦傷了？

三．你是否少帶或需要任何裝備？

四．誰是你的競爭對手？

五．他們表現如何？

六．你在游泳過程中感覺如何？

七．你是否完成了游泳賽段和鐵人三項中的目標？

八．你位在起點處的哪裡？

九．你是特別選擇了那個位置，還是在沒得選的情況下才會在那個位置？

一〇．你出發時的速度是多少？

一一．在到達第一個轉折浮球之前，你感覺如何？

一二．游泳過程中感覺舒服嗎？

一三．更快的速度會對你的自行車賽段或你的整體時間有幫助，還是阻礙呢？

一四．比賽進行到中途時，你的排名如何？

一五．你是靠自己游完整個賽道，還是跟著一群人游？

一六．你有被其他選手困住的時候嗎？

一七．誰游在你前面、後面、左邊和右邊？

一八．你的划水節奏大概是多少？

一九．你在轉折浮球之前，或是之後加速了嗎？

二〇．你在轉折浮球處是否占據了內側位置？

二一．你有沒有撞到人？

二二．你一直都知道你前進的方向嗎？

二三．很難看到任何東西嗎？

二四．你游向終點的路線是否正確？

二五．你在比賽中是否遇到過湧浪或水面碎浪？

二六．你多久會抬頭定位一次？很難看到浮球或終點嗎？

二七. 你看到前導船或小艇了嗎？

二八. 你在出發和抵達終點時都有做魚躍式嗎？如果你這樣做，會喘不過氣來嗎？

鐵人三項在全球的成功：成功的藍圖

鐵人三項運動誕生於 1980 年代，在 1990 年代開始成熟，並在 2000 年雪梨奧運會上首次亮相，之後蓬勃發展，現在已經達到了一個轉捩點。隨著全球有數百萬鐵人三項運動員，以及愈來愈多的媒體曝光和企業贊助，鐵人三項運動已經取得了令人羨慕的酷炫標籤，並為公開水域游泳開闢了一條成功之路。

鐵人三項的早期歷史

在鐵人運動三個項目（海泳、自行車和馬拉松賽跑）各自的早期階段，只有少數運動狂是這三項運動都從事的。這些人在沒有既定管理機構和體育媒體的關注之下，靜靜地獨自享受他們的運動，享受他們選擇的道路。在聖地牙哥和夏威夷出現了愈來愈多的鐵人三項運動員，而從舊金山到波士頓，各地海岸線都經常有死忠的公開水域游泳運動員聚集。

鐵人三項運動成長的催化劑

1982 年夏威夷鐵人比賽中，隨著朱莉・莫斯（Julie Moss）戲劇化地完賽，使鐵人三項運動的知名度激增。她奮戰到底的情況被美國電視台拍攝下來，引起了大眾的注意。幾乎在一夜之間，多項運動的耐力賽就此點燃了眾多運動員和非運動員的想像力，同時媒體也紛紛關注起來。

2008 年北京奧運會 10 公里馬拉松游泳比賽同樣在公開水域游泳界具有重大影響力，該賽事向全球大部分地區進行了現場直播（儘管這項比賽在美國的影響遠不及歐洲）。在北京奧運會上，來自荷蘭的白血病倖存者馬騰・范德維

登戲劇性地贏得男子金牌，而在一次事故中失去左腿、不得不重新學習游泳的南非泳將娜塔莉・杜・托特 (Natalie du Toit) 英勇地與世界上一流的公開水域游泳選手一起比賽，可惜在兩個小時的艱苦游泳之後，未能獲得獎牌。在 2012 年倫敦奧運會上，10 公里馬拉松游泳和鐵人三項在倫敦市中心的海德公園舉行，這兩項運動無疑地會受益於全球的矚目。

鐵人三項運動的穩步崛起

愈來愈多的運動愛好者後來加入了 20 世紀鐵人三項先驅者最初的浪潮。有些人以前從未認為自己是運動員，但他們渴望嘗試新鮮、有趣和勵志的事物。隨著新媒體形式的出現，能夠游泳、騎自行車和跑步好幾個小時受到人們廣泛討論、讚嘆和在網路上報導。

網路和行動裝置的連線讓世界日益緊密，帶來了地下宣傳，形成了社群，繼續為虛擬和現實世界的互動提供新的動力。鐵人三項運動員善於創造獨特的文化、強大的社群和獨特的生活方式。各行各業的新手開始為訓練和比賽做出犧牲，好像在佩戴榮譽徽章似的。剃了腿毛、穿著自行車卡鞋的男人在餐廳裡走動，眼睛周圍還有戴過泳鏡的曬痕，這只是鐵人三項運動員生活方式的一個例子。人們可以游多遠、跑多久，這些成了同事、學校和更大社群中大家討論的話題，並產生了態度健康的敬佩。到目前為止，在耐力運動領域，公開水域游泳仍然是鐵人三項中較為沒有變更的項目。與鐵人三項相比，公開水域組織化程度較低，距離、規則和協議方面的全球標準遠遠低於鐵人三項。

轉折點

鐵人三項和公開水域游泳的運動員、賽事主辦單位、贊助商和管理人員繼續在規則、條例和裝備上摸索和試驗，試圖在各種不同意見和心聲中找到一個平衡點。有些想法受到了好評；有些需要修改；有一些未達到預期效果。但是，隨著每一次新措施的出現，這兩項運動都會聯合和累積起來，變得更

加強大和豐富。就像鐵人三項一樣，公開水域游泳也隨著新的比賽形式、更多的法規和科技的創新而不斷擴展。

鐵人三項的商業化提供了巨大的幫助。鐵人三項早已擺脫了比賽只是少數志工愛心勞動的時代，現在企業贊助、媒體曝光、裝備製造商和專業運動員共同將這項運動推向了新的高度。雖然各國仍在為公開水域游泳制定更大範圍的策略，但鐵人三項的創業家已經在知名品牌還沒察覺時就加緊了步伐。在這些創業公司的支持下，媒體和賽事組織滿足了大眾對資訊和大規模參與活動的需求。在數百萬愛好者的支持下，鐵人三項運動顯然已經在體育詞彙和奧運舞台上贏得了一席之地，而公開水域游泳正在以其獨特的方式迎頭趕上。

大眾強烈希望獲得更多資訊，所以商業市場和全國性刊物想要尋找能夠向大眾解釋和定義鐵人三項的專家與大師。無論是在大眾眼中，還是在行政崗位上，創新的比賽組織和運動員，在這項運動中扮演領導角色。雜誌和網站不斷強化頂尖運動員的形象，而一般的運動員和新手則談論最新誕生的鐵人三項英雄和女中豪傑的訓練和裝備。

專業賽事管理者已將鐵人三項比賽變成在情感和財務上都有回報的週末盛事，雖然公開水域游泳還沒有達到那種受歡迎的程度，但這項運動快速發展的軌跡就像鐵人三項運動在1980年代開始時一樣。線上和印刷媒體滿足了大眾的需求，提供深入的建議和有趣的觀點、新賽事、見解、產品，以及各個年齡層和不同實力的高手資訊。

未來的問題和機會

隨著鐵人三項和公開水域游泳在全球各種類型的場地和水道飛速地發展，一路上並不會一帆風順。過程中會出現各種問題，從跟游和藥物測試，到新法規和確保運動員的安全。但在眾多充滿熱情和才華的人們的強烈興趣下，未來仍然前景可期。如果過去是未來的跡象，比賽主辦單位、運動員和

管理人員將用創意共同解決問題，並終將得到改善。

現在是時候了，好好享受吧！

資源

七大海峽挑戰的資訊來源

- 英國和法國之間長達21英里（33.8公里）的英吉利海峽
- 海峽游泳協會，網站：www.channelswimmingassociation.com
- 英吉利海峽游泳與導航聯盟，網站：www.channelswimming.uk
- 卡特琳娜島和加州之間的21英里（33.8公里）卡特琳娜海峽
- 卡特琳娜海峽游泳聯盟，網站：www.swimcatalina.org
- 夏威夷歐胡島和摩洛凱島之間長達26英里（41.8公里）的摩洛凱海峽（又稱凱威海峽）
  網站：www.hawaiiswim.org/hawaiianChannel/kaiwiChannel.html
- 愛爾蘭和蘇格蘭之間長達21英里（33.8公里）的北海海峽
  網站：www.bangorboat.com/page6.html
- 紐西蘭北島和南島之間長達16英里（25.7公里）的庫克海峽
  網站：www.cookstraitswim.org.nz
- 日本本州和北海道之間長達12英里（19.3公里）的津輕海峽
  網站：www.tsugaruchannelswimming.com
- 西班牙和摩洛哥之間長達10英里（16公里）的直布羅陀海峽
  網站：www.acneg.com

公開水域游泳相關網站

- 公開水域游泳每日新聞：https://www.openwaterswimming.com/daily-news-of-open-water-swimming

- 海峽游泳協會：有關英吉利海峽游泳的資訊，www.channelswimmingassociation.com

- 世界水上運動總會：有關世界泳聯世界盃和世界泳聯大獎賽職業巡迴賽的資訊，www.worldaquatics.com

- 聖讓湖國際游泳賽：著名的聖讓湖職業游泳賽，法英雙語網站，www.traversee.qc.ca

- 拉霍亞灣游泳賽 (La Jolla Cove Swim)：加州拉霍亞的公開水域游泳，thelajollacoveswim.org

- 路易斯・皮尤個人網站：英國公開水域游泳先驅和環保主義者，lewispugh.com

- 馬騰・范德維登個人網站：奧運會10公里馬拉松游泳金牌得主和白血病倖存者，en.beter.nu

- 米德馬水庫游泳賽：世界上參賽人數最多的公開水域游泳賽事，www.midmarmile.co.za

- 紐西蘭海泳系列賽：紐西蘭最大的公開水域游泳系列賽事，www.oceanswim.co.nz

- 紐約市游泳：紐約市公開水域游泳，www.nycswim.org

- 海洋游泳 (oceanswims)：澳洲的公開水域游泳活動，www.oceanswims.com

- 世界公開水域游泳協會：提供完整的公開水域游泳資訊，www.openwaterswimming.com

- 戶外游泳協會（Outdoor Swimming Society）：英國的公開水域游泳活動，www.outdoorswimmingsociety.com
- RCP蒂伯龍海泳：世界上競爭最激烈的職業短距離賽事，rcptiburonmile.com
- 聖巴巴拉海峽游泳協會：加州聖巴巴拉的公開水域游泳比賽，santabarachannelswim.org
- 游遍美國系列賽：美國各地舉辦的公開水域游泳慈善活動，www.swimacrossamerica.org
- 長程游泳：公開水域游泳探險，www.swimtrek.com
- 公開水域游泳三冠王：公開水域游泳三冠王成員名單，longswims.com/triple-crown/
- 水上世界游泳（Water World Swim）：舊金山灣公開水域游泳，waterworldswim.com
- 荒僻地區游泳（Wild Swimming）：英國的公開水域游泳活動，www.wildswimming.co.uk
- 世界前100大公開水域游泳比賽：列出了100個絕佳的公開水域游泳活動，www.openwaterswimming.com/world-top-100-open-water-swimming-events

全球前25項頂尖公開水域游泳活動

1. **日月潭國際萬人泳渡嘉年華**

   地點 位於台灣中部的日月潭，是一個海拔2,493英尺（760公尺）的美麗寧靜湖泊。

   賽道 3公里（1.9英里）泳渡湖泊賽，參與者超過25,000人。

說明　世界上最大規模的大眾參與公開水域游泳活動之一，依據不同的
　　　年齡和能力，參賽者可以分組出發。為了安全起見，泳者必須帶
　　　著紅色的魚雷浮標游泳。

2.　米德馬水庫游泳賽

地點　南非夸祖魯—納塔爾省（Kwazulu Natal）的米德馬水庫，距離大城
　　　德班（Durban）一小時的車程。

賽道　直線長達 1 英里（1.6公里），游過水面平靜的水壩。

說明　世界上最大的公開水域游泳比賽之一，在南非各地進行一系列資
　　　格賽後，共吸引了近 19,000 名泳者前來參加。

3.　范斯布羅游泳比賽

地點　瑞典中部的范斯布羅（Vansbro）。

賽道　1公里、1.5公里和3公里（0.6、0.9和1.9英里）的下游河道，穿越范
　　　斯布羅的六座橋樑。

說明　成立於1950年，近 10,000 名游泳運動員參加了歐洲最大的多個
　　　項目比賽活動，比賽中通常會穿防寒衣，還包括一個單獨的女子
　　　1公里賽跑項目。

4.　北方大湖游泳賽

地點　風景如畫的溫德米爾湖，是英國最大的湖泊。

賽道　在湖區（Lake District）鄉下平坦、風景優美的冷水湖中，進行長達
　　　1英里（1.6公里）的比賽。

說明　一場競爭非常激烈的比賽，精英游泳選手會分組出發；這是英國
　　　最大規模、且參與人數眾多的公開水域游泳活動，許多人會穿上

防寒衣來參加比賽。

---

5. **博斯普魯斯海峽國際游泳**（Bosphorus International Swim）

　地點　位於土耳其的伊斯坦堡海峽，連接黑海和土耳其的馬爾馬拉海（Sea of Marmara）。

　賽道　從亞洲大陸的梅斯（Meis）到歐洲大陸的卡斯（Kas），全長7.1公里（4.4英里），是全球國際航道中最窄的海峽。

　說明　這場比賽已經吸引了來自數十個國家的近5,000名游泳運愛好者。

---

6. **洛恩碼頭到酒吧游泳比賽**

　地點　澳洲洛恩的海濱社區，位於墨爾本西南部。

　賽道　從碼頭到海灘快速的1.2公里（0.7英里）。

　說明　排名前4,300的選手平均用22分鐘完成澳洲最受歡迎的一項慈善游泳賽事。

---

7. **羅特尼斯海峽游泳賽**

　地點　從伯斯附近的科特斯洛海灘（Cottesloe Beach），到西澳的羅特尼斯島。

　賽道　這個長達19.2公里（12英里）的海泳活動具有挑戰性，且非常受歡迎，有超過750艘船提供支援。

　說明　獨泳和接力游泳到一個近海島嶼，參加人數上限為2,300名隨機選定的泳者，他們將面臨強大的水流和豐富的海洋生物。獨泳運動員將自動獲得參賽資格。

8. **海王與海后挑戰賽**（King and Queen of the Sea Challenge，葡萄牙文 Rei do Mar Desafio）

    地點 巴西里約熱內盧的科巴卡巴納海灘。

    賽道 2公里（業餘）和10公里（職業）海洋賽道。

    說明 超過2,000名泳者參加了2公里的比賽，主辦單位還邀請職業游泳選手進行10公里的電視轉播比賽，所有運動員的起點和終點都在沙灘上。每游完2公里的賽道後，職業選手要在柔軟的沙灘上跑150公尺。

9. **納維亞下游河泳**（Navia's Downstream Swim，西班牙文 Descenso a Nado de la Ria de Navia）

    地點 西班牙北部阿斯圖里亞斯（Asturias）的納維亞河。

    賽道 1.1公里、1.7公里、3公里和5公里（0.7、1、1.9和3.1英里），沿著風景如畫的下游游泳。

    說明 這個多項目比賽活動自1958年開始舉辦，提供多種文化活動、遊行和現金獎勵，也是歐洲游泳聯盟公開水域游泳盃（LEN Open Water Swimming Cup）的正式比賽賽段，吸引了全歐洲的頂尖游泳運動員。

10. **阿卡普爾科5公里國際游泳**

    地點 墨西哥西海岸的阿卡普爾科灣。

    賽道 1公里、1.5公里和5公里（0.6、0.9和3.1英里），在溫暖海水中泳渡阿卡普爾科的平靜海灣。

    說明 比賽在太陽從海灣升起時開始；泳者沿著度假旅館林立的海岸競賽。

11. 百慕達環峽游泳（Bermuda Round the Sound Swim）

地點 百慕達的哈靈頓海峽（Harrington Sound），位於北卡羅來納州以東 650英里（1,046公里）處。

賽道 在棕櫚灣（Palmetto Bay）內進行長達0.8公里、2公里、4公里、7.5 公里和10公里（0.5、1.2、4.7、6.2英里）的溫水海泳。

說明 泳者在清澈溫暖的海水中，沿著美麗迷人的海岸線，伴隨著美麗 的海洋生物，游過純淨的珊瑚礁。

12. 繞國會游泳（Round Christiansborg Swim）

地點 丹麥哥本哈根。

賽道 在弗雷德里克斯霍爾姆斯運河（Fredericksholm's Canal）中，繞行議 會宮殿所在的島嶼，全長10公里（6.2英里）。

說明 這是一個深受業餘愛好者歡迎的游泳活動，可以在哥本哈根的運 河中游泳。

13. 賈拉克—沙巴克馬拉松游泳

地點 塞爾維亞的沙巴克。

賽道 沿著薩瓦河（Sava River）的下游2公里、4.5公里和18.7公里（1.2、2.8 和11.6英里）的路線。

說明 業餘愛好者和職業游泳選手在這項具有50多年歷史的多項目比 賽活動中同台競技；兒童的比賽為50公尺。

14. 橫渡曼福蘭莫剛湖國際游泳賽

地點 加拿大魁北克的曼福蘭莫剛湖。

賽道 在美國佛蒙特州和加拿大魁北克省之間一個大湖中進行0.5公

里、1公里、2公里、5公里、10公里和34公里（0.3、0.6、1.2、3.1、
6.2和21英里）的比賽。

說明　這場34公里的比賽吸引了許多職業游泳選手，在風景優美、寧靜
祥和的湖泊中進行往返比賽，上千人前來支持業餘愛好者和職業
選手。

15. 香港環保半程游泳賽

地點　香港。

賽道　14.5公里（9英里）的海洋路線，圍繞著香港南部的美麗水域。

說明　在香港島蔚藍清澈的海水中進行單人游泳和五人接力賽。根據風
況，海浪會隨著水面碎浪而變大。接力游泳運動員可以參加環保
組比賽，乘坐支架大洋舟，而非傳統馬達發動的戒護船。

16. 斐濟游泳賽

地點　斐濟金銀島（Treasure Island）和巨浪島。

賽道　1公里、2.7公里和18公里（0.6、1.7和11英里）的比賽在熱帶島嶼
天堂舉行，擁有清澈海水、美麗珊瑚礁和豐富海洋生物。

說明　1公里的比賽是從海上浮動平台出發到巨浪島；2.7公里的比賽從
沙洲開始；18公里比賽可以用接力或獨泳的形式進行。每年都有
許多奧運獎牌得主參加。

17. 加拉塔—瓦爾納游泳馬拉松（Galata-Varna Swimming Marathon）

地點　保加利亞黑海西岸的瓦爾納（Varna）。

賽道　4.4公里和10公里（2.7和6.2英里）的環形賽道，起點和終點都在瓦
爾納的主要海灘。

說明 這是一條溫水賽道，起點和終點偶爾會有大浪和驚人的水面碎浪；這項賽事已經舉辦了超過80屆。

---

18. 紐西蘭海泳系列賽

地點 在紐西蘭各地，從威靈頓到北岸市 (North Shore City)。

賽道 由六個地點組成0.7公里和2.8公里 (0.4和1.7英里) 的系列賽，沿著迷人的海灘和主要水道舉行。

說明 包括奧克蘭的「海港泳渡賽」(Harbour Crossing)、東方灣 (Oriental Bay) 的「首都經典賽」(Capital Classic)、基督城的「海盜灣經典賽」(Corsair Classic)、島灣區 (Bay of Islands) 的「羅素—派希亞賽」(Russell to Paihia)、芒格努伊山 (Mt Maunganui) 的「沙岸到碎浪賽」(Sand to Surf) 和北岸市的「海灣王游泳賽」(King of the Bays)。

---

19. 佛勞斯海泳

地點 在開曼群島的七哩灘 (Seven Mile Beach) 的清澈水域中進行。

賽道 1英里 (1.6公里) 點對點的路線，在淺而極其清澈的水中完成比賽。

說明 被稱為世界上最平靜、進行最快速的1英里海泳比賽，隨機分配的獎金超過10萬美元。

---

20. 桑迪科夫島挑戰賽

地點 愛爾蘭金塞爾 (Kinsale) 的桑迪科夫島。

賽道 在桑迪科夫島周圍清澈的海水中逆時針環繞游2公里 (1.2英里)。

說明 水流會給較慢的泳者帶來問題；比賽在愛爾蘭的公開水域游泳運動員和鐵人三項運動員的主要訓練地點舉行，那裡有明顯可見的下沉暗礁和海帶。

21. 二斯勒伊斯長距離游泳比賽 (Lange Afstandzwemwedstrijd Sluis)

地點 荷蘭的霍克運河（Canal Hoeke）。

賽道 往返2公里、2.5公里和5公里（1.2、1.6和3.1英里），在一條舊的運河中進行，折返點在比利時的布魯日。

說明 折返點在比利時，在2.5公里的項目中只能游蛙式。

---

22. 橫渡海峽 (Traversata dello Stretto)

地點 義大利西西里島美西納海峽（Strait of Messina）。

賽道 西西里島東端和義大利大陸之間長達1.8公里至5.2公里（1.1和3.2英里）的賽道。

說明 美西納海峽擁有強勁的水流和天然漩渦，使得這項具有挑戰性且令人愉悅的賽事在晴朗的日子裡更加精采。

---

23. 哥佐島—馬爾他公開水域競賽 (Gozo-Malta Open Water Channel Race)

地點 從加拉角（Ras il-Qala）到馬耳他的馬法（Marfa）。

賽道 5.5公里和11公里（3.4和6.8英里）的比賽在義大利西西里島外的地中海進行。

說明 泳者在馬爾他的主要島嶼之間游泳。

---

24. 海灣挑戰 (The Bay Challenge)

地點 桑迪灣（Sandy Cove）到加拿大溫哥華的基斯蘭奴海灘（Kitsilano）。

賽道 0.75公里、1.5公里、3公里和6公里（0.46、0.9、1.9和3.7英里）的單人和接力游泳。

說明 強制規定要穿防寒衣，強烈建議在50至66°F（10至19°C）水域的冷水中游泳時戴氯丁橡膠泳帽。

25. 泳渡巴拉頓湖 (Balaton Átúszás)

地點 匈牙利的巴拉頓湖（被稱為匈牙利海）。

賽道 在平靜的湖水中游泳5.2公里（約3.2英里）。

說明 巴拉頓湖是歐洲中部最大的湖泊，比賽有超過10,000名泳者參加；在夏季，幾乎每個週末都有公開水域游泳活動。

詞彙表

這個詞彙表包括在公開水域游泳世界中一些常用的術語，完整的「公開水域游泳詞典」發布在 www.openwaterswimming.com/openwaterpedia-from-to-z-open-water/。

- **適應環境**(acclimate)：在公開水域比賽或獨泳之前，適應更暖或更冷的水溫、風浪和其他各種情況。
- **海灘終點**(beach finish)：在陸地上的終點，游泳者必須離開水面，在沙灘上奔跑到終點線。
- **雙邊換氣**(bilateral breathing)：在自由式中左右兩邊換氣。
- **被困住**(boxed in)：被夾在前後或左右兩側的游泳者之間，以致無法朝著所需方向、速度移動或在隊伍中行動。（英文同義詞：sandwiched, squeezed）
- **突圍**(breakaway)：加快或改變方向，甩開其餘選手。（英文同義詞：sprint ahead, swim faster, put on a spurt, pick up the pace, drop the hammer, increase the tempo, drop the field, make a move）
- **brood**：一大群水母。（英文同義詞：smack, smuth, smuck, fluther, (improperly) school）
- **浮標**(buoy)：具有獨特形狀或標記的浮具，有時用標誌或圖像來識別，會被緊緊固定住，用以標記賽道、航道、錨定點或游泳危險處。
- **環保接力**(carbon-neutral relay)：具有淨零碳足跡的公開水域接力賽。碳中和接力完全依靠人力，因此不使用馬達發動的戒護船，而是使用支架大洋舟、小艇或獨木舟。
- **擦傷**(chafing)：由於游泳姿勢和波浪，皮膚與泳衣或其他東西(包括其他身體部位)反覆摩擦引起的刺激。在泳衣肩帶周圍、腋窩，以及肩膀、大腿

上部、頸部和下巴等處經常出現擦傷。

- **海峽潤滑油脂**(channel grease)：海峽游泳者使用的凡士林和羊毛脂的混合物。

- **海峽游泳**(channel swim)：在兩塊陸地或兩個較大可通行的水域之間，不間斷的單人或接力游泳，穿越天然或人造水域，通常是指海峽，也可以指穿越河流，沼澤地、海灣或群島中的島嶼。

- **慈善游泳**(charity swim)：游泳、接力、分段游泳或比賽，目的是為了籌集資金，支持某項事業、個人或非營利組織或引起媒體的關注和認識，尤其是吸引個人和非傳統捐助者。

- **碎浪**(chop)：由風引起水面上的波浪動作。小而頻繁的波浪可能會擾亂公開水域游泳者，因為它們會阻礙前進，並降低能見度。（英文同義詞：surface chop）

- **繞圈賽**(criterium race)：一種公開水域比賽，要求游泳者沿著賽道離開水中，在岸上跑一小段距離，然後再跳入水中完成比賽。陸上跑步可以是一次或多次，可以在賽道上的任何地方進行，包括環形賽道或點對點賽道。

- **跨界運動員**(crossover athlete)：同時參加泳池游泳和公開水域游泳比賽的運動員，或同時參加公開水域游泳和鐵人三項或其他耐力運動的運動員。此外，也指參加過泳池游泳、鐵人三項或其他耐力運動的運動員，而現在只專注於公開水域游泳（反之亦然）。

- **穿越移動**(crossover move)：在比賽中，游泳者越過另一名游泳者的腳踝、膝蓋、大腿或下背部，來改變方向或移動到對方的另一側。這個動作可以透過用正常的自由式游過對手的身體，也可以翻身游仰式，在對手的腿上划一兩下的仰式。但是，如果游泳者在穿越移動時阻礙了另一名游泳者的前進動力，裁判可能會發出黃牌（警告）或紅牌（取消資格）。

- **夜游**(dark swimming)：夜間在天然或人造公開水域游泳。

- DQ (Disqualified)：取消資格，因違反規則而被裁定為不符合資格。
- 跟游 (draft)：特別是在比賽中緊靠在另一名游泳者（或多名游泳者）身後，或略微靠在別人的側面（通常在臀部和腳踝之間的地方）游泳，以利用他們的尾流。
- 退潮 (ebb tide)：海水後退或（向海）外流，導致海岸附近的水位下降。相反的流向稱為漲潮，在這種情況下，水的流入會導致海岸附近的水位上升。
- 環保游泳 (eco-swim)：公開水域游泳、接力、分段游泳、競賽或慈善游泳，（一）旨在保護、保存或引起對環境或生態的關注；（二）旨在改善或保護海洋生物或當地的福址；（三）以生態可持續或環境友善的方式進行；（四）在環境保護或者海洋生物保護區域舉行；（五）為保育、海洋生物或環境保護、研究和教育來籌集資金或提供直接的經濟利益；（六）向當地政府或官員遊說，以進入、保護或清理水道；（七）盡量減少人類對環境的影響。
- 探險游泳 (expedition swimming)：與隊友或游泳夥伴一起在自然或人造公開水域游泳，包括海洋、湖泊、河流、海灣和水庫，通常是有導遊陪同（有時也沒有）的活動。
- 補給 (feeding)：在比賽、接力或獨泳期間進食或喝水。
- 餵食站 (feeding station)：船或其他臨時或固定的浮動結構，如碼頭、橋墩或浮動平台，由教練在比賽中為游泳選手提供食物或飲料。
- 餵食桿 (feeding stick)：細長的機械工具，末端帶有杯架或瓶架，教練用來在比賽或獨泳中把補給品（例如，能量果膠、食物、巧克力）或水分（例如，水、運動飲料、茶）遞給他們的選手。
- 終點攝影機 (finish cameras)：在岸上或碼頭、橋墩或其他位置的固定位置的攝影機，用於記錄選手抵達終點的情況，供賽後官方審查。
- 終點通道 (finish chute)：連續的水道線、浮標等標記，指示出終點區域，

並幫助引導游泳者到達終點線或觸摸板。

- **魚 (fish)**：馬拉松游泳運動員和支援人員偶爾使用的俗稱，指的是一種軟骨魚類，具有高度流線型的魚體以及堅韌、通常暗灰色的皮膚，通常也被稱為鯊魚。（英文同義詞：shark, the man in the gray suit, mack, old toothy, garbage can of the sea, the landlord）（有些學者認為，英文中鯊魚〔shark〕源自德文的 schurke，意思是「惡棍」。）

- **漲潮 (flood tide)**：海水流入導致近岸水位上升。相反的流向稱為退潮，在這種情況下，海水後退或（向海）外流，導致海岸附近的水位下降。

- **自由方式接力 (freestyle relay)**：一種公開水域的游泳接力賽，每位游泳者都可以游任意距離或任意時間。與傳統的英吉利海峽接力賽不同的是，前者每位游泳者以固定的輪換方式游泳一小時；而在自由方式接力中，游泳者在決定自己游泳的距離和時間方面則有更大的自由度。

- **潤滑 (grease up)**：在身體的摩擦點（例如，手臂、下巴、脖子、大腿內側、泳衣帶下）塗抹潤滑劑、軟膏、噴霧劑或凡士林，以防止擦傷和刺激。

- **引導浮標 (guide buoy)**：沿著賽道在水中有明顯標記或顏色的浮標，錨定在水中為游泳者提供定位的引導，游泳者可從任一側通過引導浮標。

- **半百社團 (Half Century Club)**：為 50 歲以上完成任何馬拉松游泳（例如，英吉利海峽、卡特琳娜海峽、直布羅陀海峽、庫克海峽、曼哈頓島馬拉松游泳、羅特尼斯海峽）的人設立的社團。

- **阻礙 (impede)**：在比賽中堵住、干擾或阻擋別人的移動或前進；游向別人的活動空間；阻擋他人；或在比賽中拉扯其他人的腿、腳踝、手臂或肩膀。阻礙別人可能會收到黃牌的警告，或收到紅牌被取消資格。

- **中途浮標 (intermediate buoys)**：放置在規定的轉折浮球或標記之間的浮標，可以從任何一側通過而不受處罰。

- **節 (knot)**：速度單位，等於每小時 1 海里，或大約每小時 1.15 法定英里，

或每小時 1.852 公里。

- **羊毛脂** (lanolin)：一種油膩的脂肪物質，不溶於水，從羊毛動物身上提取，用於塗抹在公開水域游泳者的皮膚上，特別是在摩擦處（例如，腋下、大腿內側、下巴和脖子），以防止擦傷或減少冷水的影響。
- **圈** (lap)：圍繞賽道完整的一圈或泳程。
- **左（或右）肩轉彎** (left- (or right-) shoulder turn)：在繞過轉折浮球時所需的轉彎方向。左肩轉彎意味著游泳者必須讓轉彎浮標在身體的左側，同時以逆時針方向繞著轉折浮球游泳。
- **環狀圈** (loop)：圍繞賽道完整的一圈或泳程，尤其是環狀的。
- **群眾參與游泳** (mass participation swim)：不計時、非競爭性的游泳活動，目標是一起享受公開水域游泳和賽後娛樂活動，並與志同道合的運動員建立友誼。
- **傳統泳衣組** (naked division)：不可穿防寒衣的比賽類別。
- **定位能力** (navigational IQ)：在公開水域中游出最直和最快路徑的能力，特別是在比賽中。
- **小潮** (neap tide)：每月發生兩次的潮汐，分別在上弦月、下弦月時，此時高潮和低潮之間的潮差最小。
- **七大海峽挑戰** (Ocean's Seven)：在馬拉松游泳界中相當於登山運動的七大高峰挑戰，包括蘇格蘭和愛爾蘭之間的北海海峽、紐西蘭的庫克海峽、夏威夷的摩洛凱海峽、英吉利海峽、加州的卡特琳娜海峽、日本的津輕海峽、西班牙和摩洛哥之間的直布羅陀海峽。
- **超過完賽時間限制** (OTL (over time limit))：當選手沒有在主辦單位指定的時間內完賽。指定時間可以是預定的時間，或出發後的幾個小時或幾分鐘，或在第一位選手完賽後，其餘選手可以留在水中的最長時間。
- **位置** (positioning)：在公開水域比賽中游泳者相對於其他對手的位置，通

常是有策略和有意圖的，但偶爾是無意或偶然的。

- **紅牌**（red card）：表示游泳選手在公開水域比賽中因不良的運動員行為或嚴重違反規則，而被立即取消資格。

- **激流**（riptide）：一股往外海的強勁水流，通常在碼頭或防波堤附近形成，或由於大浪推積海水，而後回流入海。

- **沙洲**（sandbar）：沿著海岸、河流或海灘，或在島嶼之間或島嶼附近，由於波浪、潮汐或水流作用下，在水中堆積的長條形或低矮的沙脊。

- **編排分組出發**（seeded start）：按照游泳運動員的特定能力或游泳時間，分組出發，而不是根據年齡或性別的出發，也不是集體出發。

- **在有遮蔽的一側換氣**（sheltered-side breathing）：在公開水域游泳時，避開波浪和惡劣條件來換氣。

- **穿越狹窄空隙**（shoot the gap）：在兩個參賽者之間的狹窄空隙中游泳，特別是在一群人中。

- **定位**（sighting）：在公開水域中觀測方向或定位的行為，通常是朝著地標、轉折浮球、戒護船或終點的方向。在公開水域比賽中，抬起頭來看前面、側面或後面，用來決定最佳的游泳方向。

- **單程泳渡**（single crossing）：按照馬拉松游泳的傳統規則，獨游或用接力方式單趟游過海峽、湖泊、河流或其他水域。（英文同義詞：one-way crossing）

- **水面碎浪**（surface chop）：見「碎浪」。

- surge：突然加速以甩開其他對手。

- **三人並排**（three-wide）：三名泳者在比賽中並排游泳。（英文同義詞：three abreast, three side-by-side）可以用於任何數量的泳者（例如四人並排［four-wide］、五人並排［five-wide］）。

- **計時晶片**（transponder）：輕型防水計時設備，具有無線射頻辨識系統（RFID）或GPS功能，在重大比賽中，游泳運動員會配戴計時晶片在手腕

或腳踝上。

- **公開水域游泳三冠王**(triple crown of open water swimming)：完成三個著名的馬拉松游泳的認證：英國和法國之間的 21 英里 (33.8公里) 英吉利海峽、美國加州的 21 英里 (33.8公里) 卡特琳娜海峽和 28.5 英里 (46公里) 的紐約曼哈頓島馬拉松游泳。

- **轉折浮球**(turn buoy)：水中明顯標記或彩色的浮標，錨定在水中以標記游泳者的賽道。轉折浮球在本質上是指引方向的，必須按照比賽的規定從身體的特定一側通過。

- **黃牌**(yellow card)：在公開水域比賽中，表示運動員行為不良或違反規則，而對游泳運動員進行正式警告。

參考資料

Cypess, Aaron M., M.D., Ph.D., and others. "Identification and Importance of Brown Adipose Tissue in Adult Humans." *New England Journal of Medicine* 360 (2009): 1509-1517. Accessed April 9, 2009, http://www.nejm.org/doi/full/10.1056/NEJMoa0810780.

Johnson, Tim Capt. *The History of Open-Water Marathon Swimming.* Buzzards Bay: Perfect Paperback. 2005.

Channel Swimming Association Handbook. 2009. Accessed April 9, 2009, http://www.channelswimmingassociation.com/handbook_2009_63.html.

Critchlow, Julian. *Channel Swim Database.* Accessed 2010, http://home.btconnect.com/critchlow/ChannelSwimDatabase.htm.

Virtanen, Kirsi A., M.D., Ph.D., and others. "Functional Brown Adipose Tissue in Healthy Adults." *New England Journal of Medicine* 360 (2009): 1518-1525. Accessed April 9, 2009, http://www.nejm.org/doi/full/10.1056/NEJMoa0808949.

Popov, Alexandr. http://www.swimpsychology.com/motivational_quotes.php3 (n.p., n.d.).

Munatones, Steven. "Fears of Open Water Swimming." *Daily News of Open Water Swimming.* Accessed January 1, 2010, www.dailynewsofopenwaterswimming.com

Van Marken-Lichtenbelt, Wouter D., Ph.D., and others. "Cold-Activated Brown Adipose Tissue in Healthy Men" *New England Journal of Medicine* 360 (2009): 1500-1508. Accessed April 9, 2009, http://www.nejm.org/doi/full/10.1056/NEJMoa0808718

作者簡介

　　史蒂文・穆納托斯（Steven Munatones）是前職業馬拉松游泳選手和著名教練，曾擔任2001年、2003年、2005年、2007年世界游泳錦標賽和2004年世界公開水域游泳錦標賽的美國國家隊教練。此外，他還擔任「公開水域游泳每日新聞」網站的主編，並編寫了「公開水域游泳詞典」（Open Water Swimming Dictionary）。穆納托斯負責管理國際馬拉松游泳名人堂網站，並擔任2008年北京奧運會男女10公里游泳比賽的NBC新聞台評論員。

　　在奧運會期間，他向包括NBC電視台、環球體育（Universal Sports）聯播網、《華爾街日報》、國家公共廣播電台、《今日美國報》、《紐約時報》、《國家地理》雜誌和美聯社等媒體提供了自己的專業知識。

　　他的文章曾刊登在《游泳世界》（Swimming World）雜誌、《澳洲游泳》（Australia Swimming）和美國成人游泳運動（USMS Swimmer）網站上。他每年都會發布「世界100大公開水域游泳」和「美國排名前50大公開水域游泳」，他還成立了非常受歡迎的公開水域游泳網站，包括www.openwaterswimming.com和www.10Kswim.com。

　　穆納托斯曾是國際泳會公開水域游泳技術委員會的成員，該委員會是這項運動的最高管理機構，為美洲業餘游泳聯盟（Amateur Swimming Union of the Americas）、美國游泳協會和美國游泳成人賽提供資訊和指導。

　　穆納托斯現與妻子和四個孩子住在加州的亨廷頓海灘（Huntington Beach）。

KFCS　FK3003

公開水域游泳訓練全書
從入門到精通的必備知識、技術和策略
Open Water Swimming

作　　者　史蒂文‧穆納托斯 (Steven Munatones)
譯　　者　徐逸君、黃庭敏
責任編輯　謝至平
行銷業務　陳彩玉、林詩玟、李振東、林佩瑜
美術設計　丸同連合

發 行 人　涂玉雲
編輯總監　劉麗真
總 編 輯　謝至平
出　　版　臉譜出版
　　　　　城邦文化事業股份有限公司
　　　　　台北市民生東路二段 141 號 5 樓
　　　　　電話：886-2-25007696　傳真：886-2-25001952
發　　行　英屬蓋曼群島商家庭傳媒股份有限公司城邦分公司
　　　　　台北市中山區民生東路 141 號 11 樓
　　　　　客服專線：02-25007718；25007719
　　　　　24 小時傳真專線：02-25001990；25001991
　　　　　服務時間：週一至週五上午 09:30-12:00；下午 13:30-17:00
　　　　　劃撥帳號：19863813 戶名：書虫股份有限公司
　　　　　讀者服務信箱：service@readingclub.com.tw
　　　　　城邦網址：http://www.cite.com.tw
香港發行所 城邦（香港）出版集團有限公司
　　　　　香港灣仔駱克道 193 號東超商業中心 1 樓
　　　　　電話：852-25086231　傳真：852-25789337
新馬發行所 城邦（新、馬）出版集團
　　　　　Cite（M）Sdn. Bhd.（458372U）
　　　　　41, Jalan Radin Anum, Bandar Baru Seri Petaling,
　　　　　57000 Kuala Lumpur, Malaysia.
　　　　　電話：+6(03)-90563833　傳真：+6(03)-90576622
　　　　　電子信箱：services@cite.my

一版一刷　2023 年 8 月
ISBN 978-626-315-335-6 （紙本書）
ISBN 978-626-315-336-3 （EPUB）

售價：650 元

國家圖書館出版品預行編目(CIP)資料

公開水域游泳訓練全書：從入門到精通的必備知識、技術和策略／史蒂文．穆納托斯(Steven
Munatones)著；黃庭敏，徐逸君譯.一一版.一臺北市：臉譜出版，城邦文化事業股份有限公司
出版：英屬蓋曼群島商家庭傳媒股份有限公司城邦分公司發行，2023.08
324 面；19×24 公分.一(KFCS；FK3003)
譯自：Open water swimming
ISBN 978-626-315-335-6 (平裝)
1.CST：游泳　2.CST：運動訓練
528.961　　112009404